𝔈rnten und 𝔖terben

Peter M. Hetzel liebt Kleinstädte, deshalb wurde er anno 1960 in Meisenheim am Glan geboren. Hätte er studiert, wäre er wahrscheinlich Deutsch- und Geschichtslehrer geworden. Aber aus dem bibliophilen Jüngling wurde nach einer Ausbildung zum Verlagsbuchhändler ein begeisterter Lektor, der im Rowohlt Taschenbuchverlag wie am Fließband Krimis redigierte. Im November 1987 saß er in dieser Funktion zum ersten Mal auf der Couch des Sat.1 Frühstücksfernsehens und wurde so lange eingeladen, bis er sich entschloss, seinen alten Job aufzugeben und Journalist zu werden.

Dieses Buch ist ein Roman. Handlungen und Personen sind frei erfunden. Ähnlichkeiten mit lebenden oder toten Personen sind nicht gewollt und rein zufällig.

PETER M. HETZEL

Ernten und Sterben

LANDKRIMI

emons:

Bibliografische Information der Deutschen Bibliothek
Die Deutsche Bibliothek verzeichnet diese Publikation
in der Deutschen Nationalbibliografie; detaillierte bibliografische
Daten sind im Internet über http://dnb.d-nb.de abrufbar.

© Hermann-Josef Emons Verlag
Alle Rechte vorbehalten
Umschlagmotive: fotolia.com/Alanovsky, fotolia.com/moleskostudio,
fotolia.com/blinkblink, sxc.hu/Billy Alexander
Klappeninnenseiten: iStockphoto.com/Spiderplay
Umschlaggestaltung: Franziska Emons/Tobias Doetsch
Satz: César Satz & Grafik GmbH, Köln
Druck und Bindung: CPI – Clausen & Bosse, Leck
Printed in Germany 2013
ISBN 978-3-95451-079-5
Landkrimi
Originalausgabe

Unser Newsletter informiert Sie
regelmäßig über Neues von emons:
Kostenlos bestellen unter
www.emons-verlag.de

Und hier finden Sie den Klingelton zum Landkrimi:

http://www.emons-verlag.de/landkrimis

Heile, heile Gänsje, ist bald wieder gut.
Kätzje hot e Schwänzje, ist bald wieder gut.
Heile, heile Mausespeck,
In hundert Jahr ist alles weg!
Ernst Neger

eins

Die Sonne stand blutrot am Horizont. Albertine von Krakow saß auf ihrer Veranda und genoss das Spektakel. Neben ihr schlürfte ihr Nachbar Hubertus Müller sein Petersiliensüppchen.

»Wenn ich's nicht besser wüsste, würde ich dich als Banausen bezeichnen«, sagte sie mit sanfter Ironie und setzte die frisch geputzte Hornbrille auf. Ein klein wenig Manieren waren doch wohl nicht zu viel verlangt.

»Rote Bete …«, setzte Hubertus an, biss sich jedoch sofort auf die Zunge. Denn mit Clementine war nicht zu spaßen – die Haushälterin führte ein strenges Regiment und war immer zur Stelle, wenn an ihren Speisen auch nur die kleinste Kritik geübt wurde.

»Nein, es fehlt keine Rote Bete. Du willst uns nur wieder deine Ernte aufschwatzen«, konstatierte Albertine dann auch prompt mit leicht blasiertem Unterton.

»Und dann sind die auch noch meistens holzig«, warf Clementine ein, die lautlos wie ein Geist aufgetaucht war. »Darf es noch ein Gläschen Château Pech-Latt Rouge sein? Sie kennen doch das Languedoc wie Ihre Westentasche, Herr Müller.«

»Sie können jetzt Feierabend machen«, sagte Albertine. »Vielen Dank für den köstlichen Imbiss. Sie haben uns wie immer eine wunderbare Kleinigkeit gezaubert. Allerdings muss Hubertus auf seine Leber achten. Ist es nicht so, mein Guter?« Sie tätschelte Hubertus' linken Arm und setzte ihr Landadel-Lächeln auf.

Inzwischen war die Sonne fast verschwunden, und auch die Vögel beendeten allmählich ihr Konzert. Stille legte sich über das Ambiente wie ein samtenes Tuch.

»In der Freundschaft dagegen herrscht eine allgemeine Wärme, die den ganzen Menschen erfüllt und die außerdem immer gleich wohlig bleibt; eine dauernde stille, ganz süße und ganz feine Wärme, die nicht sengt und nicht verletzt«, zitierte Hubertus den Philosophen Montaigne und blickte versonnen in sein Rotweinglas, als würde sich auf seinem Boden nicht der Geist des Weines, sondern eine tiefere Erkenntnis verbergen.

Albertine verkniff sich jede Bemerkung, denn sie kannte diese intellektuellen Annäherungsversuche zur Genüge. Dabei sah Hubertus alles andere als vergeistigt aus. Die einem Zinken ähnelnde hochrote Nase zeugte vom regelmäßigen Konsum geistiger Getränke. Vielleicht trug er wegen dieses hochprozentigen Genusses auch eine Brille, deren Gläser dick waren wie Glasbausteine.

Das rundliche Gesicht war gerahmt von einem dichten Vollbart, der im harten Kontrast zu seiner Vollglatze stand. Insgesamt war Hubertus mit dem Gardemaß von zwei Metern plus x eine imposante Erscheinung.

Albertine konnte der Gegenwart ihres Nachbarn durchaus positive Seiten abgewinnen, allerdings raubte ihr seine Belesenheit gelegentlich den letzten Nerv. Vielleicht lag es aber auch daran, dass er sein Grundstück nur selten verließ, Clementine immer wieder für Botengänge wie zum Beispiel Einkäufe einspannte und auch sonst den Müßiggang höchstpersönlich erfunden zu haben schien. Dabei war Hubertus Müller ein vorgeblich viel beschäftigter Antiquar. Es musste wohl der Fluch des Internets sein. Heutzutage wurde alles online abgewickelt, und keiner lernte mehr den Kunden kennen.

»Hast du wieder etwas Bibliophiles von deinem Hausheiligen Montaigne verkaufen können?«

»Nein, nein. So langsam quillt mein Lager über, und der Markt ist offenkundig gesättigt«, lamentierte Hubertus.

»Aber richtig unzufrieden wirkst du nicht«, meinte Albertine.

Ein Lächeln glitt über Hubertus' bärtiges Gesicht. »Meine Ausgabe von Frances Hodgson Burnetts ›Secret Garden‹ hat glatte eintausendneunhundertneunundneunzig Euro eingebracht. Morgen kommt der Kunde höchstpersönlich aus Hamburg, um das gute Stück abzuholen.«

»So einen Zaubergarten hätte ich auch gern«, antwortete Albertine.

»Kennst du die Geschichte?«

»Ich hab den Film mit dem sensationell gut aussehenden John Lynch als Lord Craven gesehen.« Albertine lächelte gedankenverloren in die Abenddämmerung.

»1993, unter der Regie von Agnieszka Holland, mit einem Drehbuch von Caroline Thompson ...« Wie immer versuchte Hubertus, mit seinem Wissen zu glänzen.

»Ruhe jetzt, Mr. Wikipedia! Genieße die letzten Minuten in Gottes herrlicher Natur«, befahl ihm Albertine.

»Morgen wird ein anstrengender Tag, was? Musst du wieder im Akkord Knochen brechen?«

»Man nennt es Chiropraktik, und ja, die Liste der Patienten ist lang. Zwischendurch sind reichlich Hausbesuche terminiert, und dazu kommen natürlich noch die üblichen Notfälle. Ich könnte ja auf eine reine Privatpraxis umstellen, aber da würde mir der übliche Dorftratsch fehlen. Klein-Büchsen ist ja äußerst unterhaltsam. Wer hat mit wem, warum, wieso und weshalb. Bei exakt neunhundert Einwohnern ist der Unterhaltungswert schon beachtlich, wobei wir die neunhundert Kühe und sonstiges Viehzeug keinesfalls vergessen wollen. Und deshalb ziehe ich mich jetzt zurück und gehe zu Bett.« Albertine, die beim Reden in der Küche noch eine Flasche Rotwein entkorkt hatte, stellte diese neben den Deckchair.

Hubertus hatte es sich bereits bequem gemacht und sich eine wärmende Wolldecke bis zum Kinn hochgezogen. Zwischen seinen Lippen klemmte eine mächtige Trinidad Fundadores, deren Glut im Halbdunkel der Terrasse wie ein mächtiger roter Punkt leuchtete. Die Stille wurde nur durch das Knistern des Tabaks unterbrochen, dessen feinwürziger Geruch sich auf der Terrasse verbreitete.

Albertine kannte und liebte dieses Ritual. Leise schloss sie die beiden Flügeltüren und machte sich auf den Weg in den dritten Stock ihres liebevoll restaurierten Fachwerkhauses, das einst dem Bahnhofsvorsteher von Klein-Büchsen gehört hatte. Sie öffnete die Fenster ihres Schlafzimmers und schlüpfte in eines der Fürstenberg-Nachthemden, die sie dutzendweise von ihrer Mutter geerbt hatte. Kaum im Bett, machte sich eine wohlige Müdigkeit in ihrem Körper breit, und im Halbschlaf hörte sie noch vage, wie Hubertus unten auf der Terrasse den geistigen Genüssen frönte. Es dauerte nicht lange, und Albertine von Krakow war in einen traumlosen Schlaf hinübergedriftet.

zwei

Der nächste Morgen begann wie ein Groschenheft-Klischee. Kaum war die Sonne aufgegangen, da meldete sich ein namenloser Hahn mit einem tierischen Weckruf. Vielleicht war es ja der notgeile Gockel von Bauer Schlüter.

Schlaftrunken wankte Albertine ins Bad. Seltsame Bilder aus einem Traum hatten sich in ihrem Kopf festgesetzt. Sie war einsam und allein in einem Garten aufgewacht, in dem alles tot und abgestorben schien. Mit einem energischen Kopfschütteln befreite sie sich von dem Alptraum und bemerkte erfreut im Spiegel, dass sich in ihre blonden Locken noch kein graues Haar verirrt hatte. Vorsichtig beugte sie sich vor, und die Spitze ihrer Stupsnase berührte fast das Glas. Für eine Mittfünfzigerin besaß sie eine erstaunlich makellose Haut. Sanft massierte sie die Tagescreme in die Poren ihres Gesichts, und auch den Rest erledigte sie mit routiniertem Gleichmut. Ihrem mittelgroßen, wohlproportionierten Körper hatten Zeit und Schwerkraft noch nicht zu Leibe rücken können, und ihr breiter, sinnlicher Mund erinnerte entfernt an die Pop-Diva Anastacia. Zufrieden mit sich und ihrem aparten Äußeren, schlüpfte sie in einen mintgrünen Overall. Die frühe Morgenstunde wollte sie für ein wenig Gartenarbeit nutzen, bevor Clementine die Praxis vorbereitete und kurz darauf die Patienten das Wartezimmer bevölkerten.

Es war genau halb sieben, als Albertine an ihr Schlafzimmerfenster trat. Erfüllt von einer tiefen inneren Ruhe, wanderte ihr Blick über das gepflegte Grün, das im Morgentau magisch und geheimnisvoll glitzerte. Ganz vorn befand sich der Naturteich, umgeben von zugewachsenen Sitzecken und der nach allen Seiten offenen Kräuterrotunde, einem Schmuckstück traditioneller Gartenkunst. Direkt dahinter lagen die profanen Beete mit den Nutzpflanzen und schließlich, nicht zu vergessen, der Komposthaufen.

Nachdem Albertine wie an jedem Morgen ausgiebig ihre Hornbrille im klaren Tageslicht geputzt hatte, registrierte sie eine winzige Unregelmäßigkeit in diesem gärtnerischen Kleinod. Sie nahm die Brille ab und putzte sie erneut. Nichts veränderte sich an dem sich ihr bietenden Stillleben. Zwei Beine und ein Torso lagen reglos im rechten Winkel zum Beet mit den Radieschen.

Hatte Hubertus womöglich nicht mehr den Weg nach Hause gefunden und stattdessen die Nacht im Freien verbracht? Aber der Mann im Beet wirkte deutlich kleiner als Albertines Nachbar, und sein Beinkleid wie auch die Schuhe passten eher zu einem Hedgefonds-Manager. Die Redewendung ›Das kommt mir spanisch vor‹ traf Albertines Stimmungslage exakt.

Sie schlüpfte in ihre retrobraunen Gartenclogs mit dem schönen Sanitas und lief die Treppen hinunter zur Terrassentür, die noch verschlossen war. Hubertus hatte die Wolldecke sorgsam zusammengelegt und die Gläser unter den Deckchair zu dem improvisierten Aschenbecher geschoben. In dem kleinen Blumentopf aus Terrakotta lagen zwei sehr kurze Stumpen und etliche Streichhölzer. Zweifelsohne ein Indiz dafür, dass er es dann doch eilig gehabt hatte, in sein Bett zu kommen. Die Nächte im April waren noch kühl, und die Luft hatte einen letzten Rest Feuchtigkeit gespeichert.

Albertine hatte es nicht eilig, zum Radieschenbeet zu kommen. Der Tod hatte im Laufe der Jahre für sie an Schrecken verloren und war professionellem Gleichmut gewichen. Dennoch spürte sie einen tief sitzenden Groll. Dieser ungehobelte Kerl hatte ihren Garten entweiht, dieses geniale Gesamtkunstwerk, in das sie ihre gesamte Freizeit investierte. Die Pflanzen würden kläglich eingehen und sich alle in einen morbiden Garten verwandeln wie der in Frances Burnetts Roman.

Schließlich gewann doch ihre Neugier Oberhand, und Albertine stapfte ohne Rücksicht auf die Frühlingszwiebeln auf dem kürzesten Weg zum Radieschenbeet. Dort lag der Anzugträger auf seinem Bauch, die Arme eng an den Oberkörper gelegt, dessen Ende ein großer Eichenzweig zierte. Albertine schwante nichts Gutes, als sie sich vorbeugte.

Denn was dem Arrangement fehlte, war der Kopf. Sie schlug die rechte Hand vor den Mund, unterdrückte einen Aufschrei und drehte sich zur Seite. Ein Rabe erhob sich vom Komposthaufen in die Luft, während die übrige Vogelwelt pietätvoll schwieg. Jetzt nur keine falschen Fährten legen, schoss es Albertine durch den Kopf. Als ihre gewohnte innere Ruhe allmählich wiederkehrte, suchte sie das Beet mit den Augen ab. Alles sah aus wie immer. Fast alles ...

Die Spuren im Beet wiesen nur zu deutlich den Weg zum Schädel. Der Täter hatte anscheinend eine Billigharke aus dem Baumarkt benutzt, während Albertine das Erdreich stets nur mit einem handgeschmiedeten Rechen einer bekannten Manufaktur bearbeitete.

Was nun? Die Polizei rufen?

Doch Albertine selbst könnte durchaus in der Bredouille stecken, da sich sämtliche Indizien gegen sie wenden ließen. Eine Leiche im Garten und kein Alibi. Am hinteren Ende des Beets lagen noch ihre Gartenhandschuhe, aber wo war nur die sündhaft teure Harke? Sie hatte sich vom ortsansässigen Schreiner eine auf ihre individuellen Bedürfnisse abgestimmte wetterfeste Truhe anfertigen lassen, die hinter dem Komposthaufen stand. Dort bewahrte Albertine all ihre Gerätschaften für eine effektive und behutsame Gartenarbeit auf. Elektrogeräte wie Heckenscheren waren ihr genauso verhasst wie Laubsauger, die einen infernalischen Lärm veranstalteten. Die Gartenharke lag an ihrem Platz, genau wie der Hirschfänger mit Horngriff, den sie zur Hege und Pflege der Obstbäume benutzte. Allerdings war die extrem scharfe Klinge dick mit geronnenem Blut überzogen.

»Jetzt ist aber Schluss mit lustig«, sagte Albertine laut zu sich selbst. In Gedanken zitierte sie noch ihren Lieblingsautor Walter Kempowski, ›Scheiße mit Reiße‹, da legte sich eine schwere Hand auf ihre Schulter. Wie vom Blitz getroffen zuckte sie zusammen. Instinktiv schnappte sie sich den Hirschfänger, wirbelte herum und hielt das Tatwerkzeug ... Hubertus unter die Nase.

Der nahm ihr den Hirschfänger mit einem geschickten Griff sofort aus der Hand.

»Um Himmels willen! Erschreck mich doch bitte nicht zu Tode!«, stieß Albertine mit rauer Stimme hervor.

»Eine Leiche mehr oder weniger macht den Kohl jetzt auch nicht fett«, erwiderte er.

»Wie bitte? Hast du gestern zu tief ins Glas geguckt?«

»Hätte ich mal besser gemacht. Aber jetzt weiß ich wenigstens, woher die rote Farbe bei der Roten Bete kommt.« Hubertus grinste über das ganze Gesicht.

»Alter Zyniker«, erwiderte Albertine. »Bei dir liegt also auch eine Leiche im Beet?«

»Und die schuldet mir noch eintausendneunhundertneunundneunzig Euro.«

»Hast du deinen Exkunden etwa durchsucht? Das wird ja das reinste Schlachtfest für die Polizei. Motiv: Habgier. Tatwaffe: ein Hirschfänger, auf dem sich jetzt deine und meine DNA befindet. Ganz hervorragend! Dann können wir ja schon mal unsere Taschen packen und in die JVA Lüneburg umziehen. Da haben wir wenigstens einen unverbauten Blick auf den Marktplatz«, witzelte Albertine, obwohl ihr wenig nach Humor zumute war.

Hubertus' Gesicht glich einem großen Fragezeichen, offenbar fiel ihm keine schlagfertige Antwort mehr ein.

»Wie isses nur zu fassen«, sagte Albertine, wohl wissend, dass ihr belesener Nachbar sofort antworten würde.

»›Tadellöser & Wolff‹ vom unsterblichen Kempi«, sagte Hubertus auch prompt, verfiel aber gleich wieder in einen beruhigenden Zustand der Apathie.

»Komm mit ins Haus. Wir müssen die Polizei anrufen. Außerdem dürfte Clementine mittlerweile das Frühstück vorbereitet haben. Vielleicht hat sie wieder Eclairs mit Vanillecreme im Angebot. Das ist doch deine bevorzugte Nervennahrung. Selbst in den unappetitlichsten Situationen sollten wir uns nicht die Freude an einer guten Mahlzeit verderben lassen.«

Clementine reagierte mit erstaunlicher Gelassenheit auf die brenzlige Situation. Sie hatte in ihren sechzig Lebensjahren schon so allerhand erlebt, und ihr beachtlicher Körperumfang wirkte wie eine Rüstung gegen die Widrigkeiten des Schicksals. Mit dem breiten weißen Ninja-Stirnband erinnerte sie an eine Sumo-Ringerin, die man in eine Kittelschürze gezwängt hatte. In dem Örtchen Klein-Büchsen hatte man ihr das zweifelhafte Etikett Mannweib angehängt. Dabei war Clementine überaus sensibel und der hilfreiche Geist im Haushalt von Albertine. Die Lachfalten in ihrem wettergegerbten Gesicht wirkten so sympathisch wie ihre große Hilfsbereitschaft, sobald es um die Belange herrenloser Tiere aller Art ging.

Eine Kanne mit grünem Tee aus Japan dampfte im Esszimmer vor sich hin. Das sündhaft teure Pulver entfaltete sein Aroma, der Tee hatte die Farbe edler Jade. Dazu gab es ein Frühstück, das jedem Spitzenhotel zur Ehre gereicht hätte.

Fünfzehn Minuten später klingelte es an der Haustür, und die geballte Staatsmacht übernahm das Kommando. Zu den Fahrzeugen der Polizei gesellten sich sehr bald die Kombis der Fernsehberichterstatter. Wobei die Bedeutungslosigkeit in direkt proportionalem Verhältnis zur Größe des Transportmittels stand. Deshalb richtete auch gerade das Team eines Nachrichtensenders seine Satellitenschüssel aus, während die Reporterin sich mehr um ihre Frisur als um den Anlass ihres Hierseins kümmerte. Gut für Albertine, dass ihr Grundstück von außen nicht einsehbar war, da es rundherum so kunstvoll wie umfassend zugewachsen war.

Sie und Hubertus saßen wie ein altes Ehepaar auf der Terrasse: Jeder hielt eine Tasse in der Hand.

»Die treten mir alles platt. Ich brauche Wochen, bis ich den Garten wieder in seinem ursprünglichen Zustand habe«, schimpfte Albertine.

»Sofern man dich nicht einsperrt«, sagte Hubertus.

»Dito, du Meuchelmörder«, konterte Albertine und konnte sich ein Lachen nicht verkneifen.

»Erstaunlich, dass Sie angesichts dieses Massakers noch so gute Laune haben.« Ein Mann, der sehr nach Kommissar aussah, trat heran und beendete ihre traute Zweisamkeit.

»Und wer, bitte schön, sind nun Sie?«, fragte Albertine spitz.

»Verzeihung, gnädige Frau. Blaumilch ist mein Name, und ich leite die Polizeiinspektion Lüneburg, Lüchow-Dannenberg und Uelzen. In diesem Fall möchte ich die Ermittlungen schon selbst führen, denn Sie wissen ja selbst … Die sind wie die Aasgeier.«

In Albertines Gesicht rührte sich nichts, und Hubertus schien sich in Luft aufgelöst zu haben. Gleich würde er sich wie Dicki Hoppenstedt auch noch die Augen zuhalten.

»Wenn wir mit der Tatortsicherung fertig sind, habe ich sicherlich noch einige Fragen. Ich wäre Ihnen sehr verbunden, wenn Sie das Grundstück vorläufig nicht verlassen. Das gilt auch für Sie, Herr Müller. Ihnen ist ja wohl bewusst, dass auch die Leiche in Ihrem Beet mehr Fragen als Antworten aufwirft.«

Hubertus zuckte zusammen, als Blaumilch ihn mit seinem profanen Familiennamen ansprach. Wenn er doch wenigstens einen Doppelnamen hätte wie dieser Fernsehmoderator, dieser Hubert Meyer-Dingsbums. Er nickte dem Polizisten zu, der dank der Brille aus den Achtzigern und der Halbglatze eine frappierende Ähnlichkeit mit Ephraim Kishon aufwies. Auch seine Physiognomie erinnerte verblüffend an den Schriftsteller. Allerdings schien dieser Doppelgänger zum Lachen in den Keller zu gehen.

»Humorfreie Zone«, murmelte Hubertus, nachdem Blaumilch verschwunden war.

»Nun sei mal nicht so streng mit dem Kommissar, schließlich hat er quasi einen Doppelmord aufzuklären. Bin schon gespannt, wann er die klassische Frage nach unserem Alibi stellt«, sinnierte Albertine laut und versuchte, sich zu entspannen, was ihr allerdings nur zum Teil gelang. Zuerst schoss ihr der Traum vom abgestorbenen, toten Garten wie ein Flashback durchs Kleinhirn, und dann entwickelte sie ein enormes Interesse an der Frage, welche Rolle der Eichenzweig in dieser morbiden Inszenierung spielte.

Kaum hatte wenig später der Bestattungsunternehmer die sterblichen Überreste des bedauernswerten Opfers abtransportiert, da stand auch schon Blaumilch vor Albertine und schwenkte theatralisch die Plastiktüte mit dem vermeintlichen Tatwerkzeug vor ihrer Nase.

»Jetzt wird's anscheinend ja doch noch lustig«, brummte Hubertus so leise, dass nur Albertine ihn hören konnte.

»Wem gehört dieses Meisterwerk deutscher Schmiedekunst?«, fragte Blaumilch.

»Mir«, antwortete Albertine sofort. »Es befindet sich schon lange im Besitz der Familie und ist, nebenbei gesagt, die einzige Erinnerung an die glorreichen Zeiten meines Großvaters, der in

Ostpreußen auf dem eigenen Gutshof zu jagen pflegte.« Ohne dass sie es wollte, schlich sich der blasiert-nölende Unterton des verarmten Landadels in ihre Stimme.

»Bevor wir die Waffe auf DNA-Spuren untersuchen, können Sie mir bestimmt erklären, wer Zugang zu diesem Messer hatte«, sagte Blaumilch.

»Dieses ›Messer‹, wie Sie es nennen, ist ein wertvoller Hirschfänger mit einer Damast-Keilklinge und selbstverständlich ein Unikat«, erläuterte Albertine.

»Was nur leider meine Frage nicht beantwortet«, setzte Blaumilch nach.

»Da meine Gartentruhe, übrigens auch ein Unikat aus Yellow Balau, nicht mit einem Schloss gesichert ist, dürfte sich Ihre Frage von selbst beantworten.«

»Wir werden die Kiste mitnehmen, um sie im Labor gründlich zu untersuchen. Mich würde noch interessieren, ob Sie ein Alibi für die Tatzeit haben, gnädige Frau von Krakow.« Blaumilchs Freundlichkeit wirkte nun vollkommen aufgesetzt.

Doch bevor Albertine antworten konnte, sagte schon Hubertus: »Wir haben die ganze Nacht zusammen in meinem Haus verbracht. Um präzise zu sein, in meinem Schlafzimmer.«

Mit allem hatte Albertine gerechnet, nur nicht damit, dass ihre platonische Beziehung zu dem hünenhaften Nachbarn sich mit einem Mal in fleischliche Wollust verwandelte.

»Ich möchte Sie um äußerste Diskretion bitten«, fuhr Hubertus fort, dem sein Scoop offensichtlich große Freude bereitete, »denn in einem so kleinen Ort wie dem unseren wird gern getratscht und auch verleumdet.«

Albertine schwieg beharrlich und ließ sich ihren Unmut nicht anmerken.

»Ihnen ist sicherlich klar, dass Sie bis auf Weiteres Klein-Büchsen nicht verlassen dürfen. Wir kopieren jetzt noch die Festplatten Ihrer Computer, um sie auszuwerten. Außerdem wird Ihnen eine Inaugenscheinnahme der Opfer nicht erspart bleiben, sollten wir keine Hinweise finden. Trotz Ihres ein wenig delikaten Alibis sind Sie derzeit unsere einzigen Verdächtigen und daher momentan auch unsere Hauptverdächtigen. Meine

Kollegen werden hier vor Ort noch Befragungen durchführen. Geben Sie bitte der Presse keine Interviews und setzen Sie sich mit einem Anwalt Ihres Vertrauens in Verbindung. Es wäre das Beste, wenn Sie auf Ihrem Grundstück blieben. Wir sehen uns wieder, wenn uns erste Ergebnisse der kriminaltechnischen Untersuchung vorliegen. Einen schönen Tag noch.« Blaumilch wandte sich um und wurde von Clementine zur Haustür begleitet.

Dahinter brach beim Erscheinen des Kommissars ein Blitzlichtgewitter los. Mit einem unverbindlichen »Kein Kommentar!« bahnte sich Blaumilch den Weg zu seinem Dienstwagen.

Auch Egon-Erwin Wutke, Zeitungsredakteur und Fotograf in Personalunion, befand sich unter den Reportern. Eigentlich hatte er einen Termin bei seiner Chiropraktikerin, weil ihm schon seit geraumer Zeit der Rücken Schwierigkeiten machte. Ein Leiden, das unter Journalisten genauso häufig anzutreffen war wie die Fettleber. Seine Ausrüstung hatte Egon-Erwin immer griffbereit im Kofferraum. Dem Anruf seines Redaktionsleiters von der Landeszeitung war er zuvorgekommen. Nun wartete der Aufmacher der Titelseite auf die Fotos und den Text, der eine Gratwanderung zwischen Krawall-Boulevard und seriöser Berichterstattung werden sollte. »Sie machen das schon, Sie alter Bluthund!«, hatte ihn sein Redaktionsleiter wie immer in solchen Situationen ermuntert.

Noch befand Egon-Erwin sich fast am Nullpunkt seiner Recherche. Natürlich war ihm nicht entgangen, dass sowohl von Albertine von Krakows als auch von Hubertus Müllers Grundstück jeweils ein Zinksarg getragen worden war. Schlussfolgerung *numero uno*: Doppelmord. Schlussfolgerung *due*: Die Leichen kamen beide aus dem Garten. Nun beobachtete er, wie die Haushälterin das Emaille-Schild der Praxis mit der altmodischen Bezeichnung ›Landärztin‹ mit einem Hinweis verhängte, auf dem in akkurater Handschrift zu lesen war: »Bis auf Weiteres geschlossen!«.

Mit seinem Mobiltelefon kam er auch nicht weiter, denn bei allen Nummern lief entweder der analoge Anrufbeantworter oder die digitale Mobilbox. Egon-Erwin stellte sich auf eine lange Wartezeit ein.

Mit Einsetzen der Dämmerung packten die Kamerateams ihr Equipment zusammen, nicht zuletzt weil alle Vorhänge zugezogen waren und eine Polizeistreife darauf achtete, dass sich niemand unbefugt Zugang zu einem der Grundstücke verschaffte. Auch die Reporter der lokalen und nationalen Boulevardpresse hatten sich in die Pensionen und Landhotels der näheren Umgebung zurückgezogen. Nun waren alle Vorteile aufseiten des ortskundigen Egon-Erwin, dem das Jagdfieber den Adrenalinspiegel in die Höhe trieb.

Er stieg in seinen unauffälligen Mittelklassewagen, um das Grundstück von Albertine von Krakow sozusagen durch den Hintereingang zu betreten. Dazu musste er einen Umweg fahren, der an einem Rapsfeld endete, das wiederum an einen Wald grenzte. Egon-Erwin nutzte das Unterholz, bis er in Sichtweite der beiden uralten, aber fachkundig renovierten Wohnhäuser der Verdächtigen kam. Mittlerweile verschluckte die Dämmerung alle Konturen, sodass sein suchender Blick durchs Fernglas auch keine neuen Einsichten bot. Im Schutz der Dunkelheit schlich er sich an und schoss ausgiebig Fotos des Geländes. Allerdings war er selten so ratlos gewesen wie heute. Seine Aufnahmen bewiesen nur, dass er sich eingeschlichen hatte, sie würden ihm nichts als Ärger mit der Polizei bringen. Direkt zitieren konnte er die Verdächtigen auch nicht, falls sie denn überhaupt verdächtig waren. Mittlerweile hatte die Polizei eine Presserklärung herausgegeben, die in knappen Worten keinerlei Informationen bot. Er hatte das Dokument von der Redaktion der Landeszeitung direkt auf sein Smartphone geschickt bekommen. Blieben ihm also nur die Handynummern des Antiquars Hubertus Müller.

Die Hoffnung stirbt zuletzt, dachte Egon-Erwin und drückte die Wahlwiederholungstaste, als die erste Kugel neben ihm ins Gebüsch fetzte. Egon-Erwin warf sich zu Boden. Keine Sekunde zu spät. Das zweite und dritte Geschoss ließ neben ihm Erde aufspritzen. Der Schütze verwendete offensichtlich einen Schalldämpfer, der auch den Mündungsblitz deutlich reduzierte. Und der Kugelhagel nahm kein Ende.

Nach ungefähr dreißig Schuss trat für einen kurzen Moment absolute Stille ein. Ein metallisches Geräusch verriet, dass der Sniper nachlud. Eine Heckler & Koch, schoss es Egon-Erwin durch den Kopf, der bei der Bundeswehr so manches erlebt hatte. Er entschied sich für die Hasenfußtaktik und rannte Haken schlagend quer übers offene Feld direkt auf Albertine von Krakows Haus zu. Immer wieder schlugen Kugeln neben ihm ein. Er kam sich wie ein Hase auf einer Treibjagd vor. Aber mit jedem Meter, den er an Boden gewann, wurden die Einschläge weniger, bis er keuchend am Holzzaun stand, der die Grundstücksgrenze markierte.

Der grelle Lichtkegel einer Taschenlampe erfasste ihn. Die Polizei patrouillierte wohl auch an der hinteren Grundstücksgrenze.

Albertine hatte zunächst versucht, die Zeit mit Scrabble totzuschlagen, doch Hubertus langweilte sie mit seiner ständigen Besserwisserei. Dann wollte er ihr aus dem Buch »Wie soll ich leben? Das Leben Montaignes in einer Frage und zwanzig Antworten« vorlesen.

Aber Clementine hatte vehement Einspruch erhoben, denn lieber wollte sie ungestört ihren Splatter-Krimi lesen. Sie war im Haus geblieben, weil es doch dem einen oder anderen Reporter gelungen war, die Terrasse zu entern. Aber dank ihrer imposanten Erscheinung und unterstützt von einem ellenlangen Allzweckmesser namens »San-Toku«, das sie wie ein Schwert führte, sowie schrill ausgestoßenen »Banzai!«-Rufen konnte die Haushälterin sämtliche Invasoren in die Flucht schlagen. Sogar die patrouillierenden Polizisten übten sich in vornehmer Zurückhaltung. Da nur Albertine einen wandfüllenden TV-Flachbildschirm besaß, wollte Hubertus die Gunst der Stunde nutzen, um sich auf RTL II »Berlin Tag und Nacht« anzusehen. Nach nicht einmal dreißig Sekunden zog Clementine den Stecker, und Albertine kündigte an, sich nun ins Bett zurückziehen zu wollen.

»Und wo schlafe ich?«, fragte Hubertus ein wenig empört.

»Auf der Couch, auf der du gerade sitzt. Kopfkissen und Decke werden dir gleich gebracht. Gute Nacht«, erwiderte Albertine unterkühlt. Die Notlüge wegen des Alibis hatte sie Hubertus immer noch nicht verziehen.

Just in diesem Moment hörten sie ein Kratzen an der Glastür zum Garten. Blitzschnell postierte sich Clementine, aber aus dem Kratzen wurde zuerst ein leise Klopfen und dann ein lautes Pochen gespickt mit derben Flüchen auf Plattdeutsch.

»Egon-Erwin, da mach ich jede Wette«, knurrte Hubertus, während Clementine vorsichtig die Tür öffnete.

Der Reporter bot keinen besonders eleganten Anblick. Die Kleidung verdreckt, das Gesicht zerkratzt, und seine Kamera sah aus, als wäre sie zum Hammerwerfen zweckentfremdet worden.

»Da draußen schnüffeln die Bullen herum, und außerdem wurde ich von einem Scharfschützen verfolgt. Und der Magen hängt mir auch bis zu den Knien«, salbaderte Egon-Erwin. Sofort und ohne zu fragen klaubte er die Reste von den Tellern und stopfte sie sich in den Mund. Das Ganze spülte er mit einem Rotwein nach, der ihm aus Gier aus dem Mundwinkel lief. »Kann mich mal jemand aufklären, was hier los ist. Oder seid ihr tatsächlich eiskalte Mörder?« Er aktivierte die Sprachmemo-App und warf dann sein iPhone lässig mitten auf den Esstisch.

»Für Sie immer noch Frau von Krakow, auch wenn ich Ihre unappetitliche Rückseite bereits seit vielen Jahren kenne«, erwiderte Albertine frostig. Es klang wie eine angedrohte Körperverletzung.

Hubertus machte keinen Versuch, die Situation zu entschärfen. »Warum sollten wir dir irgendetwas erzählen? Steht dann doch eh gleich in der Zeitung und ist wahrscheinlich für diesen Kommissar Blaumilch ein gefundenes Fressen.«

»Erstens bin ich der Einzige, der bestimmt, was gedruckt wird und was nicht. Zweitens bin ich euer respektive Ihr einziger Kontakt zur Außenwelt, und drittens habe ich noch jeden Fall geknackt. Ich gebe mal nur ein Stichwort: Pferdekiller«, sagte Egon-Erwin selbstgefällig.

»Der Pferdekiller war ein Vollpfosten, der die Kettensäge unterm Bett versteckt und schon bei 0,01 Promille jedem, der's nicht hören wollte, von seinen blutigen Metzeleien erzählt hat«, meinte Albertine wegwerfend und entschwand ohne einen Blick zurück die Treppe hinauf.

Hubertus blieb nun die schwere Aufgabe, den Fall in allen Einzelheiten zu rekonstruieren. »Zwei Leichen im Beet. Geköpft. Wahrscheinlich beide unsere Kunden, die mit einem Hirschfänger enthauptet wurden. Wir haben ein Alibi und kein Motiv.«

»Das wird ja 'ne tolle Story. Euch kann man echt nicht helfen. Dann wandert ihr eben in den Knast, auf alle Fälle schon mal in U-Haft«, erwiderte Egon-Erwin. »Hör zu, ich denke, wir sollten einen Deal machen. Ich bekomme die Exklusivrechte an der Geschichte, wenn es mir gelingt, eure Unschuld zu beweisen. Ich bin euer direkter und einziger Draht nach draußen, der exklusive Ansprechpartner für die Medien. Und den Leiter der polizeilichen Ermittlungen kann ich mit gezielten Indiskretionen kaltstellen.«

»Klingt nicht schlecht, aber bevor ich dazu etwas sage, möchte ich morgen zuerst mit meinem Anwalt und dann mit Albertine sprechen«, sagte Hubertus.

»Bekomm ich noch ein Foto?«, lautete die Nachfrage.

»Nein!«, antworteten wie aus einem Mund Hubertus und Clementine, die schon bedrohlich mit dem Daumen über die Klinge ihres Messers strich.

»Dachte ich's mir.« Egon-Erwin trat umgehend den Rückzug an.

Hubertus klopfte sich seufzend die Kissen zurecht, die Clementine ihm auf die Couch geworfen hatte.

Die Nacht war sternenklar. Egon-Erwin rechnete fest damit, von dem Heckenschützen wieder unter Dauerfeuer genommen zu werden. Also hastete er mit eingezogenem Kopf und weit vornübergebeugt übers Feld, bis sich schließlich sein Rücken meldete. Der Schmerz war schier unerträglich, und er nahm sich fest vor, seinen eigentlich bereits für gestern vereinbarten und aus bekannten Gründen ausgefallenen Termin bei Albertine von Krakow auf jeden Fall morgen wahrzunehmen. Ein Blick auf die Uhr erinnerte ihn mit Nachdruck an den unaufhaltsam nahenden Redaktionsschluss. Die sechzehn Textnachrichten von seinem

Redaktionsleiter taten ihr Übriges, auch noch seine letzten Lebensgeister zu wecken.

Als er nach einem schier endlos erscheinenden Fußmarsch endlich sein Auto erreichte, staunte er nicht schlecht. Da stand es von Kugeln durchsiebt vor ihm – allerdings schienen sowohl die Windschutzscheibe als auch die abgefahrenen Reifen völlig unversehrt. Auch der Motor sprang zuverlässig wie immer sofort an, wenn auch das Getriebe beim Schalten verdächtig krachte.

drei

Am folgenden Morgen fielen die Reaktionen auf die erste Seite der Landeszeitung völlig unterschiedlich aus. Kommissar Blaumilch griff sofort zum Hörer seines Diensttelefons und überschüttete den Herausgeber der Landeszeitung mit ausgesucht üblen Schimpfworten. Wobei »Schmierenjournaille« noch die harmloseste Äußerung war.

Der Herausgeber John Wichhorst beglückwünschte wenig später seinen Redaktionsleiter, der daraufhin kein gutes Haar an Egon-Erwin Wutke ließ, weil der kein Foto von den Tatverdächtigen geschossen hatte.

Egon-Erwin wiederum hatte sich die komplette Medienmeute vor dem Haus von Albertine von Krakow zum Feind gemacht. Also legte er umgehend den Rückwärtsgang ein, als er sah, wie das halbe Dorf vor der Praxis Schlange stand, um irgendwelche eingebildeten Zipperlein behandeln zu lassen. Das bot den lauernden Journalisten ausreichend Gelegenheit, die wartenden Patienten mit Fragen nach Albertine und Hubertus zu bombardieren.

Egon-Erwin strich über seinen bereits in die Jahre gekommenen Dreitagebart und beschloss, ihn erst dann wieder zu stutzen, wenn er den Fall aufgeklärt hatte und zum Starreporter einer überregionalen Boulevardzeitung aufgestiegen war. Also machte er sich auf den Weg in die »Heideblume«.

Das Landgasthaus wurde von Sören Severin geführt, der als verlorener Sohn des Ortes die Welt bereist und in der Spitzengastronomie Karriere gemacht hatte, bevor er zu seinen familiären Wurzeln zurückfand. Trotzdem war er sich nicht zu schade, ein deftiges Frühstück zu servieren.

»Moinsen«, sagte Egon-Erwin, als er den geschmackvoll designten Schankraum betrat. Nur Innenarchitekten wäre aufgefallen, dass es sich um ein Gesamtkunstwerk im Retrolook handelte.

Sören, ein hochgewachsener Typ mit strohblondem Haar und unbestimmbarem Alter, nickte nur lässig und verschwand sofort in die Küche. Sein »Holsteiner Fischerfrühstück« hatte einen legendären Ruf, deckte den kompletten Kalorienbedarf für einen Tag und konnte nur zusammen mit einem Köm verdaut werden. Die Kanne Tee diente ausschließlich als Alibi.

»Hier ist dein Alki-Tee. Den wirst du ja jetzt öfters trinken müssen oder deine Informanten ans Messer liefern.« Sören legte Egon-Erwin die aktuelle Ausgabe seiner Zeitung zum Tee auf den Tisch. »Polizei tappt im Dunkeln. Die Messermorde von Klein-Büchsen als Gesamtkunstwerk: Da kann Jack the Ripper sich eine Scheibe von abschneiden«, las er laut vor und betonte jede Silbe wie ein Kirmesausrufer.

»Hör mit dem Quatsch auf. Das ist doch von mir«, murrte Egon-Erwin und stocherte lustlos in seinem Labskaus herum.

»Unsere fünf Gästezimmer sind für die nächsten Tage ausgebucht. Und was passiert dann? Wird dieser wunderschöne Ort zum attraktiven Reiseziel für Psychopathen aller Art, oder eröffnet die Yakuza demnächst bei uns eine Filiale? Du solltest etwas mehr Fingerspitzengefühl an den Tag legen. Denn wie heißt es so schön: Wie man in den Wald ruft, so schallt es hinaus? Und falls dir der Labskaus nicht bekommt, könnte das an den Kräutern liegen«, sagte Sören.

Bei der Vorstellung, wie Anna Christensen Bärenklau in den Labskaus rührte, verging Egon-Erwin endgültig der Appetit. Die Lebensgefährtin von Sören sah aus wie eine ewig junge Kräuterhexe mit einem Faible für Gothic-Klamotten, das Gesicht weiß wie Schnee geschminkt, die Haare pechschwarz gefärbt, dazu mehr oder weniger dezente Piercings. Anna betrieb überaus erfolgreich einen Kräuter-Bauernhof, dessen getrocknete Erzeugnisse bis nach Japan verschickt wurden.

»Vergiss nicht, dass ich auch der Gastrokritiker der Region bin... Mehr muss ich wohl nicht sagen.« Egon-Erwin versuchte sich in einem verbalen Gegenangriff. Doch Sörens unerschütterliches Haifischgrinsen gab ihm den Rest. Also legte er einen Zwanziger auf den polierten Tisch und tippte an einen imaginären Hut. »See you later, alligator.«

Vor der Tür der »Heideblume« zündete er sich eine filterlose Zigarette an. Das Zentrum von Klein-Büchsen war im Grunde nicht viel mehr als eine Durchgangsstraße. Direkt gegenüber residierte Ole Fuhlendorf in seiner Kneipe »Der Bärenkrug«. Die Spezialität des Hauses war das selbst gebraute naturtrübe Vollbier. Hier trafen sich Honoratioren wie der Bürgermeister und der Schützenkönig zum täglichen Stammtisch. Aber auch urige Originale wie Gunnar der Hufschmied kehrten hier regelmäßig ein. Gunnar war besonders und vor allem weiblichen Zweibeinern zugetan, die es schrecklich romantisch fanden, ihren Pferden neues Schuhwerk anpassen zu lassen.

Doch so früh morgens war die Kneipe noch geschlossen, musste Ole doch den Sudkessel neu befüllen. Egon-Erwin wunderte sich über den ungewöhnlich regen Verkehr und die schier endlose Autokolonne, die sich im Schritttempo durch Klein-Büchsen quälte. Es schien, als erhoffte sich die gesamte Presse aus Hamburg und Lüneburg hier die Story des Jahres. Er wählte Hubertus' Geheimnummer.

»Montaigne! *Je ne veux pas en parler au téléphone*«, meldete sich Hubertus, bevor es richtig geklingelt hatte.

»Hör auf mit dem Montaigne-Quatsch. Du musst jetzt mit mir reden, auch am Telefon. Alles im Lot? Habt ihr schon mit euren Anwälten geredet? Hat die Polizei was Neues herausgefunden?«

»Die Antwort auf alle drei Fragen lautet: nein! Wir sind unschuldig, und das genügt uns. Außerdem gefällt es mir hier ausgesprochen gut. Die Couch ist bequem, das Essen formidabel, und Albertine arbeitet auch schon wieder. Zum Glück hat die Polizei die Straße abgesperrt und lässt nur noch Patienten durch. Vielleicht ist es einfach das Beste, ein paar Tage ruhig abzuwarten, bis sich der Trubel gelegt hat«, sagte Hubertus.

»Na toll! Und womit soll ich jetzt, bitte schön, die Titelseiten füllen?«, brüllte Egon-Erwin ins Handy.

»Das ist doch wohl kaum unser Problem. Ich muss Schluss machen. Aus der Küche zieht ein ungemein verführerischer Duft herein. Clementine bereitet eine Heidschnuckenkeule mit Kürbis-Kartoffel-Gratin vor. Zum Nachtisch gibt's Ochsenaugen. Übrigens eine äußerst schmackhafte Süßspeise, diese Ochsenaugen«, erklärte Hubertus vergnügt.

»Ich hoffe, das Ochsenauge bleibt dir im Hals stecken«, tobte

Egon-Erwin am Rande des Nervenzusammenbruchs und zog dabei die Blicke von Passanten auf sich.

Am Ortseingang hatte sich unterdessen eine Menschentraube gebildet, die nun auch Egon-Erwins Aufmerksamkeit erregte. Mittendrin stand Siegfried Aurich, wie immer in einem weißen Maler-Overall. Mit neunmalklugen Anweisungen malträtierte er zwei seiner Kunststudenten, die damit beschäftigt waren, voluminöse Einzelteile einer großen Skulptur aus einem Lieferwagen zu hieven. Es dauerte knapp fünfzehn Minuten, bis die überlebensgroße Figur aufgerichtet war. Aus reiner Routine und Pflichtbewusstsein begann Egon-Erwin, ein paar Fotos zu knipsen. Doch dann glaubte er, seinen Augen nicht trauen zu können.

Ein Pappmaschee-Jack the Ripper zierte die Ortsgrenze von Klein-Büchsen. Unter den linken Arm geklemmt war das Haupt eines Mannes, während Jack in der rechten Hand ein großes Messer gen Himmel reckte. Die bessere Hälfte und in Personalunion Muse des Bildhauers verteilte im Partnerlook vegane Cookies ans staunende Publikum. Außerdem warf Gerda Aurich immer einmal wieder mehr oder weniger schwungvoll einen Stapel Flugblätter in die Luft, auf denen ein Wikipedia-Artikel über den Sinn der fleischlosen Protestbewegung informierte. Die Befragung der Zuschauer förderte zwar keinerlei handfeste Informationen, dafür aber allerlei skurrile Meinungen zutage. Zudem ließ sich der unerwartete Menschenauflauf einfach durch einen Aufruf zu einem Flashmob auf der Facebook-Seite des Happening-Künstlers erklären.

Damit hatte Egon-Erwin seine Geschichte für den nächsten Tag – nicht zuletzt, weil die Polizei jetzt auch noch begann, die offensichtlich nicht angemeldete Demonstration kunstsinniger Freaks rasch und effektiv aufzulösen.

Die restliche Pressemeute versuchte noch immer, die Hauptverdächtigen im Klein-Büchsener Doppelmord zu interviewen oder doch wenigstens für ein paar kurze Aufnahmen vor die Kameras zu bekommen.

Egon-Erwin hingegen hatte genug gesehen. Er bestellte sich vorausschauend eine Pizza in die Redaktion und fuhr dann sein durchlöchertes Auto in die Werkstatt, von wo er die letzten Meter bis zu seinem Arbeitsplatz zu Fuß zurücklegte.

Bei Albertine begann sich mittlerweile offenbar eine Art Lagerkoller einzustellen. Schon mehrfach hatte sie versucht, Hubertus wieder nach nebenan zu schicken. Bislang ohne Erfolg.

»Geh jetzt endlich nach Hause und lass mich in Ruhe arbeiten. Verkauf ein paar Bücher im Internet«, forderte sie ihn auf. »Clementine ruft dich, sobald das Abendessen fertig ist.«

»Du willst mich wohl um jeden Preis loswerden, was? Dabei hab ich dir doch den Hals gerettet«, erwiderte Hubertus beleidigt.

»Du hast meinen Ruf ruiniert. Wenn die hier spitzkriegen, dass du mein Lover bist, kann ich mich nicht mehr auf die Straße wagen. Du bist einfach nur peinlich. Da leben wir jahrelang in Frieden und Eintracht zusammen, und mit einem Mal bin ich so was wie die Hure Babylons. Jetzt hör mir mal gut zu, mein Freund, ich sag's nur ein einziges Mal: Mein Herz gehört allein Ole Fuhlendorf. Und zwar nicht, weil er ein phantastisches Bier braut, sondern weil er ein richtiger Mann ist, der auch zu seinen animalischen Trieben steht. Er versteht mich zu nehmen …«, sagte Albertine überraschend klar und offen.

»Und ich sah eine Frau auf einem scharlachroten Tier sitzen, das war voll lästerlicher Namen und hatte sieben Häupter und zehn Hörner«, erwiderte Hubertus und verließ grübelnd das Haus. Also würde er auf einen gemeinsamen Abend verzichten und stattdessen arbeiten. Eine Schmorgurkenpfanne müsste ihm genügen, mehr gab seine Speisekammer nicht her. Die Beamten an der Polizeiabsperrung ließen ihn kommentarlos passieren, während er in einiger Entfernung ein paarmal den Auslöser von Spiegelreflexkameras hörte. Es störte ihn nicht im Geringsten.

In seinem Haus wirkte alles unberührt, wenn man von seinem Schreibtisch und dem Computer absah, über den die Beamten sich hergemacht hatten. Hubertus war gespannt, ob der iMac sich noch hochfahren ließ. Also drückte er den Startknopf und ging in die Küche, um sich einen doppelten Korn zu genehmigen. Dann halbierte er die Schmorgurken, entkernte sie und schnitt alles in dicke Brocken. Die Zwiebeln wurden geschält und gewürfelt, die bereits geputzten Möhren in Scheiben geschnitten. So musste er alles bei Bedarf nur noch anbraten und mit etwas Brühe, Hackfleisch und saurer Sahne vervollständigen. Hubertus ärgerte sich oft, dass er von allen stets für einen Kopfmenschen gehalten wurde. Dabei liebte er einfaches, aber herzhaftes Essen, kannte jede Serie im Trash-Fernsehen und besaß sämtliche schicken Produkte der bekannten Kultfirma aus Cupertino. Er hatte sich nie ernsthaft Hoffnungen gemacht, mit Albertine ein Verhältnis beginnen zu können … Obwohl sie durchaus der Traum seiner nicht wenigen schlaflosen Nächte war.

Am Schreibtisch checkte er zunächst seine E-Mails und rieb sich verwundert die Augen. Exakt zweihundertsiebenundfünfzig neue Nachrichten warteten in seinem Post-Eingangsordner. Die Hälfte mit dem unschönen Stichwort »Stornierung« in der Betreffzeile.

»Klare Sache und damit hopp«, zitierte Hubertus Walter Kempowski, den er genauso sehr verehrte wie Albertine.

Genau in diesem Moment meldete sich Egon-Erwin am Handy.

»Hab jetzt keine Zeit«, rief Hubertus. »Ich hab alle Hände voll zu tun, meinen drohenden Bankrott abzuwenden. Was willst du denn? Es ist nichts passiert, außer … Ach egal, vergiss es!«

Doch dann musste er sich minutenlang Egon-Erwins Gejammere anhören. Dieser hatte seinen Artikel dem Redaktionsleiter vorgelegt, der damit ziemlich unzufrieden war. Er wollte Fotos der Tatverdächtigen sehen und keine Archivaufnahmen vom letzten Schützenfest, auf denen Albertine zu bewundern war, wie sie sechs Bierkrüge auf einmal transportierte. Hubertus selbst hatte sich auf dem Schützenfest in eine viel zu kleine Uniform des Schützenvereins gequetscht und war bei dem Versuch, den Vogel abzuschießen, kläglich gescheitert. Immerhin hielt er wenigstens eine Waffe in der Hand. Die Schlagzeile lautete: »Ein Dorf dreht durch!«, aber das genügte dem Redaktionsleiter nicht.

»Hallo! Bist du jetzt komplett durchgedreht, oder was willst du noch von mir?«, fuhr Hubertus Egon-Erwin an, um ihm endlich den Mund zu stopfen.

»Morgen gebt ihr mir ein Interview und lasst euch von mir

fotografieren. Vielleicht glättet das die Wogen bei der Landeszeitung. Ich habe Blaumilch nicht erreicht, er lehnt jede Stellungnahme ab. Sein Pressesprecher tut so, als wüsste er von nichts. Ich sag dir, die tappen komplett im Dunkeln. Mit jedem Tag nimmt der Druck zu, bis der Kessel explodiert. Wir müssen unbedingt herausfinden, wer die beiden Ermordeten waren, was sie hier gesucht haben, ob jemand sie noch lebend gesehen hat und, und, und …« In Wirklichkeit versuchte Egon-Erwin natürlich nur, seine Exklusiv-Story zu retten.

»Ich denk darüber nach, wie wir Albertine dazu bringen können mitzuspielen«, antwortete Hubertus knapp und sachlich. »Ohne sie geht gar nichts. Im Übrigen wünsche ich mir meine dörfliche Idylle zurück. Diese wundervolle Vorhersehbarkeit des Alltags. Gutes Essen aus den Gärten und Feldern der Umgebung, Fleisch von glücklichen Rindern und Schweinen. Das sind doch die entscheidenden, die positiven Seiten des Landlebens. Gutes bewahren und Schönes entdecken, Traditionen erhalten und pflegen.«

»Du redest wie ein Tourismusmanager. Aber die Realität sieht doch ganz anders aus. Denk nur an den Bauern Piepenbrink, der seinen Betrieb komplett auf Rapsanbau umgestellt hat, um mit Biosprit reich zu werden. Oder an den feinen Matze Hansen. Der Herr Kreistagsabgeordneter will den Durchgangsverkehr mit über hundert Lkws am Tag über die Hauptstraße leiten, weil sein Bruder Fuhrunternehmer ist. Und im Dorf herrschen Neid und Missgunst wie überall sonst auf der Welt. Du bist ein unverbesserlicher Optimist. Ein Zugereister halt«, schloss Egon-Erwin.

»Ja, vielleicht hast du recht. Und jetzt hab ich Hunger und hau mir was in die Pfanne. Komm morgen um elf vorbei, dann gehen wir rüber zu Albertine. Vielleicht spielt sie ja mit.« Hubertus trennte die Verbindung und warf das Mobiltelefon auf den Schreibtisch.

Wenige Meter entfernt in Albertines Haus war die Stimmung auf dem Nullpunkt.

»Sie haben zu viel gekocht, Clementine. Auch wenn die Heidschnucke wirklich ein Gedicht ist, gehört doch zu so einem Essen eine gesellige Runde.«

»Sie haben mit Ihrem Geständnis doch Herrn Hubertus vertrieben und ihn vor den Kopf gestoßen«, sagte Clementine.

»Ja, und es tut mir inzwischen auch ein wenig leid. Aber immer noch besser so, als dass Ole es ihm in einer Bierlaune erzählt hätte. Aber jetzt genug Trübsal geblasen. Machen Sie mir bitte einen Pfefferminztee aus unserer letztjährigen Ernte«, sagte Albertine und fügte bedeutungsschwanger hinzu: »Genießen wir die Ruhe vor dem Sturm.«

Wieder setzte langsam die Dämmerung ein. Im »Bärenkrug« war kein Tisch mehr frei, und am Tresen drängten sich die Dorfbewohner. Lauthals und heftig wurde diskutiert: über den Mordfall, die Zugereisten und vor allem über den Bildhauer, der diesmal wohl etwas zu weit gegangen war.

»Dem sollte man mal eine ordentliche Abreibung verpassen«, knurrte Gunnar und knetete ein Bierglas mit seinen Pranken so, als wollte er es erwürgen. »Das hat mit Kunst so viel zu tun wie ein Haufen Pferdemist auf dem Teller von dem Möchtegern-Koch da drüben.«

»Lass Sören in Ruhe, der stammt schließlich aus Klein-Büchsen. Er hat die Welt gesehen und tut was für den Tourismus«, sagte Matze Hansen.

»Na klar! Und du Idiot tust was für den Lastwagen-Tourismus. Ihr Feierabend-Politiker seid doch zu blöd, um geradeaus zu pinkeln«, ätzte Gunnar.

»Und du bist zu blöd, ein Pferd zu beschlagen. Die werden doch in deiner Klitsche allesamt zu Fällen für den Abdecker. Ich erinnere nur an Little Sunshine. Der Gaul hätte beim Dressurreiten alles gewinnen können, und nun ist er in der Wurst. Die Tochter vom Bürgermeister hat nie eine Entschädigung gesehen, geschweige denn eine Entschuldigung. Dabei hat das Pferd gelahmt, nachdem es von dir beschlagen wurde. Wahrscheinlich ist dir als Kind ein Hammer auf den Kopf gefallen. Ich tu wenigstens was für die Gemeinschaft, während du dich hier ständig volllaufen lässt.« Hansen redete sich mächtig in Rage.

»Halt die Klappe, sonst knallt's«, stieß Gunnar hervor. Er trat einen Schritt vom Tresen zurück und hob streitlustig die Fäuste. Blitzschnell schob sich Ole zwischen die Streithähne, um eine Schlägerei zu verhindern. Doch Gunnar sah rot und landete einen Jab auf der rechten Gesichtshälfte des Gastwirts, der daraufhin Sterne sah und zu Boden ging.

»Du bist ja völlig durchgeknallt«, schimpfte Matze, der Ole wieder auf die Beine half. »Entschuldige dich wenigstens diesmal.«

»'tschuldigung«, raunte Gunnar kleinlaut und schwankte aus der Gaststube.

Doch er landete nicht im heimischen Bett, sondern im Straßengraben. Stunden später wurde er von einer Polizeistreife entdeckt, und man war froh, dass er noch alle Gliedmaßen am rechten Platz hatte. Das war der letzte Einsatz für die Beamten, die sich mit ihren Kollegen am Ortsausgang zur Schichtübergabe verabredet hatten.

»War nichts weiter. Außer einem blauen Auge in dieser Bierkneipe und einem Besoffenen, den wir aus dem Straßengraben gekratzt haben. Ich glaub, hier herrscht die reine Inzucht. Das sind alles grenzdebile Landeier«, lästerte der eine, während seine Kollegen nur schief grinsten.

Ganz in der Nähe wohnten Gerda und Siegfried Aurich. Sie hatten bereits vor vielen Jahren die Dorfschule gekauft. Der klobige Kasten aus der Gründerzeit strahlte noch heute Autorität aus. Generationen junger Dorfbewohner war hier das Wissen mit dem Stock eingebläut worden, und in der angrenzenden kleinen Turnhalle hatten die strengen Pädagogen mit Leibesübungen noch aus jedem ungelenken Jüngling einen schneidigen Burschen geformt. In den heiligen Hallen des Turnvaters Jahn hatte Siegfried Aurich sein Atelier eingerichtet. Trotz seines bereits recht fortgeschrittenen Alters hielt er sich für die Inkarnation von Joseph Beuys und Andy Warhol. Deshalb sah es in seinem Atelier auch aus wie auf einem Schrottplatz für Landmaschinen-Ersatzteile, Hightech-Schnickschnack und Utensilien für die Malerei. Tag und Nacht wurde das Video »Ever Is Over All« von Pipilotti Rist an die Stirnseite der Halle projiziert.

Was der Künstler so aufregend an dem Einschlagen von Autoscheiben fand, konnte er niemandem erklären, nicht einmal Gerda. Die angetraute Muse stand in ihrer XXL-Küche und hatte die Rührmaschine angeworfen. Mit der Ausstattung hätte sie locker jeder Großbäckerei Konkurrenz machen können. Ihr missionarischer Eifer war enorm. In Klein-Büchsen wurde sie einfach nur belächelt – aber auch toleriert, weil sie jeden Sonntag ihre Backwaren verschenkte. So konnte sie unbehelligt für einen besseren Tier- und Umweltschutz sowie für eine gerechtere Gesundheits- und Verteilungspolitik trommeln. Der Verzicht auf Lederschuhe und Wollpullover sorgte vor allem in der kalten Jahreszeit für Heiterkeit und sanften Spott. Gerda war es gewohnt, ihre Missionen allein zu planen und durchzuführen, während ihr genialer Ehemann auf die große Inspiration wartete und bei voller Lautstärke Wagner in der Fassung mit Plácido Domingo hörte.

Bei der Zeile »Zieh hin, Wahnsinniger, zieh hin!« spürte Gerda zwei Hände um den Hals.

»Ich hab jetzt keine Lust auf deine dominanten Spielchen. Ich wasch mich vor dem Sex«, rief Gerda und würgte.

Ihr Peiniger verfügte über Bärenkräfte und drückte ihr langsam, aber unentrinnbar die Luft ab. Gerda röchelte, aber sie war fest entschlossen, diesen Angriff aus dem Nichts zu überleben. Doch nach einem Tritt des Angreifers in ihre rechte Kniekehle ging sie zu Boden, als würde sie in der Kirche die Kommunion empfangen. Jetzt war er ganz nah bei ihr und atmete ihr keuchend ins rechte Ohr.

Gerda ruderte verzweifelt mit den Armen. Als junges Mädchen war sie Meisterin im Ringen gewesen, was man auch heute noch ihrer gedrungenen Statur ansah. Sie musste ihn entweder mit einer Körpertäuschung überrumpeln oder aber ihn an den Beinen erwischen. Sie spannte alle Muskeln an. Pures Adrenalin pumpte durch ihre Adern, während ihr Widersacher sich auf ihrem Rücken niederließ und ihren Kopf nach hinten biegen wollte. Dazu müsste er seinen Griff etwas lockern und ihr in die Haare fassen. Genau in diesem Moment drehte sich Gerda mit einer unvorhersehbaren Bewegung nach links, zog blitzartig die Beine an und trat ihrem Gegner mit voller Wucht vor die Brust. Er kippte nach hinten. Sie schnellte elastisch hoch und sprang mit beiden Beinen auf seinen Brustkasten. Sie hatte nicht die geringste Ahnung, wer ihr nach dem Leben trachtete. Der Kerl unter ihr trug die Guy-Fawkes-Maske der Anonymous-Bewegung.

Was wollte denn die Internet-Guerilla von ihr? Sie war doch Mitglied der Piraten, schoss Gerda durch den Kopf.

Es musste an der verinnerlichten Philosophie der Veganer liegen, dass sie den Killer nicht mit bloßen Fäusten traktierte. Anonymous nutzte diesen kurzen Moment der Schwäche und landete einen Treffer auf Gerdas Kinnspitze. Aber Schmerzen beeindruckten sie nicht im Geringsten. Mit aller Kraft versuchte sie, den Mann an seiner empfindlichsten Stelle zu erwischen, und setzte dazu ihre Knie ein. Aber die Gewichtsverlagerung hatte fatale Folgen. Anonymous warf Gerda zur Seite und damit von sich herunter. Sie schlug unglücklich mit dem Kopf gegen die Edelstahlverkleidung des Herdes und blieb benommen liegen.

Er griff in ihre Haare und schleifte sie durch die halbe Küche in Richtung Rührmaschine. Gerda schrie wie am Spieß, sie brüllte nach Siegfried. Er war ihre letzte Hoffnung.

Doch Siegfried war in das furiose Finale seiner Lieblingsoper versunken und sang lauthals mit. »»Brennender Zauber zückt mir ins Herz; feurige Angst fasst meine Augen: Mir schwankt und schwindelt der Sinn!‹.«

Bei den letzten Worten griff Anonymous nach einer gusseisernen Pfanne, die praktischerweise über dem Herd hing. Er ließ Gerda los, die wie ein dicker, auf dem Rücken zappelnder Käfer auf dem Boden liegen blieb. Der erste Schlag erwischte sie an der Schläfe, und sie verlor das Bewusstsein. Wie von Sinnen drosch der Mörder weiter auf sie ein, bis Gerda aus zahllosen Wunden blutete. Mit dem Ende der Oper legte sich auch Totenstille über die Küche.

Das dämliche Dauergrinsen der Maske verlieh der Szenerie etwas Surreales, etwas Diabolisches. Seelenruhig klopfte sich Anonymous den Umhang ab und trat zum Messerblock. An einer Paprika prüfte er die Schärfe der Klingen, doch keine schien ihn zufriedenzustellen. Er begann, das größte Exemplar mit dem Wetzstahl nachzuschärfen. Das monotone Geräusch von Metall auf Metall beruhigte ihn. Das leise Scharren hinter seinem Rücken registrierte er nicht und auch nicht die unsicheren Schritte auf den blutverschmierten Terrakottafliesen. Da hörte er ein Röcheln und wirbelte herum. Unmittelbar vor ihm stand … Gerda.

Ihr Gesicht war wie eine Totenmaske, aus Ohren und Nase zogen sich Blutfäden. Sie spürte, dass sie nicht mehr lange zu leben hatte, und wollte nur noch Rache für die infernalischen Schmerzen. In der rechten Hand hielt sie einen schweren Fleischhammer umklammert. Für einen gezielten Schlag war dieser jedoch zu klobig und schwer. Auch hatte sie nicht damit gerechnet, dass Anonymous keinen Fehler mehr begehen wollte. Er rammte ihr das Messer in den Bauch und zog es mit einem jähen Ruck hinauf bis zum Brustkorb. Das Geräusch zerbrechender Knochen erinnerte Gerda an ihre Jugend, als sie noch ohne Reue selbst Enten zerlegt hatte. Damit schaltete sich ihr Gehirn ab, und sie sank zu Boden. Anonymous schleifte sie zurück zur Rührmaschine und legte sie dort fast ein wenig zu sanft ab. Er war seinem Ziel ganz nahe.

Gerdas Kopf wurde fachmännisch abgetrennt und zur Seite gerollt. Der Mörder wuchtete Gerda hoch und steckte sie mit den Schultern voran in den Teig. Die Beine an der Hüfte abgeknickt, hing sie über den Rand der riesigen Schüssel. Er machte sich daran, die vorherige Ordnung zumindest halbwegs wiederherzustellen und räumte die Küche auf, wischte den Boden und stellte die gusseiserne Pfanne auf den Herd. Es dauerte eine Weile, bis er veganes Hanf-Öl gefunden und davon reichlich in die Pfanne geschüttet hatte.

Den Kopf platzierte er sorgfältig in der Mitte und schnitt ein Bund Suppengrün in appetitliche Stücke. Die Karotte ließ er geschält am Stück und schob sie Gerda vorsichtig zwischen die Zähne. Zum ersten Mal konnte man seine Stimme hören, wie er als Charaktertenor die letzten Zeilen des Siegfried mitsang: »›Sie ist mir ewig, ist mir immer, Erb' und Eigen, ein' und all': leuchtende Liebe, lachender Tod!‹« Bevor er die Küche verließ und das Licht ausschaltete, versäumte er nicht, den Herd auf mittlere Hitze zu stellen.

Im Atelier war es kalt.

Siegfried fühlte sich am kreativsten, wenn ihn fröstelte. Er verweilte ein paar Minuten vor einer jungfräulichen Leinwand. Doch wie sollte er anfangen? Mit einem kleinen Pinsel? Ganz filigran? Oder gleich mit einem Eimer Farbe, den er so gern durch die Gegend warf, bis alles versaut war. Das erinnerte ihn an die anale Phase in seinem Frühwerk. Überhaupt sollte man die Schaffensperioden nicht nach Farben benennen. Oral, anal, ödipal, das waren gewaltige Worte. Ein undefinierbares Geräusch riss ihn aus seiner Überlegung zur genitalen Phase. Was er jetzt sah, ließ ihm das Blut in den Adern gefrieren. Im Gegenlicht der Verbindungstür zum Hauptgebäude stand ein maskierter Mann, der ein großes Messer in der erhobenen Hand hielt. Jetzt fehlte nur noch ein Kapuzenumhang, und der Typ hätte sofort eine Rolle in »Scream 5« bekommen.

»Wer sind Sie?« Siegfried drehte die Anlage leiser.

Der Mann in der Tür trat einen Schritt vor.

»Was wollen Sie von mir?«

Noch ein Schritt aus dem Halbdunkel.

»Ich rufe die Polizei!«

Jetzt erkannte Siegfried die Maske des Unbekannten und sah auch das Blut auf seiner Kleidung.

»Was haben Sie mit meiner Frau gemacht?«, stieß Siegfried hervor. Irgendwie wusste er die Antwort bereits. »Ist sie tot?«, fügte er mit brüchiger Stimme hinzu. »Wollen Sie Geld? In meinem Tresor liegen siebzigtausend Euro in kleinen Scheinen. Es stammt von russischen Sammlern, die ihr Geld waschen wollten.« Siegfried versuchte nur noch, seine Haut zu retten. »Und verdammt, ziehen Sie endlich diese bescheuerte Guy-Fawkes-Maske ab.« Nur seine Angst ließ Siegfried so mit dem Kerl reden.

Als hätte diese Aufforderung die Situation entschärft, trat Anonymous einen Schritt zur Seite, nahm sich einen dicken Pinsel von der Malerpalette und tauchte ihn in einen Eimer mit roter Farbe, der offen dastand. Dann übermalte er ein einfarbiges Bild in langweiligem Grau. Seine Botschaft lautete: »V wie Vendetta.« Die zähflüssige Farbe tropfte hörbar auf den Boden und bildete schnell eine Lache.

»Ich kenne das Buch, ich kenne den Comic, ich kenne den Film. Ich habe mit alledem nichts zu tun. Das ist keine Kunst, das ist Agit-Prop. Mit einigem guten Willen ist es Teil der Popkultur, aber keinesfalls ein eigenständiges Kunstwerk.« Siegfried vergaß völlig seine äußerst prekäre Lage.

Anonymous grinste, jedoch war eine andere sichtbare Gefühlsregung auch schlechterdings unmöglich. Ein weiterer Schritt besiegelte Siegfried Aurichs Schicksal. Es ging sehr schnell, und er spürte fast keinen Schmerz. Allerdings hatte er sich sein Ende so nicht vorgestellt. In seinen kühnsten Träumen hatte er sich auf der Biennale von Venedig gesehen, als gefeierten Künstler, der dem deutschen Pavillon neue Bedeutung einhauchte. Er hatte sich im Giardini di Castello Hof halten sehen, ein Interview jagte das nächste, und der Spiegel setzte Siegfrieds Konterfei auf den Titel.

Alles umsonst, alles vergebens, war sein letzter Gedanke, als das Messer seine Aorta durchtrennte.

Anonymous beendete sein blutiges Handwerk auf gewohnte Weise. Er drapierte Siegfried Aurich auf dem Arbeitstisch seines Ateliers, faltete seine Hände und klemmte den Pinsel mit roter Farbe dazwischen. Den Kopf ließ er in dem Farbeimer versinken, den er dann als Kopfersatz platzierte. Das Logo des Herstellers glich einem Gesicht. Man musste es nur noch in die richtige Richtung drehen. Mit einem Pinsel schrieb er auf das weiße Plastik noch in Großbuchstaben KOPF. Er wusste ja, dass die Polizei mitunter schwer von Begriff war. Beim Verlassen des Ateliers schaltete er erst noch die Musikanlage und dann das Licht aus. Die einkehrende Stille war von finaler Gültigkeit.

Fast lautlos verließ der Mörder Klein-Büchsen in einem dunkelgrünen Hybrid-SUV fernöstlicher Herstellung. Er hielt nur noch einmal an, gerade lange genug, um Siegfried Aurichs »Kunstwerk« am Ortsausgang in Flammen aufgehen zu lassen.

Die verkohlten Überreste von Jack the Ripper brachten am nächsten Morgen sofort die Polizei auf den Plan. Zunächst wurde der Pferdeschmied Gunnar vernommen, der sich aber an nichts erinnern konnte. Auch in den zwei Gasthöfen von Klein-Büchsen waren keine verwertbaren Informationen zu bekommen. Also blieb nur der Weg zum Künstler selbst, um ihn von dem Attentat auf seine Pappmaschee-Figur zu informieren.

Egon-Erwin hatte inzwischen wieder an der Blutspur geleckt. Nach einem Tipp aus der Polizeizentrale hatte er kurzerhand das verkohlte Kunstwerk fotografiert und war dann auf kürzestem Weg zum Schulgebäude gerast. Schließlich hatte er hier schon qualvolle Stunden bei langweiligen Ausstellungseröffnungen über sich ergehen lassen. Die letzte Vernissage war allerdings völlig ausgeartet. Eine Horde russischer Geschäftsleute hatte mit ihren blutjungen Begleiterinnen die feinsinnige Veranstaltung in ein kollektives Besäufnis verwandelt.

»Wir machen mal wieder aus einer Mücke einen Elefanten«, meinte der Beifahrer zu seinem Kollegen.

»Immer noch besser, als vor dem Haus der Ärztin diese nervigen Wegelagerer zu beaufsichtigen«, antwortete der Fahrer. »Bringt doch Abwechslung, und ich wollte immer schon mal sehen, wie so ein Künstler lebt. Der soll ja mit seiner Frau eine ganze Schule bewohnen. Das Gematsche mit Papier und Leim scheint sich irgendwie zu lohnen. Es gibt Verrückte, die zahlen Unsummen für etwas, das einen Materialwert von bestenfalls ein paar Cent hat. Was mich übrigens an diesen Typen erinnert, der mit Fett rumgemanscht hat und zu allem Überfluss auch noch Professor gewesen sein soll. Wie hieß der noch mal schnell?« Die fleischgewordene Halbbildung überlegte. »Der hat doch auch diese Suppen-Dosen gemalt.«

»Du meinst Andy Warhol«, antwortete sein Beifahrer.

»War doch gut, dass sie dich aufs Gymnasium geschickt haben. War dann ja doch zu was nutze«, sagte der andere. »Der hatte doch auch 'ne Disco und hat da solche Orgien gefeiert. Ob der Aurich seine Orgien auch gefilmt hat wie dieser Wahrhuul.« Er sprach den Namen des Pop-Künstlers bewusst falsch aus.

»Du nervst. Kannst du zur Abwechslung nicht mal einfach deine Klappe halten?«, fragte der, der auf dem Gymnasium gewesen war. Sein Kollege war einfach ein hoffnungsloser Fall.

»Außerdem sind wir gleich da. Dann kannst du ja in aller Ruhe mit dem Künstler persönlich reden. Scheint dich ja mächtig zu interessieren. Wir sollten uns beeilen, weil wir uns in der Zentrale nicht abgemeldet haben.«

Der Fahrer hielt die Klappe und ließ den Wagen mit Effet übers Kiesbett driften.

Wenig später standen sie wie zwei Konfirmanden vor der massiven Holztür des alten Schulgebäudes, rückten ihre Krawatten zurecht und kneteten verlegen ihre Dienstmützen durch. Doch auf ihr Klingeln erfolgte keinerlei Reaktion im Haus. Ungeduldig klopfte der Fahrer an die Tür. Nichts.

»Ich geh mal ums Haus und seh nach, ob die Herrschaften überhaupt da sind«, meinte er.

»Peter 1 an Peter 12. Peter 1 an Peter 12«, verlangte der Polizeifunk im Wagen.

»Schalt das Ding aus, es nervt!« Die eine Hälfte von Peter 12 machte sich auf den Weg zur Rückseite des Hauses. Der hochgewachsene Polizist hatte kaum Mühe, durch die Fenster zu blicken. Als Erstes erspähte er ein unberührtes Ehebett.

Die arbeiteten doch nicht etwa schon. Künstler standen nie vor zwölf Uhr mittags auf. Das wusste er genau.

Erstaunlicherweise besaß auch die Speisekammer ein großes Fenster. In den Regalen stapelten sich Brote und andere Backwaren.

Das waren keine Künstler, das waren Bäcker, schoss es dem Polizisten durch den Kopf. Wäre interessant zu wissen, ob die einen Gewerbeschein hatten.

Eine kurze Treppe führte zur Küche hinauf, doch hier waren die Fenster von innen beschlagen. Da half auch krampfhaftes Wischen nicht. Auf den Ruf »Jemand zu Hause?« bekam er keine Antwort. Ein entschiedener Griff an der Türklinke führte ebenfalls nicht zum Erfolg. Von innen abgeschlossen.

In der großen Glasfront fehlte ein kleiner Teil, aus dem Loch zog deutlich sichtbar Rauch. Der Polizist schaute sich nach einer Leiter um und entdeckte bald eine, die an der Wand der alten Turnhalle lehnte. Sie war aus solidem Holz und zu schwer für einen Mann allein.

»Komm zu mir nach hinten. Und schwing die Hufe!«, rief der Polizist seinem Kollegen zu, der noch vorn an der Eingangstür wartete. Murrend setzte der Mann sich in Bewegung.

Auf diesen Augenblick hatte Egon-Erwin nur gewartet. Er nahm genau die entgegengesetzte Richtung ums alte Schulgebäude und versteckte sich hinter einem Mauervorsprung.

Nun versuchten die zwei Streifenpolizisten, eine Leiter aufzurichten, was zu einigen echten Slapstick-Momenten führte. Doch dann gelang dem Hochgewachsenen der Aufstieg. Vorsichtig versuchte er, einen Blick nach innen zu werfen, sah aber nichts. Er schaute achselzuckend zu seinem Kollegen hinunter. Nach einem weiteren, diesmal längeren Spähen ins Gebäude drehte er zum zweiten Mal den Kopf weg, doch diesmal hatte er die Hand vor dem Mund. Beim dritten Mal erbrach er sein Frühstück direkt auf die Fensterfront.

Sein Kollege ergriff die Flucht und wartete in einigen Metern Entfernung. Die Leiter geriet bedenklich ins Schwanken, aber der frisch Erleichterte rutschte wie ein Feuerwehrmann an den glatten Seiten die Leiter hinunter. Unten angekommen blieb er schwer atmend sitzen. Sein Kollege kümmerte sich rührend um ihn und zauberte aus seiner Uniformjacke eine Dose mit einem sündhaft süßen Energydrink, die der geschockte Polizist behutsam leerte.

Egon-Erwin hatte genug Fotos geschossen und nahm den kürzesten Weg zu seinem Auto. Warum musste er sich immer mit dem Unterholz herumärgern? Mal pickten ihn Dornen, dann bekam er wie ein Galeerensträfling Peitschenhiebe auf den Rücken. Außerdem schwirrten Milliarden Insekten durchs Dickicht. Mit erstaunlich wenig Blessuren erreichte er schließlich seinen Wagen, der mittlerweile eine verblüffende Ähnlichkeit mit dem Apfelschimmel aus »Pippi Langstrumpf« hatte. Alle Löcher waren kunstvoll geschweißt und gespachtelt worden. Nur stand sein morbide wirkendes Gefährt nicht vor der Villa Kunterbunt, sondern vor der Schule des Grauens.

Im Minutentakt trafen immer mehr Streifenwagen ein, das Gelände wurde weiträumig abgesperrt. Die Besatzung des

Rettungswagens versorgte den Polizeibeamten, dessen weiße Gesichtsfarbe sich mittlerweile in ein unnatürliches Grau verwandelt hatte. Egon-Erwin dokumentierte das Geschehen mit einem lichtstarken Tele-Zoom, bis ihm die Kollegen den Blick versperrten und die Übertragungswagen der Nachrichtensender eine Menge Platz beanspruchten. Mehr als einmal musste er sich »Mach dich vom Acker, du Provinzheini« anhören, aber er ließ sich nicht provozieren und konnte sogar noch die Kriminalpolizei von hinten ablichten, die nun das altehrwürdige Gemäuer betrat.

Unter den Kriminalbeamten befand sich eine Frau, die offensichtlich das Kommando führte. Mehrmals kam ein nach Luft japsender Beamter an ihr vorbei ins Freie gestürzt. Dann stellte sich ihr der Tatort-Fotograf in den Weg.

»Das sollten Sie sich nicht antun, Kollegin Müller«, meinte er trocken und kehrte zum Tatort zurück. Gefolgt von der furchtlosen Kommissarin und ihrem Assistenten Müller Zwo. Die beiden waren ein eingespieltes Team und machten sich einen Spaß daraus, mit ihrer Namensgleichheit immer wieder Verwirrung zu stiften.

»Wo steckt eigentlich Blaumilch, Frau Müller?«

»Der hat sich kurzfristig selbst eine Kur genehmigt, Herr Müller.«

»Als hätte er geahnt, was ihn heute erwartet, Frau Müller.«

»Bad Bevensen, Herr Müller.«

»Das Heilbad dort soll sehr zu empfehlen sein, Frau Müller.«

»Hören Sie endlich mit diesem Quatsch auf. Sie verkennen wohl den Ernst der Lage«, fauchte die ihnen entgegenkommende Staatsanwältin und verließ auf High Heels stöckelnd den Ort des Grauens. »Ich erwarte noch heute Nachmittag Ihren vorläufigen Bericht. Ich muss ja jetzt alles allein machen, nur weil Blaumilch unter Nervenschwäche leidet. Und niemand spricht mit der Presse. Wer plaudert, der fliegt! Sie kennen ja meine Grundsätze.« Für diese letzte Warnung drehte sich die Staatsanwältin noch einmal im Türrahmen um.

»Zu Befehl, Frau Maier«, antworteten die Ermittlungsbeamten unisono und bekamen sofort einen Lachkrampf.

»Könnt ihr euch nicht wenigstens ein Mal wie erwachsene

Menschen benehmen? Das hier ist kein Sketch von Loriot«, ermahnte sie der Chef der Spurensicherung.

»Aber klar doch, Kollege Lüdenscheidt«, antworteten Müller Eins und Zwo, verkniffen sich aber weitere Heiterkeitsattacken, denn der Anblick von Gerda Aurichs Schädel stellte jeden Splatter-Film in den Schatten. Die Beamten hatten den Herd abgestellt, und die gusseiserne Pfanne kühlte bereits seit einiger Zeit ab, aber an Geschmacklosigkeit war die Inszenierung kaum zu überbieten. Am zweiten Tatort in der Turnhalle roch es immer noch streng nach Farbe und Lösungsmitteln, aber das war die Folge der niedrigen Raumtemperatur und verlieh dem bizarren Arrangement noch mehr morbide Eindringlichkeit.

Die Kommissare waren sprachlos und erst einmal nicht in der Lage, irgendwelche Rückschlüsse aus dem Anblick zu ziehen, der sich ihnen hier bot.

Der inzwischen ebenfalls eingetroffene Profiler hatte bereits den ersten Doppelmord in Klein-Büchsen untersucht, zwar nur nach Aktenlage, aber dafür hatte er umso intensiver an einem Täterprofil gearbeitet. Er hatte eine Nerd-Brille auf und trug unter dem Jackett ein Fan-Shirt der Kultserie »Big Bang Theory«. Irgendwie erwartete man von ihm unverständliche Analysen, aber er war alt und erfahren genug, um allgemein verständlich zu sprechen. Nur die schiefen braunen Zähne sollte er sich dringend einmal richten lassen.

»Ich liege sehr wahrscheinlich richtig mit der Annahme, dass dieser Serienkiller mit der öffentlichen Reaktion auf seine ersten Morde nicht die Aufmerksamkeit erhielt, die er sich erhofft hatte. Deshalb wollte er jetzt anscheinend ein Fanal setzen. Ich rate Ihnen dringend, dass Sie so bald wie möglich eine Pressekonferenz abhalten, um diesen Taten mehr Gewicht zu verleihen. Zwar sieht es hier auf den ersten Blick aus, als hätte ein gefühlskalter Psychopath zugeschlagen, aber ich bin überzeugt davon, dass dieser Mann einem relativ normalen Beruf nachgeht. Ein Metzgermeister zum Beispiel könnte in Frage kommen«, sagte der Spezialist, der einen Lehrauftrag an der Polizeiakademie hatte.

»Aber das Motiv liegt noch absolut im Dunkeln, und die

Staatsanwältin hat uns jeden Kontakt mit der Presse untersagt«, gab Müller Zwo zu bedenken.

»Das lassen Sie mal meine Sorge sein. Ich möchte jetzt zuerst eine Zigarette rauchen, mein Jackett lüften und anschließend zurück ins Büro fahren. Dort können wir alles Weitere besprechen.« Der Profiler wandte sich um und verließ das Atelier auf dem kürzesten Weg.

»So ein Weichei«, sagte Müller Eins und sah dabei Müller Zwo tief in die Augen. »Und Sie sind keinen Deut besser.«

Egon-Erwin bekam mit dem nach Luft schnappenden Profiler ein weiteres lohnendes Motiv vor seine Kamera, während sich der Rest der Meute auf den Hauptausgang konzentrierte, weil zeitgleich der Wagen des Bestattungsunternehmens im Auftrag der Staatsmacht vorfuhr. Es dauerte eine gefühlte Ewigkeit, bis die zwei Zinksärge verstaut waren. Ein großer Teil der Fotografen folgte dem schwarzen Fahrzeug. Aber Egon-Erwin hatte seine Uhr fest im Blick und damit auch den Redaktionsschluss. Sollte es wider Erwarten eine Pressekonferenz geben, würde die live im Fernsehen übertragen, und man konnte ja alles am Computer mitschneiden, um eventuell ein gutes Standbild für die Zeitung zu bekommen. In der Redaktion angekommen, schaltete er alle Fernsehgeräte an und seinen PC, um die wichtigen Szenen gleich aufzunehmen. Ganz altmodisch machte er sich mit einem Bleistift laufend Notizen.

Der Artikel war schnell geschrieben und sein Redaktionsleiter hochzufrieden angesichts der exklusiven Fotos.

»Aus Ihnen wird noch mal ein erstklassiger Paparazzo, alter Bluthund«, sagte sein Chef, während Egon-Erwin die Pressekonferenz am Monitor verfolgte. Es war klar, dass die Polizei wesentliche Informationen zum Tathergang verschwieg, und auch die aufgehängten Fotos waren bis zur Unkenntlichkeit verpixelt. Schnell ergänzte Egon-Erwin seinen Beitrag für Seite eins mit den spärlichen Fakten, und nachdem auch der Hausjustiziar seinen Segen erteilt hatte, konnte er sich endlich zurücklehnen.

»Ich mach jetzt erst mal Feierabend«, rief er in die Runde seiner

Kollegen, die sich nicht entscheiden konnten, ob sie neidisch oder ehrfurchtsvoll reagieren sollten. Als Egon-Erwin wenig später in seinem Wagen saß, atmete er erst mal tief durch und griff dann zu dem Notfall-Handy, mit dem er ungestört telefonieren konnte.

Doch Hubertus Müller nahm seinen Anruf nicht an. Egon-Erwin versuchte es in der Praxis von Albertine von Krakow. Auch hier schaltete sich sofort der Anrufbeantworter ein. Also machte er sich auf den Weg und konnte sogar direkt vor dem Haus von Albertine parken. Weit und breit keine Polizei zu sehen, und sämtliche Berichterstatter von außerhalb waren ebenfalls verschwunden, um an der Pressekonferenz teilzunehmen.

Er drückt auf den Klingelknopf. Keinerlei Reaktion, niemand öffnete. Also versuchte er sein Glück an der Terrassentür, die ihm dann auch von Albertine, wenn auch nur zögerlich, geöffnet wurde.

»Langsam werden Sie richtig lästig«, empfing sie ihn.

Im Hintergrund erspähte Egon-Erwin Hubertus und Clementine. »Gnädige Frau Doktor. Ich möchte ja wirklich nicht stören, aber ich weise darauf hin, dass ich der Überbringer guter Nachrichten bin«, sagte er und betonte jedes einzelne Wort.

»Lass ihn doch bitte rein. Er macht doch nur seinen Job und könnte uns außerdem helfen«, hörte er aus dem Hintergrund Hubertus sagen.

Nur widerwillig ließ Albertine ihn eintreten.

Postwendend kamen Egon-Erwin die magischen Worte »Ich kann Ihre Unschuld beweisen!« über die Lippen.

»Das können Sie Ihrer Großmutter erzählen.« Albertine ließ ihn einfach stehen und marschierte in die Küche.

Gleich darauf war ein Höllenlärm zu hören, so laut, dass sogar Clementine, die gerade den Tisch abdeckte, vorsichtshalber den Kopf einzog.

»Hört sich nach Kopftöpfen an«, sagte Hubertus.

»Hauptsache, das gute Porzellan mit den gekreuzten Schwertern nimmt keinen Schaden.« Egon-Erwin schloss die Terrassentür hinter sich.

»Wie sieht es denn nun mit unserem Alibi aus? Rück raus mit der Sprache«, antwortete Hubertus.

»Na gut, erst mal die Kurzfassung. Die lange Version gibt es morgen in der Landeszeitung. Lohnt sich. Hat ein gewisser ...«

»... Bla-Bla geschrieben. Jetzt mal Butter bei die Fische, Harry Hirsch.« Hubertus trommelte ungeduldig mit den Fingerspitzen auf die Tischplatte.

»Gerda und Siegfried Aurich wurden bestialisch hingerichtet. Sie wurde mit einer Bratpfanne totgeschlagen, dann geköpft, und der Rest des Körpers landete im veganen Teig. Er wurde erstochen, der Kopf abgetrennt und der Rest des Körpers künstlerisch drapiert. Kommissar Blaumilch hat den Fall an zwei Kollegen abgegeben. Und man sucht jetzt nach einem Psycho.« Egon-Erwin zuckte mit den Schultern. »Ihr steht nicht mehr im Mittelpunkt der Ermittlungen, weil ihr brav die Zeit unter Aufsicht der Polizei in euren Häusern verbracht habt. Der Tatort ist gesperrt, man sucht jetzt weiter nach verwertbaren DNA-Spuren. Aber etwas bleibt ja immer hängen, das ist klar, und ihr solltet alles unternehmen, damit ihr 'ne weiße Weste bekommt.«

»Woher wissen Sie diese Details? Wir haben auch im Fernsehen die Pressekonferenz gesehen. Mein Telefon hat im Sekundentakt geklingelt, und niemand wusste etwas Genaues.« Albertine stand im Türrahmen und blickte äußerst skeptisch drein.

»Gnädige Frau!«, rief Egon-Erwin aus. »Kontakte sind in meinem Beruf das A und O. Glauben Sie mir einfach, dass mein Draht zur Polizei zuverlässig und sicher ist.«

»Ich glaube nicht einmal an die Wettervorhersage«, sagte Albertine mit dem ihr eigenen Dünkel.

»Wir müssen unsere Kontakte bündeln und gemeinsam den Fall aufklären. Sie tun etwas für Ihren Ruf, und ich bekomme die Story meines Lebens«, sagte Egon-Erwin. »Das ist eine typische Win-win-Situation.«

»Da lach ich jetzt aber. Ha! Ha! Ha! Der Einzige, der wint, sind Sie, und wir werden wohl oder übel über die Klinge für das Zeilengeld eines Judas springen.« Albertine war offenbar langsam, aber sicher mit ihrer Geduld am Ende.

»Gnädige Frau ...«

»Hören Sie jetzt gefälligst damit auf, mich ›gnädige Frau‹ zu nennen. Oder sagen Sie das in Ihrem Lüneburger Puff auch zu jeder Nutte?«, sagte Albertine mit Verachtung in der Stimme.

»Ich geb's auf.« Egon-Erwin ließ sich theatralisch auf das Sofa fallen.

Es herrschte eine beängstigende Stille im Raum, auch weil Albertine vernehmlich mit den Zähnen knirschte. Es klang so, als wollte sie Knochen zermalmen.

Nur Clementine ließ sich davon nicht beeindrucken. »Sie sollten einen Vertrag machen. Jeder sagt einmal, was für ihn wichtig ist. Dann schließen Sie die Vereinbarung mit einem Handschlag ab.«

»Wir sind hier nicht in Vechta beim Pferdemarkt«, sagte Albertine. »Ich wäre dankbar, wenn Sie sich da raushalten würden, meine Gute.«

»Sie scheinen zu vergessen, dass Sie auch meine Zukunft in Gefahr bringen«, erwiderte Clementine. »Ich bin zu alt, um mich an eine neue Stelle zu gewöhnen. Denken Sie daran, dass nur ich die Rezepte meiner Großmutter kenne.«

»Die meisten haben Sie doch an die einschlägigen Hochglanzmagazine verkauft und den Rest an Sören Severin. Gehen Sie doch zu Ihrem Busenfreund in die Küche, dann hat der ganze Japan-Quatsch ein Ende. Außerdem gibt Ihnen niemand so viel frei wie ich. Sie sind einfach nur unsagbar … also unsagbar undankbar …« Albertine brach ab. Sie war ein wenig bleich um die Nase geworden. Wahrscheinlich stellte sie sich gerade vor, wie sie ohne ihren guten Hausgeist über die Runden kommen sollte.

»Ich finde Clementines Vorschlag sehr gut«, sagte Hubertus. »Ich möchte mir mein Geschäft nicht kaputt machen. Im Internet verbreitet sich so eine Anschuldigung wie ein Lauffeuer. Ohne mein virtuelles Antiquariat kann ich meine Hausraten nicht mehr zahlen und müsste wieder zurück nach Mümmelmannsberg ziehen. Wohnsilos, wohin das Auge reicht, ein sozialer Brennpunkt, schlichtweg unerträglich und schlecht fürs Geschäft. Oder glaubt ihr im Ernst, Jan Philipp Fürchtegott Reemtsma kauft mir dann noch eine einzige bibliophile Trouvaille ab? Ich hasse die schlechte Luft dort, die miesen Döner-Buden, die Billig-Supermärkte und das Verkehrschaos. Was wäre ich ohne Clementines Petersilien-

Kreationen? Ohne dich, meine Liebe, und unsere geruhsamen Abende zu zweit. Ohne unsere geistvollen Gespräche? Ohne deinen Charme, deine Anmut ...«

»Halt die Luft an, du Sonntagspoet.« Albertine blickte sich nach Egon-Erwin um, der die beiden mit offenem Mund anstarrte. »Herr Reporter! Sie. Schlafen.«

»Entschuldigung, gnädige Frau, aber mir wurde eben ganz warm ums Herz bei so viel Zuneigung. Verstehe gar nicht, warum Sie keine Komplimente hören wollen. Für mich steht auch meine Zukunft auf dem Spiel. Ich möchte unbedingt nach Hamburg. Mitten ins pralle Leben. Mir geht diese Gemütlichkeit hier auf den Wecker. Oder glauben Sie, es macht Spaß, vom Schützenfest zu berichten oder vom Kaninchenzüchterverein oder den größten Kürbis zu fotografieren? Sie sitzen hier wie die Made im Speck, tun nur das Nötigste und verdienen sich dabei 'ne goldene Nase. Jammern auf hohem Niveau nennt man das bei uns in der Redaktion. Wir können gern mal tauschen. Ein Tag unter der Fuchtel eines Cholerikers wie meinem Chef wirkt Wunder, der hätte bei den Römern auch Sklaventreiber sein können. Ihren Verstand können Sie da glatt an der Garderobe abgeben. Wir sind in seinen Augen alle nur Versager, die es nicht schaffen, auch nur eine einzige Story wasserdicht zu machen. Dabei ist der selbst nicht dicht, säuft wie ein Loch und pinkelt sogar im Sitzen daneben. Wenn er nicht seine Frau schlägt, dann seine Kinder, und wenn die nicht da sind, bekommt der Dackel sein Fett weg. Ich kann gar nicht so viel fressen, wie ich kotzen möchte. Ich muss da weg. Ich will ernst genommen werden, ich verkauf mich unter Wert. In der Zentralredaktion stünden mir alle Türen offen, wenn ich den Täter auf frischer Tat erwische, fotografiere und ihm ein verwertbares Geständnis entlocke. Das hier ist die Chance meines Lebens, und ich bin zu alt, um auf eine andere zu warten.« Nach diesem Monolog holte Egon-Erwin tief Luft, dann ließ er sich in die Tiefen des Sofas zurücksinken.

»Jetzt stehen verdammt noch mal alle auf und reichen sich die Hände«, sagte Clementine. »Seht euch in die Augen und schwört auf den Eid der Einheit.« Sie las manchmal schlechte Romane und liebte Romantik.

»Warum nicht?« Hubertus erhob sich erstaunlich beschwingt und machte zwei Schritte zur Mitte des Raumes. Egon-Erwin folgte ihm etwas langsamer. Alle sahen Albertine an, die sich nicht vom Türrahmen rührte.

Clementine hatte aus der Küche rasch eine Flasche hochprozentigen »Schuhmacher« geholt und sich vier Schnapsgläser zwischen die Finger der linken Hand geklemmt. Mit der rechten Hand versetzte sie Albertine einen kräftigen Schubs. Die geriet ins Stolpern und fiel Hubertus in die Arme. Der hatte einen nonchalanten Spruch auf den Lippen, konnte ihn aber nicht zum Besten geben, weil erst die Scheibe der Terrassentür erzitterte und dann die Flasche mit dem dänischen Bio-Schnaps in tausend Mikroteile zersplitterte. Ratlos hielt Clementine den Flaschenhals in die Höhe, Hubertus warf Albertine zu Boden und legte sich schützend über sie. Egon-Erwin sprang hinter das Sofa. Die Angst im Wohnzimmer war mit Händen zu greifen, weil das Geschoss den Ficus elastica gefällt hatte.

Ein paar hundert Meter hinter dem Acker fluchte der Sniper lautlos vor sich hin. Er hatte drei Hochleistungspatronen Kaliber 300 Winchester Magnum in seine R93 Tactical eingelegt. Drei Ziele, dreimal Blattschuss war sein ehrgeiziges Ziel gewesen, das er nun verfehlt hatte. Sein Vater hätte ihn grün und blau geschlagen, aber der war ja schon lange tot und lag mit einem Loch im Kopf neben einer Eiche begraben. Der Hass des Snipers hatte damals keine Grenzen gekannt, aber er hatte gewartet, bis sich die ideale Chance bot. Schließlich hatte sich der alte Herr aus seinem selbst gewählten Exil in den USA nach Hause getraut. Er hatte nicht damit gerechnet, dass sein Sohn die Demütigungen der Jugend nicht vergessen hatte. Der Krebs hatte ihn von innen her aufgefressen, und deshalb hatte der Sniper ihn erlöst.

Doch dieses Missgeschick jetzt hatte der Sniper sich selbst zuzuschreiben. Obwohl er mit dem lichtstarken Fernglas Dialyth aus dem Traditionshaus Zeiss die Situation im Gelände zu beherrschen schien und mit einem Laser die Entfernung kontinuierlich maß, hatte er nicht mit den ruckartigen Bewegungen seiner Zielobjekte gerechnet. Die Landärztin hätte es als Erste erwischen sollen, dann diesen versnobten Hubertus, und den Schnüffler von der Zeitung hatte er zum Krüppel schießen wollen.

Trotzdem nahm er in aller Seelenruhe die Patronenhülse an sich und verstaute sein Equipment in einem praktischen Peli-Case. Dann verschwand der Sniper im Dickicht des nahen Waldes.

»Nein! Bitte nicht! Au! Sie bringen mich um …!

»Stellen Sie sich nicht so an. Denken Sie daran, was Sie den armen Pferden für Schmerzen bereiten«, sagte Albertine.

»Sie haben ja schon genug Unheil angerichtet«, sagte Gunnar, der Pferdeschmied.

»Wie genau meinen Sie das?«, fragte Albertine und erhöhte ohne Vorwarnung den Druck zwischen dem Lendenwirbel vier und fünf.

Gunnar biss direkt in sein Handtuch, sein Kopf wurde knallrot, und die Adern an den Schläfen traten hervor.

»Geht's Ihnen gut?«, fragte Albertine betont freundlich.

»Nein, Sie Mörderin!«, stieß Gunnar hervor und bereute sofort jedes Wort.

»Wenn Sie mir verraten, was im Dorf über mich getratscht wird, löst sich der Schmerz in Wohlgefallen auf«, sagte Albertine.

»Man hält Sie und Ihren Liebhaber … Auuuuuu!«

»Hubertus ist nur mein Nachbar. Ein Freund. Mehr nicht. Ich bin hierhergezogen, weil ich das Landleben liebe, meinen Garten, gutes Essen aus der Region und meine letzte Beziehung vergessen will.« Albertine trat zum Waschbecken, um sich ihre Hände zu desinfizieren.

Gunnar lag auf der Liege wie ein totes Pferd und rührte sich nicht mehr.

»Das kommt von diesem unzivilisierten Sport, den Sie früher getrieben haben. Wer anderen ins Kreuz springt, hat selbst kein Rückgrat.«

Natürlich musste Albertine Gunnar an seine unrühmliche Zeit als Wrestler erinnern. Die Hamburger Kiezgrößen hatten stets auf seinen Sieg gewettet und waren alles andere als zimperlich, wenn sie Geld verloren. So war aus Gunnar langsam, aber sicher eine

Art Bodyguard mit der Befugnis zum Töten geworden. Bevor er selbst zum Opfer seines Milieus wurde, hatte er sich nach Klein-Büchsen abgesetzt und sorgfältig an einer neuen Identität gearbeitet. Nur Albertine hatte ihn sofort an seinen Narben erkannt, die sie im Unfallkrankenhaus Altona in der Notaufnahme behandelt hatte. Aber auch auf dem Land galt immer noch die ärztliche Verschwiegenheitspflicht.

»Ich mach es wieder gut. Kommen Sie morgen um sechzehn Uhr zur Dorflinde, dann erzähle ich Ihnen, was ich gehört habe.« Gunnar erhob sich schwerfällig und streifte sich sehr nachlässig die Kleidung über.

»Hochmut kommt vor dem Fall«, brummte er noch, als er die Praxis verließ. Albertine wusch sich noch immer ihre Hände. Wahrscheinlich hatte sie seine letzten Worte nicht mal gehört.

Hubertus saß seit Ewigkeiten vor seinem uralten und eingestaubten Laptop und versuchte, dem Gerät wieder Leben einzuhauchen. Die Verbindung zum Internet herzustellen, war das kleinste Übel gewesen, weil die Polizei die externen Geräte nicht mitgenommen hatte. Doch der Versuch, seine Daten mit dem virtuellen Server irgendwo in den Untiefen des Netzes zu synchronisieren, brachte ihm noch mehr graue Haare ein. Um die Download-Wartezeit zu überbrücken, beschloss er, sein Mittagessen ausnahmsweise bei Sören Severin einzunehmen. Am liebsten draußen, um einem Spießrutenlauf im Lokal aus dem Weg zu gehen.

Tatsächlich hatte das Wetter ein Einsehen, und die milde Luft verfing sich in Hubertus' Bart und streichelte gleichzeitig seine Glatze. Zielstrebig steuerte er die »Heideblume« an und belegte den letzten freien Platz in der Frühlingsfrische.

Wie immer in der Wochenmitte half Anna Christensen aus. »Ich hätte da Giersch mit Kartoffelschnee und Ei im Angebot«, sagte sie, als sie Hubertus seinen geliebten Ingwertee hinstellte.

»Da ist ja meine Fürstin der Finsternis«, sagte er.

»Schön wäre es ja.« Anna schüttelte ihr pechschwarzes Haar. Ihr Teint war vornehm blass, die Gesichtszüge wirkten aristokratisch vornehm. Ihre Augen konnten glühen wie heiße Kohlen, und sie betonte ihr Aussehen mit blutrot geschminkten Lippen. Immer musste Hubertus an die Witwe eines legendären Verlegers denken, die ihr Unternehmen wie einen kleinen Hofstaat lenkte. Oder an eine Hexe aus den Märchen der Gebrüder Grimm. Oder an die Gothic-Sängerin Amy Lee.

»Giersch wirkt beruhigend und entzündungshemmend. Ist genau das, was du jetzt brauchst. Die wissenschaftliche Bezeichnung lautet Aegopodium podagraria. Das wird dich interessieren. Du bist doch ein wandelndes Lexikon«, sagte Anna.

»Und du warst in einem fernen Vorleben eine Kräuterhexe. Im Mittelalter vielleicht. Wer weiß?« Hubertus richtete seinen Blick in die Unendlichkeit.

»Ich glaub nicht, dass ihr Mörder seid, du und Albertine. Wir aber auch nicht. Severin und ich haben beide Nächte zusammen verbracht. Im Dorf schießen die Gerüchte ins Kraut so giftig wie Riesenbärenklau.«

»›Schöne Blumen wachsen langsam, nur das Unkraut hat es eilig.‹ Hat schon der alte Shakespeare gewusst. Aber wer steckt hinter dem ganzen Wahnsinn? Jemand aus dem Dorf oder ein Psycho aus der Stadt?« Hubertus nippte an dem Ingwertee.

»Das Essen kommt gleich, vorher muss ich mich noch um die anderen Gäste kümmern«, sagte Anna und lief ins Innere der Gaststätte.

Egon-Erwin lag um die Mittagszeit noch in seinem Bett. Er hatte sich nachts in das Archiv seines Verlages eingeloggt und alle Meldungen der letzten fünfzehn Jahre gelesen. Auf seinem Schreibtisch lag ein kleiner Berg mit Ausdrucken, die er noch einmal durchgearbeitet hatte. Er wollte beweisen, wie sehr er sich in den Fall reinhängte, obwohl es ja nicht zu dem Schwur zwischen ihm und Albertine und Hubertus gekommen war.

Die Angst hatte sich erst viel später eingestellt und von seinem Körper Besitz ergriffen. Zum zweiten Mal innerhalb nur weniger Stunden war er ins Fadenkreuz eines Verrückten geraten, der skrupellos Jagd auf alles machte, was ihm im Weg stand. Doch was trieb diesen Heckenschützen an? Wollte er eine Rechnung aus alten Tagen begleichen? Egon-Erwin hatte

Kopfschmerzen und fühlte sich ausgelaugt. Und diesmal hatte er nicht die Nacht am Tresen verbracht, um mit irgendwelchen Bauern über Ackerbau und Viehzucht zu diskutieren, sich über die Unfähigkeit der Kommunalpolitiker zu beschweren oder das Leben im Großen und Ganzen zu bejammern. In Klein-Büchsen herrschte eine lange Tradition der Querköpfe, die bis ins 14. Jahrhundert reichte. Streitbare Bauern, die sich nicht die Butter vom Brot nehmen ließen, nervten seit jeher die Oberen. Egon-Erwin wollte in den nächsten Tagen noch tiefer in die Archive einsteigen.

Doch er war erst einmal beschäftigt, die jüngere Geschichte aufzuarbeiten. Dabei musste er feststellen, dass seine Lokalredaktion ihren Namen nicht verdiente. Zwar hatten die Kollegen und er kein Schützenfest ausgelassen, aber sich wirklich nie um die sozialen Belange der Gemeinde gekümmert. Die Bürgermeister regierten wie kleine Landadelige nach dem Motto »Eine Hand wäscht die andere«, selbstherrlich und weitgehend ohne Kontrolle. Nun stand eine neue Durchgangsstraße auf der Agenda, die der Kreistag an den Landtag durchgewinkt hatte. Am Ende würde man eine Schneise durch das Dorf schlagen, und vorbei wäre es mit der Ruhe. Nix mehr mit Landliebe und so. Doch warum sollten sich die zugereisten Städter gegenseitig die Köpfe abschneiden? Es ergab keinen Sinn.

Das einzig Reale an diesem frühen Mittag war der Hunger, der sich nun im Magen von Egon-Erwin breitmachte. Er schlurfte zum Kühlschrank und fand nur das Übliche vor: Dosenbier im Überfluss und Spreegurken. Mühsam quälte er sich in seine Jeans, die immer zwei Nummern zu klein waren, und streifte ein Lacoste-Shirt über.

Die Fußgängerzone von Lüneburg war belebt wie immer. Doch die Auswahl an Fast Food blieb überschaubar. Fischbrötchen oder Hamburger. Egon-Erwin ließ die vielen Bäcker links liegen und steuerte zielstrebig einen Bratwurststand an.

»Hallo, du Würstchen!«, rief er dem langhaarigen Inhaber entgegen, der seinen Berufsstand perfekt verkörperte. Er war klein, fett und hatte rote Backen. Nur das Alter war schwer zu schätzen. Curry schien jung zu halten und gegen Haarausfall vorzubeugen.

»Dein Würstchen möchte ich nicht sein. Klein, ausgetrocknet und hässlich«, sagte Dieter.

»Werd mal nicht komisch, du Würschtelbrater, oder geh nach Hause zu deinem Namensvetter, diesem ausgekochten Bayernmanager mit den Wurstfingern«, erwiderte Egon-Erwin und wartete auf sein Mittagessen. Dann stand sie vor ihm, die »Elbgranate«. Der Schärfegrad sechstausend Scoville war gerade noch erträglich für Normalsterbliche und lag nur unwesentlich über dem Schärfegrad von Tabasco. Dieter konnte sich noch auf sieben Komma eins Millionen Scoville steigern. Mit seiner Kreation »Sterbehilfe« gewann er seit Jahren den Curry-Cup in Hamburg-Harburg. Sein Erzfeind aus Remscheid vom »Kulli-Nari« biss regelmäßig in den Holzlöffel.

»Bierchen?«, fragte Chantal, die stark geschminkte, außerordentlich blonde Ehefrau von Dieter, und wischte feucht über den Stehtisch. Dabei ließ sie einen tiefen Einblick in ihr üppiges Dekolleté zu.

»Nee! Ein Eimer Tonic Water wär mir jetzt lieber.«

»Null Problemo«, sagte Chantal und ging zum Kühlschrank des Verkaufswagens.

»Aber flieg bitte nicht bis nach Melmac, um das Gesöff zu holen«, rief ihr Egon-Erwin hinterher. Er wusste, dass Chantal unsterblich in Alf verliebt war, ihren Serienliebling aus den späten Achtzigern. Nur so ließ sich ihre üppig toupierte Haarpracht erklären. Sie war der Traum seiner schlaflosen wie feuchten Nächte, der fleischgewordene Herrenwitz. Egon-Erwin spürte die Enge seiner Jeans im Schritt immer deutlicher.

»Hab Sie schon vermisst, Sie alter Bluthund.«

Egon-Erwin zuckte zusammen, als sein Redaktionsleiter ihm beherzt in den Rücken boxte. In weitem Bogen flog ein angebissenes Stück Wurst durch die Luft, und wie in Zeitlupe sah er es direkt auf dem Tresen der Würstchenbude landen.

»Du bist eine alte Drecksau.« Dieter wischte den Happen in die Fritteuse, die böse zu zischen begann.

»Nirgends hat man seine Ruhe«, brummte Egon-Erwin.

»Ruhe haben Sie nur, wenn Sie die Radieschen von unten sehen, wie diese Leiche im Garten Ihrer Freunde. Andere haben

Leichen im Keller, und die düngen damit das Gelände. Verkehrte Welt!« Der Redaktionsleiter bestellte sich einen Doppelkorn.

»Sie trinken zu viel, Chef, wenn mir die Bemerkung erlaubt sei«, sagte Egon-Erwin und bereute seine Offenheit sofort.

»Ach was, das meiste verschütte ich.« Der alte Haudegen kippte seinen Rest Hochprozentiges in Egon-Erwins Currywurst-Schale. »Hauen Sie rein und erzählen Sie, was Sie herausgefunden haben. Schließlich haben Sie sich heute Morgen in der Redaktion nicht sehen lassen ...«

Eine peinliche Pause entstand, in der Chantal das Tonic Water auf den Tresen stellte.

Egon-Erwin räusperte sich. »Die Ärztin und der Antiquar sind unschuldig. So viel ist sicher. Das Künstlerehepaar könnte jeder umgebracht haben. Die haben alle genervt. Er mit seinen peinlichen Happenings und sie mit ihrem veganen Tick. Die haben mal auf dem Dorfplatz einen Gottesdienst mit veganen Hostien veranstaltet. Sie hat wie eine Öko-Furie ausgesehen, mit Blumenkranz im Haar, und ist barfuß durch die Gegend gehüpft, während er sich als Pastor mit blutverschmierter Kutte verkleidet hat. Die Prozession endete vor der Schule, also vor dem Atelier, und eine Blaskapelle in Lederhosen hat irgendein Oratorium gespielt. Das alles hat ziemlich scheiße geklungen, so wie eine Polka aus Polen. Ich hab damals die Fotos gemacht und musste zehn Bier kippen, um mich von dem Quatsch zu erholen. Das war aber vor Ihrer Zeit.« Egon-Erwin entsorgte die ungenießbare Currywurst im Mülleimer neben der Würstchenbude.

»Das hab ich gesehen, Zipfelklatscher. Komm bloß wieder und ich hau dir sieben Komma eins Millionen Scoville in die Soße. Du Depp, du damischer!« Dieter schrie den Fluch, so laut er konnte.

»Hoit dei Fotzn!«, brüllte Egon-Erwin mit roten Flecken im Gesicht zurück. »Sag deiner Schnalle, dass sie mir endlich noch was zu trinken bringen soll.«

»Hol's dir doch selber«, mischte sich Chantal ein.

»Dafür zahl ich doch Geld, ihr kleinen Würstchen«, rief Egon-Erwin.

»Das kleine Würstchen steht doch direkt neben dir, oder ist der abgebrochene Meter nicht dein Chef, du Schmierfink«, krakeelte Dieter.

»Ich bin der Boss, und deshalb will ich Sie gleich vor dem Computer sehen, Wutke. Sie liefern eine erste Seite ab, die der Konkurrenz schlaflose Nächte und uns einen neuen Auflagenrekord bescheren wird. Glück auf!« Der Redaktionsleiter drehte sich auf dem Absatz um und eilte im Sturmschritt Richtung Verlagsgebäude.

»Bring mir 'ne ›Nervenschocker‹, Dieter.« Egon-Erwin verschlang die Currywurst in rekordverdächtigen fünfundvierzig Sekunden.

Egon-Erwin Wutke war sein Job egal. Er wusste genau, dass er diesen Fall lösen würde. Und dann stand ihm in Hamburgs Medienwelt jede Tür offen. Also machte er sich auf den Weg zur Schule. Diesmal hatte er sein Spezial-Equipment eingepackt, das aus einer Spezialbrille bestand, in der eine Kamera eingebaut war. Zwei Stunden Videoaufnahmen waren kein Problem und lieferten hochwertiges Material für die Homepage der Landeszeitung. Auch Fotos zu schießen, war kein Problem.

Sicherheitshalber hatte er sich die Nerd-Brille mit null Dioptrien bereits im Auto aufgesetzt. Vor dem Wohnhaus der Künstler herrschte kaum noch Betrieb. Vier Polizisten sperrten das Gelände zur Straße hin ab. Die Fernsehsender hatten ihre Übertragungswagen nach der Pressekonferenz abgezogen. Nur einige Freie standen in kleinen Grüppchen herum und sahen so gelangweilt aus, dass ihr Gähnen wie hektische Betriebsamkeit wirkte.

Egon-Erwin hatte genug gesehen und stieg wieder ein. Keiner hatte ihn erkannt. Den Polizisten war seine Anwesenheit egal, und die Kollegen aus Hamburg kannten ihn nicht. Er fuhr aus Klein-Büchsen hinaus und bog links in einen Feldweg ein, fuhr an einem Bauernhof vorbei und parkte direkt neben einem Platz, auf dem geerntete Heuballen zwischengelagert wurden. Den Rest des Weges legte er zu Fuß zurück.

Langsam wurde es albern, sich immer durchs Unterholz zu quälen, dachte Egon-Erwin, als er an der hinteren Grundstücksgrenze zur Schule stand. Er konnte das mächtige Gebäude nicht verfehlen, also wagte er sich einfach auf das Gelände. Der Maschendrahtzaun war vollkommen verrottet.

»Maschendrahtzaun in the morning, Maschendrahtzaun late at night. Maschendrahtzaun in the evening, Maschendrahtzaun makes me feel alright. And if I ever be king and I get a crown, then it would surely be made of Maschendrahtzaun ...«, summte er vor sich hin, bis ihm ein zackiges »Stehen bleiben!« entgegenschallte.

»Fehlt ja nur noch ›Hände hoch‹«, sagt Egon-Erwin und blieb demonstrativ mit erhobenen Händen stehen.

»Was haben Sie hier zu suchen?«, fragte ihn der Polizist wie ein Cowboy, es fehlte nur noch der Revolver Peacemaker.

»Seltene Kräuter. Die finden sich am besten in verwilderten Gärten. Königswurz, Orangenverbene, Kolibri-Salbei, Purpur-Melisse, die hat übrigens ein wunderbares Zitronenaroma«, sagte Egon-Erwin mit dem Stolz eines erfahrenen Sammlers. »Ich arbeite für Anna Christensen, die gute Seele der ›Heideblume‹ und Inhaberin eines Versandhandels. Bis nach Japan verschickt sie unsere getrockneten Schätze.«

»Hier wird nichts eingesammelt. Das ist ein Tatort, und Sie wissen das genau, denn ich kann lesen. Sie sind der Reporter von der Landeszeitung. Hab Ihr Foto am Ende des Artikels gesehen. Da hatten Sie aber nicht so eine alberne Brille auf.« Der Polizist drehte sich um und ging zurück zum Haus.

So mühsam hatte sich Egon-Erwin die Sache nicht vorgestellt. Er verließ das Grundstück und überlegte fieberhaft, wie er doch noch zum Tatort gelangen könnte. Auf dem Feldweg zog er sein Smartphone heraus und sah sich die Gegend auf Google Maps an. Sie glich einem Puzzle. Nirgends gerade Grundstücksgrenzen, sondern ein Wirrwarr an Einbuchtungen und runden Schlenkern. Als hätte ein Waldorfschüler sich hier ausgetobt, dachte Egon-Erwin. Er zoomte sich näher an seinen Standort heran und begann seinen virtuellen Streifzug.

Wenn er sich auf das Nachbargrundstück durchschlagen könnte, käme er ganz nahe an das Schulgebäude heran. Doch die Rückseite des Nachbargrundstücks glich einer Festung aus Sichtschutzzäunen, die gefühlte fünf Meter hoch waren. Egon-Erwin musste zweimal Anlauf nehmen, dann schaffte er es, sich an der obersten Kante festzuhalten. Aber er konnte den Schwung nicht mitnehmen, um auch noch ein Bein über die Kante zu schlagen. Er hing am Zaun wie früher im Sportunterricht am Reck: wie ein nasser Sack.

Lass dich nicht hängen, dachte er noch, dann begann sich der Zaun wie von selbst zu bewegen. Erst ganz sachte gehorchte das Holz der Schwerkraft, dann knackte es vernehmlich in den Stützbalken.

Ein Glück, dass ich noch eine Currywurst gegessen hab, dachte Egon-Erwin, der sich langsam, aber sicher in die Waagerechte bewegte. Mit einem lauten Krachen landete er auf einem gepflegten Rasenstück und duckte sich instinktiv. Er hob den Kopf und blickte in blutunterlaufene Hundeaugen, die zu einer reinrassigen Bordeauxdogge gehörten. Fünfzig Kilo reines Kampfgewicht, furchtlos und von Grund auf böse. Egon-Erwin hatte eine ausgewachsene Hundephobie und selbst vor einem Rauhaardackel Angst. Sabbernd öffnete sich das tierische Maul, und heraus schnellte eine klatschnasse Zunge.

Das war das Ende. Egon-Erwin verfluchte seinen Ehrgeiz. Niemand pfiff den Hund zurück oder gab irgendwelche Kommandos. Herrchen und Frauchen waren wohl arbeiten.

»Sei ein braves Hundchen und geh spielen«, flüsterte Egon-Erwin und war nicht überzeugt, dass der Köter ihn überhaupt verstanden hatte. Der fing an, Egon-Erwins Gesicht einzuspeicheln, und arbeitete sich bis zu den Händen hinunter. An der rechten grunzte er leise und leckte die Fingerspitzen, bis Egon-Erwin fast ins Koma fiel, weil es enorm kitzelte.

Es musste der Geruch der Currywurst sein, den die Dogge so anziehend fand. Egon-Erwin richtete sich langsam auf. Der Hund wich nicht von seiner Seite, bis er die Stelle erreicht hatte, die am nächsten an der Schule lag und nur durch einen natürlich begrünten Graben getrennt war. Egon-Erwin nahm Anlauf und sprang hinüber, um mit beiden Füßen in frischer Hundescheiße zu landen. Die fiel auf seinen braunen Biker-Boots nicht weiter auf, und die Dogge schien hocherfreut, als sie nun seine Stiefel ablecken konnte.

Hunde waren einfach Schweine. Egon-Erwin lächelte nachsichtig zu dem Tier hinunter. Weiter ging es in gebückter Haltung bis zu der Hauswand, die ihm als Deckung gedient hatte, als er den kotzenden Polizisten auf der Leiter fotografiert hatte. Diesmal bewachte nur ein Beamter die Tür zur Küche, die sich wohl nicht abschließen ließ. Egon-Erwin blieb nichts anderes übrig, als auf eine günstige Gelegenheit zu warten. Vielleicht musste der Bulle ja mal strullen.

Egon-Erwin erwischte sich dabei, wie er der Dogge freundschaftlich den Kopf tätschelte. Es dauerte nicht lange, bis das Stillleben in Bewegung geriet. Drei Feldhasen lieferten sich direkt unter den Augen des Polizisten ein Wettrennen. Die Bulldogge hatten sie ganz offensichtlich nicht bemerkt. Dabei hatte das bullige Vieh neben Egon-Erwin jeden Muskel angespannt und wartete nur auf die beste Gelegenheit zuzuschlagen. Dann startete es mit allen vier Hundetatzen auf einmal durch, und die wilde Jagd begann. Der erste Hase schlug in Todesangst Haken, doch die Bordeauxdogge hatte einen jahrhundertealten Killerinstinkt und schnappte sich ihr Opfer, um es mit einem Biss abzumurksen.

Der Polizist hatte seine Dienstwaffe gezogen und zielte zitternd in Richtung Jagdhund, hätte aber nicht einmal einen Elefanten getroffen. Sein Mund öffnete und schloss sich, er rief lautlos nach Hilfe.

Aus dem Funkgerät quäckte die Stimme eines Kollegen. »Anton 5 an Fiete 1. Was ist los bei dir?« Es folgte das typische Knacken und quietschende Rückkopplungen.

Aber Fiete 1 war nicht ansprechbar.

Die Dogge ließ sich von nichts beirren und trieb die anderen zwei Hasen vor sich her wieder zurück durch den Garten. Sie erwischte Nummer zwei im Genick und schleuderte den Hasen hoch in die Luft, immer wieder und wieder, bis der Polizist die Beherrschung verlor und sein Magazin gen Himmel entleerte. Es klang wie eine Batterie D-Böller. Sofort ließ die Dogge von ihrem Opfer ab, das eh nur noch ein blutiges Fellknäuel war. Brav machte sie neben der Beute Platz und wartete auf Herrchen. Doch statt Herrchen tauchten zwei Polizisten mit schusssicheren Westen und Maschinenpistolen im Anschlag auf.

Egon-Erwin rechnete inzwischen mit einem Massaker. Aber es war nur die Sirene eines Krankenwagens zu hören. Vor dem Schulhaus wurden kurze Kommandos gebrüllt. Die Pressevertreter mussten in Schach gehalten und gleichzeitig musste Platz für die Hundefänger geschaffen werden, die mit einer Hollywoodverdächtigen Vollbremsung vor der Schule stoppten. Zu zweit bugsierten sie die Dogge in einen großen Transporter. Ihr wichtigstes Hilfsmittel dabei war ein blutiges Steak, das mindestens drei Kilo schwer war und aasig tropfte. Der Jagdhund konnte sich nicht entscheiden. Das Steak roch verführerisch, aber der Instinkt zu töten war stärker. Nun rannte ein Tierfänger der Dogge hinterher, während der zweite dem Tier den Weg abschnitt und sich wie ein Fullback auf das Tier stürzte. Diesen Spielzug hatte er sich bei der letzten Übertragung des Super Bowl eingeprägt.

Dann kamen die Sanitäter und setzten dem schießwütigen Beamten eine dicke Beruhigungsspritze. Egon-Erwin schüttelte ungläubig den Kopf. In diesem Moment bemerkte er, dass seine Agentenbrille alles aufgenommen hatte und der Speicherplatz sich allmählich dem Ende zuneigte. Hinter dem Haus war inzwischen Ruhe eingekehrt, während sich vor dem Eingang tumultartige Szenen abspielten. Jeder wollte ein Bild von dem tapferen Polizisten und Doggenzähmer, und niemand ahnte, dass es sich um einen Hasenfuß handelte.

Lautlos und schnell schlüpfte Egon-Erwin in die Küche des Schulhauses. Von dem Schlachtfeld war nicht mehr viel zu sehen. Die Spurensicherung hatte alle Indizien gesichert und abtransportiert. Allerdings hatten die Tatortreiniger noch nicht mit der Arbeit begonnen. Egon-Erwin filmte die eingetrocknete Blutlache auf dem gefliesten Boden genauso wie die eindrucksvollen Spritzer auf dem glänzenden Aluminium und die Haarbüschel der Veganerin. Der Herd war blitzsauber bis auf eine Kochstelle, deren angebrannte Kruste auch jetzt noch bestialisch stank. Hier hatte der Killer wohl irgendein Körperteil gebraten.

Langsam stieg Übelkeit in Egon-Erwin hoch. Würgend machte er noch ein paar totale Einstellungen und verließ dann die Küche in Richtung Atelier. Hier stockte ihm endgültig der Atem. Die Umrisse von Siegried Aurich waren sorgsam mit Kreide nachgezeichnet, die Tatortschilder standen fein säuberlich nummeriert an ihren ursprünglichen Plätzen. Egon-Erwin filmte alles wie ein Profi, bis der Speicher voll war.

Einen kurzen Moment wollte er dem Toten die letzte Ehre erweisen und stellte sich neben den Arbeitstisch, auf dem zweifelsohne Siegfried Aurich seinen letzten Atemzug getan hatte.

Verdammte Scheiße. Da fehlte ja der Kopf auf der Kreidezeichnung! Was stattdessen Blut oder rote Farbe gewesen sein könnte, ließ sich nicht mehr feststellen. Aber Egon-Erwin behielt die Nerven. Er schloss seine Kamerabrille via USB an sein Smartphone an und begann mit der Datenübertragung. Dann löschte er die Datei in seiner Brille und zertrat das Gestell mit roher Gewalt. Für den Fall der Fälle hatte er einen anonymen Mail-Account bei einem großen Provider in den USA angelegt.

Gerade als er den Send-Button drückte, kam vorn im Haus Hektik auf. Offenbar waren es Kommandos des SEK, die sich Befehlskürzel zuriefen und durch das Gebäude polterten. Egon-Erwin bekam es jetzt doch mit der Angst zu tun. Hektisch suchte er nach einem Rest Leinwand und Gaffer-Tape. Mit zitternden Händen wickelte er sein Telefon darin ein. Mittlerweile hatte die Einheit die Küche erreicht und trampelte mit Springerstiefeln durch den Garten in Richtung Atelier.

Geistesgegenwärtig versenkte Egon-Erwin sein iPhone in einen Eimer mit schwarzer Farbe und hoffte inständig, dass die Funkverbindung nicht abbrach. Genau in diesem Moment wurde die Ateliertür mit einem Rammbock aus den Angeln gehoben. Er verschränkte die Arme hinter seinem Kopf.

»Guten Tag!«, sagte er noch laut und freundlich.

Doch dann erfolgte der Zugriff mit voller Wucht. Drei schwarz gekleidete SEK-Kämpfer sprangen ihn an und brachten ihn zu Fall. Innerhalb von wenigen Sekunden war Egon-Erwin mit Kabelbinder zu einem handlichen Paket verschnürt.

»Guten Tag, Herr Wutke! Sie sind verhaftet und werden jetzt über Ihre Rechte belehrt«, sagten eine weibliche und eine männliche Stimme unisono.

Egon-Erwin hob langsam den Blick. Müller Eins und Müller Zwo standen an seinen Füßen und feixten ihn an. Wie aus einer fernen Galaxie tönte ein schwaches Ding-Dong aus dem Farbeimer. Egon-Erwin konnte sich ein schallendes Lachen nicht verkneifen. Zwei SEKler zogen ihm einen schwarzen Stoffsack über den Kopf und schleiften ihn wie einen nassen Sack aus dem Haus.

Langsam, dachte Egon-Erwin, wurde dieses Herumgehänge lästig. Dem wilden Klicken nach zu urteilen, löste sein Anblick auf der Straße offenbar ein Blitzlichtgewitter aus. Müller Eins und Müller Zwo schmetterten jede Frage mit ihren Dienstmarken ab, während Egon-Erwin in einen Mercedes der E-Klasse geschubst wurde. Zumindest schloss er das aus dem sanft brummenden Motorengeräusch.

Der Einsatzwagen verließ den Tatort mit einem Kavalierstart, der Michael Schumacher die Tränen in die Augen getrieben hätte.

vier

»Kein Wunder, dass wir gestern nichts von ihm gehört haben.« Albertine reichte Hubertus die Landeszeitung.

Die Überschrift lautete: »Angriff auf die Pressefreiheit«, und den Aufmacher der ersten Seite beherrschten zwei großformatige Fotos. Links war zu sehen, wie Egon-Erwin Wutke mit einem schwarzen Sack über dem Kopf aus dem Haus gezerrt wurde, rechts prangte eine stark retuschierte Porträtaufnahme des Helden.

»Unser rasender Reporter hängt da in den Armen der Staatsmacht wie ein nasser Sack«, sagte Albertine, die darauf verzichtete, den Leitartikel zu lesen. Sie kannte den Redaktionsleiter als Patienten und wusste, dass dessen Stimmungslage abrupt zwischen cholerisch und wehleidig wechseln konnte. Im Lokalteil stand nichts weiter über den Einsatz des SEK in Klein-Büchsen, ein deutliches Indiz dafür, dass die Landeszeitung nichts wusste oder nichts herausbekommen hatte.

»Mich würde ja viel mehr interessieren, was Egon-Erwin in der Schule gesucht hat. Es war doch klar, dass die ihn schnappen werden. Er muss eine heiße Spur gehabt haben«, sagte Hubertus. »Dieser Kommentator hat ja nicht mehr alle Tassen im Schrank. Was faselt der von der UN-Menschenrechtskonvention, den Reportern ohne Grenzen, dem Deutschen Journalisten-Verband und dem Netzwerk Recherche? Der bringt ja alles durcheinander. Fehlten nur noch Günther Jauch und Thomas Gottschalk als Speerspitzen der Demokratie. Ach herrje, warum muss ich immer recht behalten? Hier steht es schwarz auf weiß. Dieser Schmierfink scheint ja voll auf Droge zu sein, und Egon-Erwin wird nie mehr freikommen. Dieser Artikel ist reinste Propaganda, gespickt mit Unterstellungen und Drohungen.« Hubertus legte genervt die Zeitung zur Seite.

»Ich werde gleich meinen Freund Ferdinand von Scherz anrufen. Er vertritt alle Medienkonzerne in Hamburg und hat Erfahrung mit kniffligen Fällen.« Albertine verließ den Raum.

»Noch etwas Matcha-Tee? Geerntet und verarbeitet von dem ehrenwerten Herrn Okuda«, sagte Clementine.

»Wurde dieses Gewächs auch drei Wochen vor der Ernte beschattet? Wurden nicht nur die Blattknospen und die ersten zwei bis drei jungen Blätter, sondern vier bis fünf der jungen Blätter verwendet? Matcha von Herrn Uji Hikari ist mir eigentlich lieber, aber eben besser als nichts.« Hubertus war stolz auf seine fernöstlichen Studien. Ihm wurde die exakt achtzig Grad heiße Schale gereicht. Clementine strahlte über das ganze Gesicht.

»Wie lange haben Sie mit dem Matcha-Besen gerührt? Fünfzehn Sekunden? Der Schaum macht einen maschinellen Eindruck. Hoffentlich haben Sie sich nicht mit einem batteriebetrieben Milchaufschäumer an dieser Köstlichkeit vergangen«, sagte Hubertus in Richtung Clementine, die ihre Ohren auf Durchzug gestellt hatte und zurück in die Küche ging.

»Du bist die fleischgewordene Eitelkeit und stellst dein Wissen aus wie eine Nutte auf der Reeperbahn ihre Titten«, sagte Albertine, die, den Telefonhörer in der Hand, an der Wohnzimmertür stand.

»Ich liebe es, wenn du dich so ordinär ereiferst. Das macht mich ganz ...«

Albertine schüttelte nur den Kopf. »Ferdinand von Scherz ist bereits unterwegs nach Lüneburg.« Sie setzte sich wieder an den Tisch und widmete sich ihrem rustikalen Landhausfrühstück, während Hubertus sich Reis, gebratenem Fisch, Nattou, Nori und Tsukemono zuwandte. Zum Abschluss schlürfte er noch vernehmlich ein Schälchen Misosuppe aus.

»Haben Sie gut geschlafen, Wutke?«, fragte Müller Eins.

»Für Sie immer noch *Herr* Wutke.« Egon-Erwin hatte kein Auge zugetan. Er konnte sich nicht vorstellen, was schlimmer war: die Enge der Gefängniszelle oder die Videodatei vom Tatort, an die er noch nicht rangekommen war. Sein Redaktionsleiter hatte gestern die ganze Situation nur noch verschlimmert und sich bei der Polizei wie die Axt im Walde verhalten. Weil ihm niemand zuhörte, hatte er wie immer laut zu schreien begonnen, und bevor er die Büromöbel der Kriminalpolizei demolieren konnte, hatte man ihn sanft, aber bestimmt vor die Tür geschoben. Fast hatte Egon-Erwin den Eindruck gehabt, als würde es sein Chef darauf anlegen, eingesperrt zu werden.

»Wie wär's denn jetzt mit einem Pflichtverteidiger?«, sagte Müller Zwo. »Oder wollen Sie einen Anwalt Ihrer Wahl anrufen?«

»Nein«, sagte Egon-Erwin wahrheitsgemäß, der einen gehörigen Respekt vor seiner Rechtsschutzversicherung hatte und noch nie verhaftet worden war.

Nun saß er in einem Verhörraum, der schlimmer aussah als in jeder ZDF-Vorabendserie. Klogrün gestrichen, ein Tisch in der Mitte und an dessen Stirnseite jeweils zwei harte Stühle. Vor Egon-Erwin stand eine rostige Tischlampe, die nicht einmal die Stasi zu Verhörzwecken eingesetzt hätte. Einzig das Mikrofon und der Field-Rekorder schienen dem aktuellen technischen Standard zu entsprechen.

Müller Zwo hatte allerdings Probleme, das Gerät in Gang zu setzen.

Müller Eins, die immerzu am kurzen Rock ihres Designerkostüms zupfte und mit der linken Hand eine Zigarette der Marke Eve paffte, beobachtete ihn dabei argwöhnisch. »Hat Ihnen eigentlich schon jemand gesagt, dass Sie das Recht haben zu schweigen? Alles, was Sie sagen, kann vor Gericht gegen Sie verwendet werden. Sie haben das Recht auf einen Anwalt.« Während sie sprach, blickte Müller Eins versonnen ins Nirgendwo.

»Sie wiederholen sich.« Egon-Erwin verspürte unbändige Lust auf eine Currywurst. »Bekommen Untersuchungshäftlinge eigentlich auch ein Frühstück serviert?«

»Wir hatten trockenes Brot und Bohnenkaffee im Angebot, aber das haben Sie ja, wie ich hörte, abgelehnt«, sagte Müller Zwo, der nur mühsam ein Grinsen unterdrücken konnte.

In diesem Moment klopfte es, und er wurde vor die Tür gerufen. Müller Eins rauchte und betrachtete das Aufnahmegerät. Wenig später kehrte Müller Zwo mit einem Endfünfziger zurück, der nichts anderes als ein Anwalt sein konnte. Der Anzug war in London geschneidert und die Schuhe waren in Budapest gefertigt worden. Der Aktenkoffer schien seit zehn Generationen vererbt zu sein und trug die Initialen des Inhabers. Das sorgsam zurückgekämmte schwarze Haupthaar glänzte und war frisch gefärbt worden.

»Sie haben einflussreiche Freunde, Herr Wutke. Die Kaution wurde beglichen, und alle erforderlichen Unterlagen liegen vor. Lassen Sie uns frühstücken gehen. Die Verpflegung in der U-Haft lässt doch zu wünschen übrig, höre ich. Wir besuchen jetzt den ›Heidkrug‹ in Lüneburg. Ich kenne den Inhaber, der Michelin-Sterne sammelt wie andere Rabattmarken. Dort wird man uns sicherlich mit offenen Armen aufnehmen. Ihr Jil-Sander-Kostüm steht Ihnen übrigens superb, gnädige Frau, auch wenn der Rock ein wenig zu knapp bemessen erscheint.« Der Anwalt musste Egon-Erwin aus dem Raum schieben wie einen bockigen Schüler.

»Wir treffen uns in einer Stunde in meinem Büro zur Lagebesprechung, Müller Zwo«, sagte Müller Eins, drückte die lange, dünne Zigarette in den Aschenbecher und stöckelte energisch zur Tür hinaus.

»Egon-Erwin kommt erst nach Redaktionsschluss. Das steht in der SMS, die er gerade geschickt hat«, hatte Hubertus zu Albertine gesagt, als sie in ihre Praxis ging. Jetzt wunderte sie sich, dass kein Patient im Wartezimmer saß.

Sie wandte sich zu Clementine, die hinter ihrem Tresen saß und die Abrechnungen für Privatpatienten ausdruckte. »Was ist heute los? Gestern gab es noch eine Schlange bis auf die Straße, und heute ist niemand krank. Das kann doch nicht wahr sein. Haben Sie etwas gehört, Clementine?«

Auf die Frage erntete sie nur ein vieldeutiges Schweigen und das leise Quietschen des Druckers.

»Dann gehe ich mal frische Luft schnappen.«

Vor der Tür blieb sie kurz stehen und reckte sich, um dann die drei Stufen zum Vorgarten hinunterzugehen. Alles fing an zu wachsen und zu blühen. Albertine hatte tatsächlich den grünen Daumen.

Dann lief sie zielstrebig die Straße entlang, fest entschlossen, keinen Passanten eines Blicks zu würdigen. Doch das war ebenso überflüssig wie kindisch, denn es kam ihr niemand entgegen. Vor einem Einfamilienhaus aus Backstein blieb sie stehen und zögerte einen Moment. Dann drückte sie die Klingel.

»Bin im Garten!«, rief eine glockenhelle Stimme aus dem Garten.

Albertine kannte den Weg und ging in den hinteren Teil des Gartens, der wie die Kopie ihres eigenen aussah. Lisa Feld kniete auf dem Boden und beharkte ihr Radieschenbeet. Sie hätte ohne Weiteres als die jüngere Schwester von Albertine durchgehen können, besonders wenn die beiden Partnerlook trugen, was allerdings selten der Fall war. Während Albertine reserviert und ein wenig blasiert wirkte, war Lisa die reinste Frohnatur, die immer munter vor sich hin plapperte.

»Da hast du uns ja was eingebrockt, Darling«, sagte Lisa.

»Das beruht wohl auf Gegenseitigkeit«, erwiderte Albertine.

»Wer lag eigentlich bei dir im Beet? Ein Patient oder dein Liebhaber? Ach nein, dann würde ja Hubertus nicht mehr unter uns weilen. Aber wer war es dann? Dein Doktorvater? Du hast ihn abgemurkst, weil du bei deinem Doktortitel geschummelt hast. Das macht ja heute jeder. Bin ich froh, dass ich nur einen Magister habe und …«

»Du plapperst wie ein Teenager, Lisa, und das in deinem Alter. Das hält ja kein Mensch aus. Kein Wunder, dass dich deine Schüler so lieben. Früher nannte man das Backfisch. Lest ihr eigentlich den ›Trotzkopf‹ in der Grundschule? Also zum Mitschreiben: Hubertus ist nicht mein Liebhaber, das wäre nicht standesgemäß, und außerdem finde ich seine Bildungshuberei ziemlich enervierend. Ich bevorzuge muskulöse Männer, gestählt von der Feldarbeit, mit ehrlich verdientem Schweiß auf dem markanten Gesicht.« Albertine wirkte bei ihrer kleinen Rede seltsam entrückt.

»Fehlt nur noch ›flink wie ein Windhund‹.« Lisa fuchtelte Albertine mit einer Supermarkt-Harke vor der Nase herum. »Verschon mich mit deinen feuchten Phantasien! Dir ist wohl als Kind 'ne hinterpommersche Scholle auf den Kopf gefallen.«

»Lass das gefälligst, die Harke kostet nur eins neunundneunzig und ist Schrott«, sagte Albertine. »Rück lieber damit raus, was in der Gerüchteküche brodelt.«

»Keiner hat eine Ahnung, wer der Tote ist, und keiner hat ihn gesehen. Er scheint vom Himmel gefallen und direkt in deinem Beet gelandet zu sein. Nur die Polizei kann die Identität klären. Und da liegt das Problem. Die sitzen wohl auf einem Haufen Spuren, und die DNA-Analysen lassen auf sich warten. Man vermutet aber, dass die bald das ganze Dorf testen wollen, um einen Abgleich durchzuführen.« Lisa blickte Albertine direkt in die blauen Augen.

»Weiter. Die Kunstpausen kannst du dir für deine Schüler aufheben.«

»Den Rest kannst du dir denken. Das will hier niemand. Bei einem DNA-Test wird doch klar, wer wem welches Kuckucksei ins Nest gelegt hat. Da wirst du mit einem Schlag zum vierfachen Vater. Aber das ist nicht der einzige Grund, warum die Dorfgemeinschaft dich jetzt hasst. Möchte nicht wissen, wen du alles zum Krüppel gerenkt hast«, sagte Lisa, während sie das Radieschenbeet harkte.

Albertine hatte keine Lust und keine Zeit, auf weitere Sticheleien zu reagieren. Tatsächlich war ihr Nervenkostüm so dünn wie Papier. Lisa saß mal wieder im Glashaus und merkte nichts. Also machte Albertine einen Schritt zurück, um Schwung zu holen, was Lisa nicht registrierte. Mit der Beweglichkeit einer Katze sprang Albertine Lisa an, und beide stürzten zu Boden. Der Ringkampf zwischen Radieschenbeet und Erdbeerrabatte folgte streng den Regeln der FILA. Beim Freistil waren Schläge, Tritte und Würgen verboten. Verbale Tiefschläger allerdings nicht.

»Der Pferdebesohler war doch mal Wrestler. Hast du mit ihm im Bett trainiert?«

Lisa ging schon in der ersten Runde die Luft aus, und sie schnappte nach Luft, während Albertine sie im Schwitzkasten hielt. »Notgeiles Flittchen!«, stieß sie hervor.

»Alte Schabracke!«

»Knochenbrecherin!«

»Klippschul-Lehrerin!«

»Friss Staub!«

»Du hast es so gewollt«, sagte Albertine und fing an, Lisa Radieschengrünzeug in den Mund zu stopfen. Dabei zitierte sie lauthals die Verse: »Pauker blüh'n so harmlos, doof und leis', wie bescheidene Radieschen: außen rot und innen weiß.«

»Lass Kurt Tucholsky aus dem Spiel.« Die männliche Stimme, die plötzlich vom Haus zu hören war, gehörte zu Hubertus. Beherzt trennte er die Kampfhühner. Albertine klopfte seelenruhig ihr geblümtes Leinenkleid ab.

»Jetzt hilfst du bitte Lisa auf die Beine«, sagte Hubertus.

»Nur über meine Leiche.«

»Mit solchen Formulierungen wäre ich im Moment vorsichtig.« Hubertus reichte Lisa die Hand.

»Du bist eben ein wahrer Gentleman.« Lisas Blumenkleidchen aus Stretch-Jersey war am linken Ärmel eingerissen. »Das Kleid zahlst du mir, du Furie!« Angesichts ihrer Worte war Lisas Tonfall erstaunlich sachlich.

»Soll ich dir die zehn Euro für Hansi und Mausi jetzt geben oder überweisen?«

»Vierzehn fünfundneunzig! Geschenkt!«

»Lass uns bitte jetzt nach Hause gehen.« Hubertus hob beschwichtigend die Hände und schaute von einer zur anderen.

»Du weißt auch nicht, was du willst, Schätzchen.« Albertine trat einen Schritt vor, und fast sah es so aus, als würde der Kampf in die zweite Runde gehen. Doch dann wandte sie sich um und verließ fluchtartig den Garten.

»Du brauchst etwas Ruhe und solltest einen chinesischen Bai-Mu-Dan-Tee trinken, der wirkt beruhigend und hat eine wunderbare Farbe«, rief Hubertus, der Albertine folgte.

Lisa lächelte ihnen versonnen nach, während sie sich das Grünzeug aus dem Haar zupfte. Sie wusste genau, dass kein Blatt zwischen sie und ihre Busenfreundin passte. Morgen würde ihre kleine Rangelei schon wieder vergessen sein.

Egon-Erwin strahlte vor Glück, als der Download seiner Videodatei beendet war. Fehlte nur noch, dass sein Handy einen Selbstzerstörungsmechanismus hatte und er so alle Spuren verwischen könnte. Aber in dem Eimer mit der schwarzen Farbe würde niemand herumstochern. Jetzt machte sich sein Volkshochschulkurs mit dem Titel »Videobearbeitung – Aufbaukurs 1« voll bezahlt. Erst bereinigte er das Video von allen kompromittieren Bildern mit der Bordeauxdogge und konzentrierte sich dann auf die wichtigsten Einstellungen. Bild für Bild ging er die Tatortaufnahmen durch und sicherte die blutigsten Bilder als Fotos. Die Kollegen der Internetredaktion nervten ihn schon. Doch Egon-Erwin gab die Bilder und die Clips erst frei, als er schriftlich die Zusage hatte, dass sie erst nach Auslieferung der Printausgabe online gestellt würden.

Der Aufmacher musste vom Redaktionsleiter, dem Hausjuristen und zuletzt von dem Inhaber der Landeszeitung gegengelesen werden. Es gab viele Details zu klären, und ein Restrisiko blieb bestehen. Hatte Egon-Erwin mit diesem journalistischen Husarenstück gegen seine Kautionsauflagen verstoßen? Es war ihm nicht egal, aber schien einfach unumgänglich, auch um den Killer aus der Reserve zu locken. Nicht gerade erleichtert, aber durchaus zufrieden verließ er die Redaktion, um zu Albertine und Hubertus zu fahren.

Die intime Lagebesprechung zwischen Müller Eins und Zwo war kein großer Erfolg gewesen. Auch im größeren Kreis schien nicht viel herauszukommen. Ein Dutzend Beamte saß herum, wie bestellt und nicht abgeholt. Einer beobachtete die Vögel vor dem Fenster, ein Zweiter bohrte sich in der Nase, während ein Dritter aufdringlich in den Ausschnitt einer blutjungen Kollegin glotzte.

»Die DNA ist ja eine wirklich großartige Erfindung, aber in diesem Fall gleicht sie eher einem Puzzle mit zehntausend Teilen.« Müller Eins spielte gelangweilt mit ihrem Kugelschreiber.

»Es gibt sogar ein Puzzle mit zweiunddreißigtausend Teilen. Von diesem Hering, diesem bekannten Künstler, der an Aids gestorben ist«, sagte Müller Zwo.

»Klappe halten. Was sagt der Profiler zu dem Fall? Kommt dieser Journalist als Täter oder Komplize in Frage?«

Müller Zwo schlug die Akte mit dem Gutachten des Fallanalysten auf. In seinem ernsten, aber etwas hektischen Eifer wirkte er wie eine Mischung aus Dr. House und Monk. »Der Mann ist vermutlich ein Einheimischer zwischen Mitte zwanzig und Mitte vierzig. Seine Taten könnten einen jahreszeitlichen Aspekt haben. Vielleicht haben die Morde mit einem Bezug zu dem ihm bekannten Gelände zu tun oder mit einer Phantasie oder einem Ritual. Er kennt sein Terrain ganz genau. Vermutlich hat er in Klein-Büchsen gewohnt oder wohnt immer noch dort.«

Müller Eins schnappte sich die Akte und blätterte darin herum. »Hm, hm. Der Täter gehört zu den organisierten Killern, schreibt der Profiler hier. Na ja. Grundsätzlich unterteilt man Serienmörder in organisierte und desorganisierte Täter. Letztere handeln impulsiv und aus der Situation heraus. Die sind relativ leicht zu fassen. Der organisierte Typ dagegen handelt nicht aus physischem Überdruck, sondern aus Freude am Töten – eben organisiert, ruhig und mit Bedacht.«

»Also wie der Long-Island-Killer«, sagte Zwo.

»Klappe halten«, sagte Eins und ließ den Aktendeckel mit einem dumpfen Klatschen zufallen. »Was hat die Spurensicherung gefunden?«

»Köpfe«, sagte Zwo und biss sich im nächsten Moment auf die Zunge. Eins hatte dieses gefährliche Blitzen in den Augen. Außerdem zuckte ihr linkes Lid, wie immer, wenn der Stress zu groß wurde. »Also, es war wohl leicht, die großen Körperteile zuzuordnen. Aber die Spurenlage ist kompliziert, sagt die Spusi. Die Opfer haben in ihrem Schulgebäude eine Art offenes Haus geführt. In der Küche haben wir Spuren von um die hundert Einzelpersonen gefunden und im Atelier noch viel mehr. Ist ja auch kein Wunder bei den vielen Ausstellungseröffnungen. Was fehlt, ist der kleinste gemeinsame Nenner, zum Beispiel eine DNA-Spur, die überall auftaucht, auch und besonders bei den ersten beiden Leichen. Bis jetzt Fehlanzeige. Das kann also dauern.«

»Wie lange?«, fragte Müller Eins.

»Ich kann beim besten Willen keine Prognose abgeben. Wenn wir einen DNA-Test im ganzen Dorf durchführen lassen, könnte schneller ein Ergebnis auf dem Tisch liegen.«

Niemand im Raum wusste, dass die anwesende Master-

Studentin für Internationale Kriminologie aus Groß-Büchsen stammte.

Die Diskussion war beendet, bevor sie richtig begonnen hatte. Niemand fühlte sich für den Fall wirklich zuständig, seit Kommissar Blaumilch zur Kur nach Bad Bevensen verschwunden war.

Langsam wurde Albertine ungeduldig. Sie blickte auf die Uhr, dann drehte sie sich um die eigene Achse. Aber von Gunnar war nichts zu sehen. Hubertus nahm die Verspätung gelassen zur Kenntnis.

»Wahrscheinlich hat der gar keine Uhr und richtet sich nach dem Stand der Sonne«, sagte Hubertus.

»Na klar, und bei Bewölkung schaltet er seinen Röntgenblick ein. Manchmal scheinst du nicht in unserer Welt zu leben«, entgegnete Albertine genervt, die den Treffpunkt verließ, um kurz mit Bäuerin Schlüter zu sprechen, die von Bauer Strunk begleitet wurde.

»Keiner hat ihn gesehen«, sagte sie zu Hubertus, der immer gelangweilter wirkte.

Albertine versuchte ihr Glück noch bei anderen Dorfbewohnern und begann dann, die nahe liegenden Wohnhäuser abzugrasen.

»Er ist buchstäblich vom Erdboden verschwunden. Das ist doch seltsam, oder?«, sagte sie zu Hubertus, der sich den Bauch hielt.

»Könnten wir nicht bei dir einen kleinen Imbiss nehmen? Ich bekomme langsam Hunger, und Durst habe ich schon länger«, sagte Hubertus mit kleinlauter Stimme.

»Du bist ja schlimmer als jedes Kleinkind. Musst du auch noch Pipi machen? Soll ich dir die Hose dabei festhalten«, meckerte Albertine und ging nach Hause, wo sie schon erwartet wurde.

»In Klein-Büchsen scheint sich die Dorfgemeinschaft langsam in Luft aufzulösen«, sagt Egon-Erwin.

»Nur wegen diesem Test, von dem niemand weiß, ob er tatsächlich stattfindet?« Hubertus wischte Staub vom Bücherregal.

»Wegen des Wetters! Meine Güte, bist du schwer von Begriff. Man hält uns für die Mörder, obwohl das ja keinen Sinn macht, weil es unlogisch ist. Mich würde erst einmal interessieren, warum Herr Wutke den Tatort von Gerda und Siegfried Aurich durchsucht hat«, sagte Albertine.

»Das können Sie alles morgen in der Zeitung lesen.« Egon-Erwin hatte langsam, aber sicher die Nase voll von Albertine von Krakow. Ihre Hochnäsigkeit war im Dorf legendär.

»Wir wollten heute um vier Gunnar treffen, aber er ist nicht gekommen«, sagte Albertine. »Wir haben eine Stunde an der Dorflinde gewartet, aber keine Spur von Gunnar. Niemand im Dorf hat ihn gesehen oder weiß, wo er ist.« Albertine hatte beschlossen, die Topfpflanzen zu ertränken, und ließ dem Wasser aus ihrer Gießkanne freien Lauf.

»Ihr Mitgefühl scheint sich aber in Grenzen zu halten, gnädige Frau«, sagte Egon-Erwin.

»Uns war es ja nicht vergönnt, eine Vereinbarung zu treffen, die jemand so schön pathetisch ›Eid der Einheit‹ genannt hat. Nicht wahr, Clementine? Ich jedenfalls schlage vor, dass wir ein Dinner in der ›Heideblume‹ einnehmen. Das dürfte doch unsere kleine Notgemeinschaft zusammenschmieden.« Selten hatte sie Hubertus so schnell das Haus verlassen sehen. Zusammen mit Egon-Erwin und Clementine versuchte sie Schritt zu halten.

Gunnar wehrte sich nach Kräften, aber er war mit dicken Hanfseilen auf einem Bett fixiert. Zwar hatten sich seine Augen an die vollkommene Dunkelheit gewöhnt, doch erkennen konnte er nichts. Seine sonst so untrüglichen Instinkte ließen ihn im Stich. Sein Gefühl für Raum und Zeit hatte sich verflüchtigt. Manchmal stürzte er ins unendliche Nichts, dann schwebte er im Raum. War er in einem Keller oder in einem riesigen Sarg? Er versuchte, sich zu konzentrieren, und konnte doch den Gedanken nicht vertreiben, lebendig begraben zu sein.

Die Panik fand ausschließlich in Gunnars Kopf statt, sein Körper reagierte nur noch mit gelegentlichen Zuckungen, die wie durch Stromstöße ausgelöst schienen. Das Schlucken fiel ihm schwer, die Schleimhäute waren ausgetrocknet, und seine Zunge fühlte sich an wie ein Stück Schmirgelpapier. Hunger verspürte er schon lange nicht mehr, dafür machte sich die Angst in ihm breit wie ein Nervengift. Wann hatte er das letzte Mal geweint? Als seine Mutter gestorben war. Verdammt lange her. Seine Augenwinkel füllten sich mit Tränen, die er ignorierte. In seine Angst mischte sich Verzweiflung und unbändige Wut.

Gunnar zerrte energisch und mit aller Kraft an seinen Fesseln, doch er konnte sie nicht lösen. Aber er spürte, dass das Bett schmal war. Und überraschend leicht. Er fing an, seinen Körper rhythmisch zu bewegen. Es waren nur ein paar Zentimeter Bewegungsfreiheit, aber er ließ nicht locker. Je mehr er sich selbst spürte, desto mehr gewann er wieder an Selbstvertrauen. Er würde hier rauskommen. Das Bett bewegte sich immer stärker, und fast hätte Gunnar es zum Umkippen gebracht, da ging eine Tür auf.

Die Augen zu Sehschlitzen verengt, konnte Gunnar die Umrisse einer Gestalt erkennen, die in gleißendem Licht erschien.

Das ist der Teufel, dachte Gunnar und schloss die Augen, weil er wusste, dass er jetzt sterben würde.

Der Teufel warf ihm eine stinkende Decke über den Kopf, und wenige Sekunden später durchzuckte ein gewaltiger Stromschlag Gunnar. Er wurde zu einem willenlosen Stück Fleisch. Seine linke Körperhälfte schien gelähmt, und auf der rechten Seite war nichts als ein stechender Schmerz. Gunnar wurde bewusstlos.

»Was darf es sein? Eine Kleinigkeit oder das Menü des Tages?«, fragte Sören Severin in die Runde, die beim Betreten des Schankraums lautstarkes Murren und Stühlescharren ausgelöst hatte.

Innerhalb weniger Minuten waren die übrigen Gästen gegangen und alle Tische frei.

Sören schien das nicht weiter zu stören. »Heute steht als Vorspeise Erbsenschaumsuppe mit Krabben auf der Speisekarte. Gefolgt von einem Wiesensalat mit Räucherfisch. Etwas Leichtes zum Hauptgang: Putenröllchen mit Spinatfüllung. Als Sättigungsbeilage gibt es dazu Rosmarinkartoffeln. Den Abschluss macht eine geeiste Quarkmousse mit Fruchtpüree. Dazu sollte man einen trockenen Weißburgunder trinken aus dem Hause

Zwölberich an der Nahe. Natürlich aus biodynamischem Anbau.«

»Das habe ich ja schon lange nicht mehr gehört, die Sättigungsbeilage«, sagte Hubertus. »Das Wort stammt doch aus den unseligen Zeiten der DDR-Gastronomie. Da ist mir die Wiener Bezeichnung ›Zuspeise‹ doch wesentlich lieber, wenn auch ...«

»Kannst du nicht einmal aufhören, uns mit deinem angelesenen Wissen zu nerven«, unterbrach ihn Egon-Erwin.

»Genau. Das ist ja nicht zum Aushalten«, ergänzte Albertine.

»Soll ich noch eine Flasche Mineralwasser bringen? Meine Lieblingsquelle auf Sylt produziert CO_2-neutral. Außerdem unterstützt man dort den Kampf der Entwicklungsländer für ein sauberes Trinkwasser.« Sören notierte irgendetwas auf seinem Bestellblock.

»Ich nehm ein Bier«, sagte Egon-Erwin.

»Dem schließe ich mich an«, sagte Albertine.

»Und die andere Hälfte folgt meiner Empfehlung?« Ohne eine Antwort abzuwarten, machte sich Sören schon auf den Weg in die Küche.

Er stellte das Tablett ab und ließ die Gäste sich selbst bedienen. Er hatte Clementine etwas ins Ohr geflüstert, und gemeinsam verschwanden sie in der Küche. Albertine verteilte die Gläser und ergriff das Wort: »Jeder von uns hat eigene Interessen, und es wäre auch sehr seltsam, wenn das nicht so wäre. Aber diese Mordserie ist nicht nur bizarr, sondern auch der Versuch, ein ganzes Dorf zu vernichten oder zumindest an den Abgrund zu bringen. Es ist an der Zeit, dass wir uns verbünden. Deshalb biete ich allen das Du an und hoffe, dass wir uns in der Not helfen.« Bei diesen letzten Worten nahm sie Augenkontakt mit Egon-Erwin auf.

»An mir soll's nicht liegen«, sagte der, und dann stand auch die Vorspeise auf dem Tisch. Das Thema Serienkiller war jetzt tabu, schließlich wollte sich niemand den Appetit verderben lassen. Kein Wort wurde während des Essens gewechselt. Der Räucherfisch verströmte ein wunderbares Aroma, während die Putenröllchen erst im Gaumen ihre Finesse verrieten.

Dann wurden Kaffee und Tee serviert.

»Mich würde das Motiv dieses Verrückten interessieren. Warum schneidet er vier Leuten den Kopf ab, die nichts miteinander zu tun haben? Nun ja, Gerda und Siegried waren verheiratet. Aber sie war Veganerin, und er liebte ›Bistecca alla fiorentina‹, je blutiger, desto besser. Das sagt ja wohl alles über deren Verhältnis.« Egon-Erwin nippte am Espresso.

»Wenn Sie, also du, das als rasender Reporter nicht weißt. Heißt das, dass Fischliebhaber nicht zum Serienkiller werden, sondern nur die Fleischfreaks?«, fragte Albertine.

»Das ist doch eigentlich egal«, sagte Hubertus. »Wir müssen den Psycho finden und unschädlich machen, ihm alle Morde nachweisen, damit hier endlich wieder Ruhe einkehrt.«

»Wie hat eigentlich das Dorf erfahren, dass ein DNA-Test geplant ist? Da gibt es doch eine undichte Stelle bei der Polizei. Und ich erfahre leider immer nur Häppchen und vermute, dass die Hälfte davon gefakt ist. Wo steckt eigentlich Clementine?« Egon-Erwin sah sich im Gastraum um.

»Die ist in der Küche und macht Sören schöne Augen. Oder die beiden tauschen Rezepte aus oder wie man das nennt.« Albertine hob die Schultern. »Hoffentlich sieht das Anna nicht, sonst war Clementines zweiter Frühling ihr letzter.«

»Sollten wir nicht auch nach Gunnar suchen?«, fragte Hubertus. »Wäre interessant zu wissen, wo er steckt.«

»Der liegt bestimmt wieder besoffen irgendwo im Graben. Unkraut vergeht nicht. Um den mach ich mir keine Sorgen.« Egon-Erwin reckte immer noch den Kopf, um Clementine und Sören hinter der Küchentür zu sehen.

»Aber Gunnar weiß etwas. Und mein Instinkt sagt mir, dass er in Gefahr ist«, sagte Albertine.

Hubertus stöhnte leise auf. »Vielleicht solltest du weniger Kaffee, sondern etwas mehr Tee trinken. Tee regt weniger die Phantasie, sondern mehr den Geist im Menschen an.«

»Du kennst ja nur Weingeist«, sagte Albertine.

»Ich bin also ein Alkoholiker?« Hubertus klang empört und kippte wie zur Bestätigung einen dänischen Bio-Schnaps auf ex.

»Könntet ihr bitte eure Sticheleien ohne mich austragen. Ich fahr jetzt nach Hause und leg mich hin. Hab in der letzten Zeit genug erlebt.« Egon-Erwin stand auf und klopfte zum Abschied mit den Knöcheln dreimal auf den Tisch. Clementine war deutlich in der Küche zu hören, schien aber nicht gewillt, freiwillig herauszukommen. Albertine konnte sie nur zu gut verstehen.

fünf

Der folgende Morgen war wieder ein Farbenspiel, das einem William Turner ebenbürtig war. Ohne Brille verstärkte sich bei Albertine der Eindruck der ineinanderfließenden Farben. Sie liebte diesen Vertreter der Romantik und besuchte jede Ausstellung des englischen Genies. Doch auch mit Brille war der Sonnenaufgang überaus sehenswert. Nur ein Detail störte Albertine. Wieder lagen zwei Beine reglos im rechten Winkel zum Beet mit den Radieschen. Immerhin war der Kopf an der richtigen Stelle, und das breite muskulöse Kreuz gehörte eindeutig nicht zu Hubertus, den Albertine sofort anrief.

»Das ist eindeutig Gunnar«, sagte Hubertus, der neben Albertine im Garten stand. »Ist er tot?«

»Nein, aber er sieht sehr mitgenommen aus. Um ihn so ins Reich der Träume zu befördern, braucht man die gleiche Dosis wie bei einem Elefanten. Vielleicht hat man ihn gefoltert und dann betäubt. Außerdem stinkt er bestialisch. Ich ruf Clementine, sie kann uns jetzt gut helfen«, sagte Albertine.

Hubertus hielt ihr wortlos sein Handy hin.

Albertine wich zwei Schritte zurück. »Bist du verrückt. Ich fasse so ein Ding nicht an. Wer weiß denn, welche Strahlung da rauskommt. Außerdem zwingen dich tragbare Telefone, immer erreichbar zu sein. Das ist die Geißel des Jahrhunderts, ach was, des Jahrtausends. Nie im Leben werde ich so ein Teufelsteil in die Hand nehmen. Wofür hab ich mein schönes altmodisches Telefon im Haus. Das hat eine wunderbare Wählscheibe, dicke, gut abgeschirmte Kabel und ist noch nie kaputtgegangen. Hat mein Vorgänger schon benutzt, und der ist neunzig Jahre alt geworden. Bestimmt auch, weil er kein Handy benutzte.«

»Und was machst du bei einem Notfall, wenn die Zeit drängt?«, fragte Hubertus.

»Dann fahr ich eben schneller.«

Hubertus hatte schon mal in dem SUV eines bayrischen Nobelkarossenherstellers gesessen, als Albertine zu einer Sturzgeburt gerufen wurde. Auf Knien hatte er dem Herrn im Himmel gedankt, dass er diesen Höllenritt überlebt hatte. Ein Glück, dass Albertine jetzt schon zu Hause war und man Gunnar nur noch ins Haus tragen musste.

Clementine half Hubertus und Albertine, ihn im Gästezimmer zu betten. Sie versorgte ihn nach allen Regeln der Kunst und hatte sogar Kleidung mitgebracht, die ihrem verblichenen Gatten gehört hatte, ein litauischer Bergarbeiter, der bei einem Grubenunglück das Zeitliche gesegnet hatte. Clementine sprach nicht gern über ihn, wohl auch weil er ein Säufer gewesen war.

»Ich verstehe nicht, was hier passiert ist.« Albertine hatte Gunnar der Pflege Clementines überlassen und setzte sich zu Hubertus ins Wohnzimmer. »Gunnar ist doch ein kräftiger Kerl, fast unbesiegbar. Wer hat ihn außer Gefecht gesetzt, und warum lag er in meinem Garten? Genauso wie der Mann, den ich ermordet haben soll und selbstverständlich nicht ermordet habe. Da scheint jemand einen Plan zu haben, und wir werden am Ende die Opfer sein. Wir müssen agieren und nicht immer nur reagieren.«

Hubertus starrte aus dem Fenster und verlor dabei die Asche seiner Zigarre auf Albertines noblen Perserteppich. Normalerweise wäre sie jetzt aus der Haut gefahren, aber sie nahm es mit stoischer Gelassenheit zur Kenntnis.

Hubertus wirkte vollkommen unbeteiligt und nutzte die Zeit der Stille, um Egon-Erwin anzurufen, der sich sofort auf den Weg nach Klein-Büchsen machte.

Clementine kam aus dem ersten Stock herunter. In einem Arm trug sie die zerfetzte Kleidung Gunnars und in der anderen Hand eine Waschschüssel mit dunkler Brühe.

»Ich habe den Eindruck, dass er langsam zu sich kommt. Sie sollten sich einmal seinen rechten Oberarm anschauen, Frau Doktor. Vielleicht, bevor er ganz wach ist«, sagte sie.

»Warum wollen Sie mir nicht sagen, was Sie gesehen haben?« Albertine war froh, dass ihre rechte Hand an der förmlichen Anrede festhielt und das gestrige Duz-Angebot komplett ignorierte.

Clementine schüttelte vehement den Kopf und ging in den Keller, um die zerrissenen Sachen zu entsorgen.

Albertine und Hubertus blickten sich wortlos an und gingen hoch ins Gästezimmer, wobei Hubertus zu Albertines tiefer Befriedigung die Zigarre wenigstens noch im Aschenbecher ablegte, wo sie stilvoll ausglühte. Immerhin war es eine sündhaft teure Cohiba, die Lieblingsmarke des ehemaligen Basta-Kanzlers.

Als sie an Gunnars Bett standen, waren sie doch überrascht, wie friedlich der Hufschmied wirkte, fast zufrieden, trotz der unzähligen kleinen und größeren Wunden in seinem Gesicht. Die Gelenke seiner Hände sahen übel aus, die Male der Fesselung sprachen ihre eigene blutige Sprache.

Vorsichtig schob Albertine den kurzen Ärmel von Gunnars T-Shirt hoch und sah zunächst einmal nur eine daumennagelgroße dunkle Stelle. Sie ging in die Knie, um mehr erkennen zu können. Es sah aus wie eine Signatur, die mit einem scharfen Messer tief in die Haut geritzt worden war. Am Wundrand war die Haut noch angeschwollen.

»Komm bitte mal her, Hubertus, und sieh dir das an. Ich habe eine Ahnung, aber vielleicht täusche ich mich auch.«

Hubertus seufzte. »Du weißt ja, dass ich kein Blut sehen kann. Ich garantiere für nichts.«

»Da blutet nichts mehr, du Feigling. Mit so einem Hasenfuß wie dir werden wir keinen Killer überführen.«

Hubertus zog kräftig die Luft ein, bevor er in die Knie ging. Er war es gewohnt, in altertümlichen Handschriften zu stöbern, und deshalb brauchte er nur wenige Sekunden, um das Zeichen beurteilen zu können. »Ein H aus dem gotischen Alphabet. Das ist eine Schrift, die Bischof Wulfila im 4. Jahrhundert zur Übersetzung des Neuen Testaments ins Gotische entwickelt hat. Die Wulfila-Bibel befindet sich in der Universitätsbibliothek ›Carolina Rediviva‹ in Uppsala. Ich würde meine rechte Hand opfern, um sie zu besitzen. Aber ihr Wert lässt sich nicht in schnöden Euros beziffern.« Hubertus klang versonnen und schien nicht bemerkt zu haben, dass Egon-Erwin hinter ihnen stand.

Albertine dagegen hatte die schweren Tritte des Reporters auf der Treppe gleich erkannt.

»Da hab ich aber mal wirklich Glück gehabt, dass unser gelehrter Freund nicht zu einem seiner monotonen Vorträge ausholt«, erklärte Egon-Erwin von der Tür her. »Darf ich dieses außergewöhnliche Tattoo einmal fotografieren? Ihr könnt ja solange die aktuelle Ausgabe der Landeszeitung lesen?«

»Willst du ihn nicht vorher um Erlaubnis bitten«, fragte Albertine.

»Also, erstens schafft er es bis auf die Titelseite unserer Zeitung. Die Werbung ist unbezahlbar, schließlich ist er ja das Opfer. Zweitens haben wir jetzt die einmalige Gelegenheit, den Täter aus der Reserve zu locken, und drittens kann ich mich so bei den Cops revanchieren.« Erwin redete noch, während er schon mit seiner Kamera Gunnar aus allen Blickwinkeln fotografierte.

»Bei Punkt eins und zwei stimme ich dir ja gern zu«, sagte Albertine mit vor der Brust verschränkten Armen. »Aber die Cops, wie du sie despektierlich nennst, werden dich gleich wieder aus dem Verkehr ziehen, wenn du diese Bilder ohne Genehmigung veröffentlichst.«

»Nicht, wenn wir Gunnar eine Einverständniserklärung unterschreiben lassen«, sagte Egon-Erwin und zoomte auf das gotische H.

»Wwww…aaaa…ssss soll … ich …?« Gunnars Lider flatterten, dann riss er die Augen auf und wollte sich aufrichten. Aber er hatte noch nicht genügend Kraft, um der Schwerkraft zu widerstehen.

»Schlafen Sie sich gründlich aus. Bei mir sind Sie sicher.« Albertine legte Gunnar sanft die Hand auf die Schulter.

»Ich geh dann noch mal in den Garten, um den Fundort zu fotografieren, wenn es erlaubt ist.« Egon-Erwin hielt kurz in der Tür. Von Albertine kam ein knappes Nicken. Und schon war Egon-Erwin die Treppe hinunter, bevor Albertine es sich anders überlegte.

»Dieses dämliche Dorf Büchsenschinken raubt mir den letzten Nerv.« Müller Eins trug diesmal einen rauchblauen Hosenanzug von Elégance.

»Sie meinen Klein-Büchsen, Chef«, sagte Müller Zwo.

»Ist mir doch egal. Irgendwer hat diesen Provinzeiern gesteckt, dass wir einen DNA-Test machen wollen. Nun herrscht da Aufruhr. Wahrscheinlich ist das Vögelchen schon ausgeflogen, wenn wir kommen.«

»Welches Vögelchen?«, fragte Müller Zwo.

»Sie sind aber auch zu dämlich. Lassen Sie sich das von der jungen Kollegin erklären, die besucht immerhin die Uni. Ich geh jetzt 'ne Latte trinken und treffe einen Informanten. Keiner folgt mir!« Müller Eins zog ab.

Müller Zwo war über diesen raschen Abgang froh wie lange nicht mehr, denn die Praktikantin hatte mehr als nur einen blitzgescheiten Verstand zu bieten. Ihr Ausschnitt versprach tiefe Einblicke, und weitaus mehr wollte der Macho in ihm in diesem Moment auch nicht erfahren.

Den schwarzen Umhang hatte er an den Nagel gehängt und die Guy-Fawkes-Maske in ein Regal gelegt, auf dem auch der Elektroschocker in seiner Ladehalterung stand. Daneben lagen sorgfältig sortiert die Kabelbinder und das Gaffer-Band. Der Raum am Ende des labyrinthartigen Kellers wurde nur spärlich von einer Neonröhre erleuchtet, die beständig flackerte.

Rund um eine Werkbank, die auch als Schreibtisch diente, waren sämtliche Artikel Egon-Erwins an die Wand geklebt. Am rechten Rand hingen DIN-A4-große Fotos der bisherigen Opfer, als sie noch einen Kopf besessen hatten. Auf den Fotos konnte man ihnen die pure Angst aus den Augen ablesen. Alle vier Fotos waren mit einem roten Kreuz übermalt. Dann folgte eine größere Lücke an der rohen Backsteinwand. Die weiteren drei Porträtaufnahmen von Albertine, Hubertus und Egon-Erwin ließen die Vermutung zu, dass sie der krönende Abschluss des Schlachtfestes werden sollten.

Das Kellergewölbe war erfüllt vom Surren eines professionellen Messerschleifers. Der Mörder zelebrierte die große Kunst des Schärfens wie eine kultische Handlung. Auf den groben Vorschliff folgte der Hauptschliff, danach der Feinschliff. Dann wurde der Grat reduziert und das Messer an einem Lederriemen abgezogen. Erst als sich mit der Klinge selbst ein Haar spalten ließ, war das Ritual beendet.

Clementine stand in der Küche und bereitete das Mittagessen vor, während ihre Chefin, Hubertus und Egon-Erwin im Wohnzimmer saßen und den Fall noch einmal Punkt für Punkt durchgingen.

Sie schnitt Speck in grobe Würfel und dünstete diese in einem großen Topf. Dazu gab sie fein gewürfelte Zwiebeln. Gut zwei Kilo Mufflonfleisch aus der Keule hatte Clementine schon in mundgerechte Stücke geschnitten, scharf angebraten und gepfeffert, um das Fleisch nun zu Zwiebeln und Speck zu geben. Im Anschluss landeten ganze Knoblauchzehen, gewürfelter Sellerie und Karotten mit Fond, Rotwein, Lorbeerblättern, Thymian- und Rosmarinzweigen im Topf. Das Ganze musste anderthalb Stunden schmoren.

Clementine nutzte die Zeit, um Champignons zu vierteln und in einer Pfanne anzubraten. Die geschälten Maronen waren süßsauer eingelegt und halbiert worden. Nach einer Stunde wurden die Champignons und die Maronen zum Ragout dazugegeben. Den Sud dickte Clementine mit Soßenbinder an und schmeckte alles mit Schmand, angebratenen Frühlingszwiebeln und Preiselbeeren ab. Gehackte Petersilie vervollständigte die Mahlzeit, die mit einer ordentlichen Portion Rosmarinkartoffeln auf den Tisch kam. Dort standen bereits Mineralwasser, eine Flasche Rotwein und zwei eiskalte Bier für Albertine und Egon-Erwin.

Die halfen Gunnar die Treppe hinunter und setzten ihn an die Stirnseite des Tisches.

»Lassen Sie sich Zeit, wir haben es nicht eilig.« Albertine log, ohne rot zu werden. Natürlich wollte sie alle Details jetzt und sofort wissen. Das Jagdfieber war entfacht, nicht nur weil sie mittlerweile den Ernst der Lage erkannt hatte, sondern auch weil ihr sportlicher Ehrgeiz geweckt war. Sie wollte diesen Perversling in die Schranken weisen, sie wollte effektiver als die Polizei sein, sie wollte den Dorfbewohner zeigen, dass sie eine von ihnen war. Ganz im Gegensatz zu ihrer Philosophie als Gourmet verschlang sie ihr Mufflonragout mit der Geschwindigkeit eines Bauarbeiters und war als Erste fertig, um mit einem Glas Bier nachzuspülen.

»Du verblüffst mich immer wieder Albertine. Entweder hat dir das Ragout deiner lieben Clementine nicht geschmeckt, oder du hast noch einen wichtige Termin.« Hubertus wischte sich genießerisch den Mund mit einer Stoffserviette ab. »Wie schmeckt Ihnen denn das Essen, Gunnar?«

»Hmmmpf«, antworte Gunnar mit vollem Mund und aß sich mit System von rechts nach links durch. Seine Hände zitterten, und manchmal fiel ihm ein Stückchen von der Gabel, weil er seine Koordinationsfähigkeit noch nicht ganz wiedererlangt hatte.

Egon-Erwin ließ es sich schmecken. Er hatte die Einverständniserklärung bereits zu Papier gebracht und weitere Fotos von dem bemitleidenswerten Entführungsopfer gemacht.

Kaum hatte Gunnar sich seine letzte Rosmarinkartoffel zitternd in den Mund geschoben, stand Albertine auf und legte ihm die Hand auf die Schulter. »Können Sie uns erzählen, was passiert ist, Gunnar? Danach planen wir gemeinsam, wie wir diesem Monster das Handwerk legen können«, sagte sie. »Wenn Sie uns helfen, dann können Sie hierbleiben, und Clementine versorgt Sie. Niemand weiß, dass Sie hier sind, und keiner wird es erfahren. Das verspricht auch Egon-Erwin, nicht wahr, mein neuer Freund?« Sie blickte scharf zu Egon-Erwin, der gerade einen großen Schluck Bier trank, aber beim Absetzen des Glases heftig nickte.

Gunnar musste lange nach Worten suchen, bis er einen Anfang fand. Er erzählte, wie ihn ein Anruf von der Dorflinde zurück in die Schmiede gelockt hatte. Dort wurde er erwartet und war offensichtlich von hinten angegriffen und mit einem gewaltigen Stromstoß unschädlich gemacht worden. Gunnar berichtete von der Todesangst, die ihn ergriffen hatte. Wie er geglaubt hatte, dass er nun büßen müsse für all die Verbrechen, die er in seinem Vorleben als Kiezgröße begangen hatte. Es war wie eine Beichte im Beichtstuhl, nur hörte kein Priester zu, sondern vier Leute, die ihren Ohren nicht trauten.

Egon-Erwin fluchte innerlich, dass sein Rekorder in der Redaktion lag. Dass auch sein Smartphone zu einer einwandfreien Aufnahme in der Lage gewesen wäre, hatte er komplett vergessen.

Am Ende der Geschichte herrschte Schweigen. Die Frage nach der Identität des Täters konnte Gunnar nicht beantworten. Die Frage nach seinen Feinden schon, aber die interessierten sich nicht mehr für ihn, seit er auf dem Land wohnte und sie auf dem Hamburger Kiez von der russlanddeutschen Mafia verdrängt worden waren. Die Frage nach Feinden aus dem Dorf konnte Gunnar auch nicht zufriedenstellend beantworten. Es verging kein Fest, wo er nicht in eine Kneipenschlägerei verwickelt worden war. Das sei aber ausschließlich sportiver Ehrgeiz, betonte Gunnar. Und außerdem habe man sich immer danach versöhnt und gemeinsam eine Flasche Korn geleert.

Bei Gunnars Bericht von seinem letzten Faustkampf kam Albertine ins Grübeln. »Warum hat sich Matze Hansen denn so sehr aus dem Fenster gehängt? Ging es ihm wirklich nur um das Pferd vom Bürgermeister und seiner Tochter?« Sie versuchte, ihre Gedanken zu sortieren, während Egon-Erwin Gunnar die Einverständniserklärung hinlegte und ihm einen Kugelschreiber reichte.

»Waass ssoll dass denne?«, sagte Gunnar, den wieder die Kräfte verließen.

Albertine beruhigte ihn und führte bei der Unterschrift sanft seine Hand. »Wir werden Ihre Persönlichkeitsrechte wahren. Sie brauchen sich nicht zu fürchten. Der Killer kann sich jetzt warm anziehen. Er wird bald merken, dass wir ihm auf der Spur sind. Er hat es so gewollt, weil ihn die Gefahr geil macht. Der ist vollkommen krank in der Birne«, stellte Albertine fest.

Gunnar ließ sich von Clementine bereitwillig zurück in das Gästezimmer geleiten.

»Und Gunnar hat er leben lassen, damit wir Todesängste ausstehen und Fehler machen«, sagte Albertine. »Aber den Gefallen werde ich ihm nicht tun.«

sechs

Eigentlich war der Frühdienst für eine Lokalredaktion eine Schnapsidee, aber der Redaktionsleiter kannte es aus den Zeiten beim Fernsehen nicht besser, und so musste immer ein Redakteur qualvolle Stunden im Beisein des »Alten« verbringen, der offensichtlich kein Zuhause, dafür aber ein Feldbett in seinem Büro hatte. Das hatte er sich während des ersten Golfkriegs zugelegt. Das waren noch goldene Zeiten beim Privatfernsehen. In seiner Redaktion arbeiteten um die hundert Journalisten, und alle tanzten nach seiner Pfeife. Die Moderatoren des Frühstücksfernsehens hatten nichts zu lachen und wurden von ihm regelmäßig als Kretins beschimpft. Die Fluktuation war legendär. Hier konnte man alles über das Prinzip von »hire & fire« lernen, bis es den Choleriker selbst kalt erwischte. Er hatte seinen Etat um fünfundzwanzig Millionen überzogen, weil er live quer um den Globus schaltete wie die öffentlich-rechtlichen Geldverbrennungsmaschinen. Erst fiel er weich in den nächsten Chefredakteursessel, und dann entsorgte man ihn in die Lokalpresse. Das war der Anfang vom Ende.

Die verhasste Redaktion beanspruchte eine Etage in einem Altbau in Lüneburgs bester Innenstadtlage. Deshalb gab es im Eingangsbereich auch eine große historische Flügeltür, die kurz nach sieben Uhr in der Früh mit brachialer Gewalt geöffnet wurde.

»Hier spricht die Polizei. Keiner verlässt den Raum!«, blökte Müller Zwo ins Megafon. Er wurde von den Beamten des SEK überholt, die die Räume sicherten. Auf den Sturmtrupp folgten die Ermittler in Zivil, die, mit Umzugskartons ausgestattet, USB-Sticks, externe Festplatten und unzählige Akten einpackten. Die Computer wurden alle in Kleintransporter verladen. Müller Eins, die ein maßgeschneidertes Outfit von Matthias Aull trug, betrat als Letzte den Schauplatz der Verwüstung. Das feminine Kostüm strahlte eine Aura der zwanziger Jahre aus. Sogar der Redaktionsleiter, der von zwei SEK-Beamten in Schach gehalten wurde, stellte einen kurzen Moment lang seinen Tobsuchtsanfall ein und bekam Stielaugen. Doch die Brüllattacke setzte sich kurz danach fort, und wieder war die Rede von der UN-Menschenrechtskonvention, den Reportern ohne Grenzen, dem Deutschen Journalisten-Verband und dem Netzwerk Recherche.

»Festnehmen, abführen, Widerstand gegen die Staatsgewalt, Rechte belehren, einsperren, Psychiater rufen«, sagte Müller Eins im Telegrammstil und schnippte dabei mit den Fingern der rechten Hand.

»Respekt, Chef. Das ist neuer Rekord. Sie sollten in die Politik gehen«, sagte Müller Zwo zu seiner Domina.

»Klappe halten. Wo ist der Schmierfink, der diesen Mist verzapft hat?« Müller Eins hielt die aktuelle Ausgabe der Landeszeitung in die Luft.

»Hier!«, sagte Egon-Erwin und hielt ebenso theatralisch Gunnars Einverständniserklärung hoch. »Der Zeuge hat aus freien Stücken berichtet und ist damit einverstanden, dass seine Story veröffentlich wird. Inklusive der Fotos selbstverständlich.«

»Wo ist dieser Zeuge jetzt?«, fragte Müller Eins.

»An einem sicheren Ort.« Egon-Erwin verschränkte die Arme.

»Wo ist dieser Zeuge jetzt?«

»Sie können dieselbe Frage tausendmal stellen und werden immer dieselbe Antwort bekommen.«

»Wir wollen doch dasselbe wie Sie auch, Herr Wutke. Den Täter überführen und seiner gerechten Strafe zuführen.« Müller Eins sah Egon-Erwin mit ihren rehbraunen Augen treuherzig an.

Der konnte seinen Blick nicht von den blutrot geschminkten Lippen und dem perfekten Weiß ihrer makellosen Zähne abwenden. Müller Eins war das fleischgewordene Sexsymbol aller reifen Männer. Ein Vollweib mit Erfahrung und Esprit. Egon-Erwin hätte viel für ein romantisches Dinner mit der Dame gegeben, wäre sie nicht eine Beamtin mit Pensionsberechtigung und der Lizenz zum Töten.

»Sie brauchen gar nicht Ihre Truppen in Richtung Klein-Büchsen zu schicken. Gunnar ist längst in meinem speziellen Zeugenschutzprogramm.« Egon-Erwin bluffte natürlich, weil er wusste, dass der Zeuge bei Albertine sicher untergebracht war.

Doch Müller Eins verlor die Geduld und stöckelte gen Ausgang, bedrängt von Müller Zwo, der pausenlos auf sie einredete. An der großen Flügeltür genügte ein kurzer Bodycheck der durchtrainierten Kommissarin, um ihren Kollegen zur Seite zu schubsen. Müller Zwo knallte gegen den Türrahmen und blieb benommen liegen. Irgendwo im Hintergrund war aus der Redaktion ein gehässiges Kichern zu hören, dann wurde Müller Zwo kurz ohnmächtig. Egon-Erwin nutzte das Überraschungsmoment und machte sich aus dem Staub.

Albertine und Hubertus standen vor dem Bungalow von Matze Hansen, der den verblichenen Charme der siebziger Jahre ausstrahlte.
»Ob der auch einen Keller hat?«, fragte Albertine und betrachtete nachdenklich das Fundament des Bungalows.
»So langsam wirst du mir unheimlich«, sagte Hubertus. »Nicht jeder im Dorf ist jetzt zwangsläufig auch ein Verdächtiger. Matze Hansen ist ein ehrenwerter Mann. Er hat das Bauamt der Kreisstadt geleitet und Millionen Steuergelder verwaltet. Der kann ja wohl nicht vollkommen durchgeknallt sein.«
»Warum wohl sind stille Wasser tief? Du bist ein Träumer.« Albertine machte den ersten Schritt auf das Gelände.
»Deswegen muss aber nicht jeder Single im Dorf einen Keller haben, in dem er seine Opfer foltert.«
»Schnickschnack.« Albertine wirkte seltsam gut gelaunt, offensichtlich machte ihr die Spurensuche Spaß. Sie drückte auf den Klingelknopf, es erklang die Titelmelodie aus dem Film »Roter Drache«. Sie drehte sich mit einem triumphierenden Lächeln um. Hubertus konnte nur ungläubig auf die sich öffnende Tür starren.
Matze Hansen war ein hässlicher Mensch, geradezu ein Quasimodo ohne Buckel. Wie ein fleischgewordenes Fragezeichen stand er in der Haustür.
»Dürfen wir Sie einen Moment stören?«, frage Albertine.
Hubertus flüsterte ihr von hinten zu: »Ab sofort nenne ich dich Esmeralda.«
Matze sagte nichts, was Albertine nicht zu wundern schien.

Hubertus folgte den beiden in den Wohnbereich, der nur mit einem Sessel, einem monströsen Flachbildschirm und einer sündhaft teuren Dolby-Surround-Anlage eingerichtet war. Matze sah sich offensichtlich gerade eine Dokumentation an, die den Wald zum Thema hatte.

»Das grüne Wunder.« Matzes Stimme klang wie die eines Fünfzehnjährigen.

Für einen ambitionierten Politiker fehlte ihm das Charisma, oder war die Hässlichkeit des Kreistagsabgeordneten nur Tarnung? Albertine schaute sich sein Gesicht unhöflich genau an und schien zu überprüfen, ob seine Augenbrauen zusammengewachsen waren. Hubertus wusste, dass sie als Studentin ein Fan der feministischen Autorin Angela Carter gewesen war und deren Story »Zeit der Wölfe« verschlungen hatte. Wahrscheinlich dachte sie jetzt, Matze wäre ein Werwolf.

»Hör jetzt bloß auf, auch nur einen Gedanken an Werwölfe zu verschwenden. Angela Carter war eine Märchentante«, sagte Hubertus, als Matze Hansen in der Küche nach Mineralwasser suchte.

Mit drei Dosen eines isotonischen Szene-Getränks kam er zurück. »Hatte nichts anderes im Kühlschrank. Ich weiß ja, dass Sie mehr auf Bio-Limonade stehen und nicht auf so etwas Künstliches.« Hansen wurde gesprächiger. »Was wollen Sie von mir? Ich unterschreibe keine Petition gegen die neue Durchgangsstraße.«

»Keine Angst, die werden wir auf anderem Weg zu verhindern wissen.« Hubertus richtete sich zu voller Größe auf, um Eindruck zu schinden.

»Na klar, und damit Ihr Freund Wutke, dieser Schmierenjournalist, eine neue Aufmacher-Geschichte bekommt, werden Sie mir jetzt den Kopf abschneiden und auf meine Brust ein gotisches H ritzen. Nur zu, ich habe nichts zu verlieren. Meine Frau hat mich verlassen, meine Kinder verachten mich, meine politischen Gegner im Kreistag nennen mich Quasimodo, und im Dorf bin ich nur geduldet.« Matze Hansen riss kraftvoll den Verschluss seiner Dose auf und trank sie auf ex aus.

»Keine Angst, ich werde Sie auch nicht fragen, ob Sie einen Keller besitzen«, sagte Albertine eindeutig zweideutig. »Mich würde eher interessieren, warum Sie sich mit Gunnar geprügelt haben.«

Die Frage löste bei Hansen nur ein Achselzucken aus. »Keine Ahnung. Ich vertrage keinen Alkohol, und Gunnar hat mich gereizt. Außerdem hatte er mich ja nicht mal getroffen, sondern Sören ins Gesicht geschlagen.«

»Da ist doch diese Geschichte mit dem Pferd vom Bürgermeister«, sagte Hubertus. »Warum haben Sie Gunnar damit provoziert?«

»Weil der Bürgermeister ein guter Freund von mir ist und ein Gedächtnis wie ein Elefant hat. Das wurmt ihn schon lange, aber auch er will ja wiedergewählt werden, also hält er die Füße still. ›Rache ist Blutwurst‹, sagt er immer. Aber er ist kein abgedrehter Killer. Auch wenn ihm die vielen zugereisten Städter ganz schön gegen den Strich gehen. Aber das ist doch hier in Klein-Büchsen ein offenes Geheimnis.« Hansen ließ sich in seinen Fernsehsessel fallen, offensichtlich, um die Dokumentation zu Ende zu sehen.

Albertine und Hubertus blieben ein paar Minuten ratlos stehen, dann verließen sie das Haus. Die halb ausgetrunkenen Dosen landeten im Mülleimer.

»Der war es nicht. Das wäre zu einfach. Wir sollten uns mal beim Bürgermeister umsehen«, sagte Albertine, als sie zurück zu ihrem Haus gingen.

In diesem Moment schrillte der Klingelton von Hubertus' Handy, und Albertine zuckte heftig zusammen. »Diese Dinger nerven. Das ist akustische Umweltverschmutzung. Stell das leise«, herrschte sie Hubertus an.

Hubertus antwortete nicht, sondern ließ den Mund offen stehen. Erst nickte er, dann schüttelte er ungläubig den Kopf. »Egon-Erwin ist an einem neuen Tatort. Da wurde eine Kuh geschlachtet. Das ganze Dorf scheint da zu sein nebst Bürgermeister.«

»Kühe werden hier laufend geschlachtet. Aber es gibt nur zwei Bauern, die bei uns in Frage kommen. Strunk oder Schlüter?«, fragte Albertine.

»Schlüter, der züchtet die Schwarz-Weißen. Wie heißen die noch mal?«

»Holstein-Rind, ideal für die Milchproduktion. Du hast in den letzten Jahren aber auch nichts über deine neue Heimat gelernt. Aber warum fotografiert Egon-Erwin eine Hausschlachtung?«

»Das kannst du dir gleich selbst anschauen. Die nächste Titelseite ist ihm sicher.« Hubertus schlug den direkten Weg über die Felder zum Gutshof der Schlüters ein.

»Könntest du bitte etwas langsamer gehen?« Albertine stolperte hinter ihm her. »Meine Absätze sind zu hoch, und ich verliere gleich meine Pumps.«

»Du hast in den letzten Jahren aber auch nichts über deine neue Heimat gelernt«, äffte Hubertus Albertine nach. »Festes Schuhwerk ist in diesen Breiten ein Standard. Das weiß jedes Kind. Außerdem ist die Kuh noch nicht geschlachtet, sie hängt nur dekorativ herum. Aber das kannst du dir gleich selbst ansehen, wenn wir es schaffen, zeitig den Hof zu erreichen.«

Albertine war jetzt wirklich übellaunig, zog ihre Schuhe aus und stapfte in Strümpfen hinter Hubertus her.

Am anderen Ende des Felds war schon der mit viel Liebe zum Detail renovierte Dreiseiten-Bauernhof aus dem 19. Jahrhundert mit seinen Stallungen zu sehen. Drei Hektar Weideland gehörten dazu sowie mehrere Hektar Wald in unmittelbarer Nähe. Vor dem Hof parkten Trecker aller Art, außerdem geländegängige Fahrzeuge und ein einsamer grüner Streifenwagen der Polizei.

Albertine hatte eher so etwas wie Volksfeststimmung erwartet, aber die Bewohner von Klein-Büchsen sahen betreten zu Boden oder hatten eine Begräbnismiene aufgesetzt. Nur aus dem Kuhstall drang das merkwürdige Brüllen der Herde, die ihren Verlust beklagte.

Sie wollte etwas sagen, aber Hubertus hatte wohl noch vor ihr den Ernst der Lage erkannt und legte einen Zeigefinger auf die Lippen. Sie blieben im Eingangstor stehen und sahen im Dämmerlicht des Stalls auf der gegenüberliegenden Seite eine weiße Fläche an der dunklen Wand. Egon-Erwin stand fünf Meter davor. Er wechselte in aller Seelenruhe die Objektive seiner Kamera und montierte den Blitz.

Es herrschte die sprichwörtliche Ruhe vor dem Sturm. Dann fing Egon-Erwin an zu fotografieren, und jeder Blitz löste Entrüstung aus. Albertine nahm die Brille ab und rieb sich kurz die Augen. Die rasche Folge der Blitzlichter erinnerte sie an ein Stroboskop, und so sah sie in kurzen Sequenzen jene bedauernswerte Holsteiner Kuh, die gekreuzigt an der Stallwand hing und der ein großes gotische H in den Körper geschnitten worden war.

»Ab sofort gibt es zu Hause nur noch Lamm- oder Schweinefleisch«, sagte Albertine und ließ auf der Suche nach dem Bürgermeister den Blick schweifen. Auf Volksfesten fand man ihn mit Sicherheit immer an der Würstchenbude. Aber heute stand er heftig gestikulierend mit den Unternehmern des Dorfes zusammen – Sören Severin, Anna Christensen, Ole Fuhlendorf, dem Inhaber des »Bärenkrugs«, und Bauer Strunk. Der Kreistagsabgeordnete Matze Hansen befand sich gerade im Anmarsch auf die Gruppe.

»Wenn das so weitergeht, bleiben nicht nur die Tagestouristen aus. Dann ziehen auch noch die Städter wieder zurück in die Stadt, und wir fallen zurück in die Steinzeit, als noch ›Pattex-Heide‹ das Land regiert hat. Die schreibt jetzt Krimis, was für ein Abstieg«, sagte Bürgermeister Focken gerade.

»Ich finde, jetzt übertreibst du ein wenig«, sagte Hansen, der etwas außer Atem war.

»Quatsch, die hatte eindeutig einen Frauen-Bonus, das kann dir jeder Bundespolitiker bestätigen. Wir müssen den Fall selbst lösen. Auf die Polizei ist kein Verlass, seit Blaumilch in Kur ist und dieses talentfreie Duo ermittelt. Und ...« Focken brach schlagartig ab, als er Albertine und Hubertus sah, die sich langsam näherten.

Focken zuckte mit den Schultern. »Ich sage ja immer, dass man die Wurzel allen Übels mit Stiel und Strunk roden muss.«

Er bemerkte, dass Bauer Strunk keinen Spaß verstand, weil sich seine Narbe auf der Stirn rötlich färbte. Er wirkte wie ein Schnellkochtopf unter Hochdruck. Gleich würde aus seinen Segelohren Dampfwölkchen entweichen. Außerdem scharrte er mit seinen klobigen Schuhen der Größe neunundfünfzig wie ein notgeiler Hengst. Irgendwie wirkte alles animalisch an ihm.

»Mieser Kalauer, ich weiß!« Fockens lahmer Versuch, das Gesagte zurückzunehmen, zeigte wenig Erfolg.

Focken wandte sich zu Albertine und Hubertus, die inzwischen die kleine Verschwörertruppe erreicht hatten. »Hat Ihnen eigentlich schon einmal jemand gesagt, dass Sie hier unerwünscht sind?«

»Von Ihnen höre ich das zum ersten Mal, Focken. Ich kann mich noch sehr gut daran erinnern, als Sie auf allen vieren in meine Praxis gekrochen sind und der Meinung waren, der Blitz hätte Sie getroffen. Sie haben gewinselt wie ein Straßenköter, dabei musste ich Sie nur einmal einrenken, und alles war gut. Sie haben mir dann noch einen Heiratsantrag gemacht, Blumen und eine Schachtel ›Mon Chéri‹ geschickt, die nicht einmal obdachlose Alkoholiker gern essen.« Albertine warf Focken ihr besonders giftiges Lächeln zu. »Ja, ja, Sie sind schon ein wahrer Held und deshalb zu Recht Anführer dieses Dorfes, das mich ein wenig an die Asterix-und-Obelix-Comics erinnert. Wie Ihr Kollege Majestix haben Sie nur Angst, dass Ihnen eines Tages der Himmel auf den Kopf fallen könnte. Stimmt's oder hab ich recht, Schnäuzelchen?«

Sören grinste und dachte an die vielen schönen Stunden als kleiner Junge im Land von Asterix und Obelix. Hansen hatte sein parlamentarisches Pokerface aufgesetzt.

»Sie bringen Unglück über unser Dorf. Das wissen Sie genau, Sie alte Übelkrähe. Ein Schuss aus meinem Gewehr, und Sie sind Geschichte. Kleiner Scherz, glotzen Sie nicht so schreckhaft, meine Liebe. Aber so weit wird es gar nicht kommen. Sie ziehen einfach dahin zurück, wo Sie herkommen, nehmen Ihren affektierten Liebhaber mit, und alles wird gut.« Bürgermeister Focken redete offenbar, so ruhig er konnte, doch dabei wurde er so laut, dass alle Anwesenden sich zu ihnen umdrehten. Hansen fand den Bürgermeister eindeutig zu undiplomatisch. Sören blieb das Lachen im Halse stecken, und er dachte an seinen ersten Lehrherrn, der ihm die Hand absichtlich in die Gasflamme gehalten hatte. Mittlerweile geisterte der Typ mit dem Zwirbelbart durch jede Kochshow und machte auf rheinische Frohnatur.

»Noch einmal zum Mitschreiben. Hubertus ist nicht mein Liebhaber!« Albertine betonte jedes Wort so überdeutlich, als würde sie mit einem ungezogenen Kind sprechen.

Wie als Gegenbeweis für ihre Worte nahm Hubertus sie in den Arm und zog sie aus dem verbalen Gefahrenbereich.

»Lass mich gefälligst los, du halbe Portion. Soll ich dem Bürgermeister erzählen, auf welche Typen ich wirklich stehe?«, fragte Albertine.

»Lass gut sein. Wir haben genug gehört. Focken hat sich quasi öffentlich geoutet und das Motiv gleich mitgeliefert. Jetzt müssen wir nur noch den Keller finden und die Beweisstücke einsammeln.« Hubertus tätschelte beruhigend den rechten Oberarm von Albertine.

Doch die hatte sich immer noch nicht abgeregt. »Nimm deine Finger da weg. Du benimmst dich wie ein Teenager, und so jung möchtest du bestimmt nicht noch einmal sein.«

»Du bist einfach unterzuckert. Lass uns nach Hause gehen, und Clementine taut uns die rote Grütze vom letzten Sommer auf. Stell dir vor: Johannisbeeren, Himbeeren, Kirschen, Erdbeeren, Heidelbeeren, abgeschmeckt mit einem Schuss Erdbeerlikör. Dafür würde ich töten«, sagte Hubertus.

Albertine stellte sich vor allem Clementines köstliche Vanillesoße auf der roten Grütze vor. »Lass das nicht den Bürgermeister hören. Oder diese beiden Müllers von der Polizei.« Vielleicht fehlte ihr wirklich der Zucker. Auf jeden Fall hatte sie ihr inneres Gleichgewicht und ihr reizendes Lächeln wiedergefunden.

»Die Grütze solltet ihr unbedingt einmal probieren«, sagte Egon-Erwin, der bereits wieder an Albertines Esstisch saß. Er hatte sich mit seinem altersschwachen Auto einen guten Vorsprung erfahren und war Clementine so lange um den Bart gegangen, bis sie die rote Grütze herbeigezaubert hatte. »Setzt euch, ist genug für alle da.«

»Warum sieht es hier so aus, als wollten Sie Wurzeln schlagen?«, fragte Albertine.

Egon-Erwin verdrehte die Augen. »Hast du das Du vergessen?«

»Aber natürlich nicht. Kommt nicht wieder vor. Also: Warum sieht es hier so aus, als wolltest *du* Wurzeln schlagen?«

»Die Redaktion existiert nicht mehr, weil wir Opfer der

Staatsmacht wurden. Die Müllers haben uns sozusagen enteignet. Der Redaktionsleiter sitzt wegen Widerstand gegen die Staatsgewalt in Sicherheitsverwahrung, und da gehört er auch hin. Aber es sieht im Moment nicht so aus, als ob wir das Blatt produzieren können. Das Redaktionssystem funktioniert nicht mehr, nur noch die Druckerei. Wir haben uns jetzt verteilt und schreiben die Ausgabe zu Hause, übergeben die Texte an einen externen Layouter und hoffen, dass wir auf dem Weg wenigstens eine Notausgabe hinbekommen. Kollege Jogi Reus schreibt die Titelseite über diesen Akt der Willkür. Er ist der Einzige von uns, der studiert hat. Er ist klüger als dieser Schirrmacher von der FAZ. Direkt auf Seite zwei folgt mein Artikel mit Neuigkeiten aus Klein-Büchsen. Diesmal dreht sich alles um die Kuh. Ich hoffe, dass ich dir keine Unannehmlichkeiten bereite. Aber irgendwie müssen wir ja weitermachen.« Egon-Erwin stach mit dem Löffel in das Schälchen rote Grütze, das vor ihm stand.

»Natürlich«, sagte Hubertus. »Aber wenn ich dich richtig verstanden habe, kannst du jetzt auch nicht mehr ans Archiv der Landeszeitung.«

Egon-Erwin schüttelte den Kopf. »Nein, kann ich nicht. Und das ist eigentlich das Schlimmste, weil ich die Biografien aller Verdächtigen checken wollte.«

»Auf meiner persönlichen Hitliste steht jetzt der Bürgermeister auf Platz eins«, sagte Albertine und schöpfte aus der gläsernen Rote-Grütze-Schale.

»Das würde ich an deiner Stelle auch sagen, aber wir dürfen Matze Hansen nicht vergessen.« Hubertus nickte Clementine zu, die mit der Vanillesoße hereinkam.

»Das sagst du jetzt auch nur, weil er so hässlich ist«, sagte Albertine. »Hast du denn einen Plan?«

»Heute mal ohne mich.« Egon-Erwin deutete mit dem Löffel auf Albertine. »Damit du's genau weißt: Ich brech nirgendwo mehr ein.«

»Kannst du Gedanken lesen?«, fragte Albertine mit einem Lächeln.

»Ich brauch keine Gedanken lesen können«, erwiderte Egon-Erwin. »Auf deiner Stirn steht dick und fett ›Keller‹. Weil Matze

Hansen in diesem merkwürdigen Bungalow haust, kann es sich beim Mörder also nur um den Bürgermeister handeln, und der bewohnt ein steinaltes Gebäude, das schon seit Generationen im Besitz der Familie ist. Das Haus hat bestimmt so 'ne Art Folterkeller und garantiert keinen Partyraum. Schließlich ist Focken so geizig wie Dagobert Duck und badet jeden Morgen in seinem Geldspeicher.«

»Nur arbeitet er doch immer zu Hause, weil er dort auch sein Büro hat«, sagte Hubertus. »Und nachts sollte man in Klein-Büchsen nichts mehr riskieren. Die sind hier alle bis unter die Zähne bewaffnet.«

»Das ist doch Quatsch. Die Dörfler haben doch nur Waffen zu Hause, weil achtzig Prozent im Schützenverein sind. Das ist Sport und Volksbelustigung. Schließlich sind wir hier nicht in Amerika. Morgen um zwei Uhr mittags solltet ihr es versuchen.« Egon-Erwin blickte sich in der kleinen Runde um, aber niemand schien von seinen Neuigkeiten gehört zu haben.

»Warum gerade morgen um diese Uhrzeit? Hast du eine Kristallkugel befragt«, fragte dann doch Albertine.

»Nein.« Egon-Erwin grinste. »Aber ein Vögelchen hat es mir zugezwitschert.«

»Was findet denn um zwei Uhr statt?« Hubertus war wie immer ahnungslos.

»Die DNA-Untersuchung, an der das ganze Dorf teilnehmen muss.« Egon-Erwin kippte sich zufrieden den letzten Rest Vanillesoße auf die rote Grütze.

»Morgen dürfen wir keine Fehler machen, sonst werden wir zum Gespött der Kollegen«, sagte Müller Eins.

»Wenn wir das jetzt nicht eh schon sind«, sagte Müller Zwo und kassierte darauf prompt ein »Klappe halten!« von seiner Chefin.

»Wir müssen sicherstellen, dass niemand das Dorf verlässt oder versucht reinzukommen. Die neunhundert Einwohner werden alle getestet. Auch die Kleinkinder und die Alten. Wir haben fünfzig Einsatzkräfte, und das Innenministerium stellt uns noch einmal hundert Kollegen zur Verfügung. Unser SEK wird die

›Heideblume‹ abschirmen, denn im Gasthof werden die Proben genommen. Wir lassen uns alle Zeit der Welt, hoffen auf den Überraschungseffekt und darauf, dass der Killer nervös wird und seine Maske fallen lässt«, sagte Müller Eins. »Und noch etwas, und das ist viel wichtiger!«

Dreißig Augenpaare im Konferenzraum »Ostsee« waren auf die Kommissarin gerichtet.

»Wir haben einen Maulwurf unter uns. In Klein-Büchsen scheint man über jeden unserer Schritte informiert zu sein. Und damit weiß auch der Psychopath Bescheid. Sollte bei der DNA-Probe irgendetwas schiefgehen oder nur eine Person unentschuldigt fehlen, dann werde ich mich von meiner unangenehmen Seite zeigen und hart durchgreifen. Jeder von Ihnen kennt meine speziellen Verhörmethoden. Wenn ich mit dem Verräter fertig bin, wird er um Gnade winseln.«

»Hört, hört!«

»Ich will als Erster drankommen.«

»Gnade!«

»Winsel, winsel!«

»Klappe halten, und zwar alle! Müller Zwo, nehmen Sie sich in Acht, meine Geduld ist zu Ende, und zwar genau in dieser Sekunde!« Damit rauschte Müller Eins wie immer effektvoll aus dem Konferenzraum.

sieben

Es war High Noon, als auch der letzte Bewohner von Klein-Büchsen sich auf dem Dorfplatz einfand. In diesem Moment traf auch der Lautsprecherwagen der Polizei ein.

Die zwei Polizisten staunten nicht schlecht, als sie feststellen mussten, dass sie nichts mehr zu tun hatten. Sie parkten ihr Auto etwas abseits und mischten sich unter die neunhundert Bewohner, die gut gelaunt zusammenstanden, Bier und Biolimonade tranken und den Würsten aus der gekreuzigten Helga zusprachen.

Bauer Schlüter hatte Helga spendiert. Aus siebenhundertfünfzig Kilo Lebendgewicht war genug Grillgut für zwei Tage geworden, auch wenn die Steaks reichlich zäh waren. Die beiden Gastwirte Ole Fuhlendorf und Sören Severin hatten Erbsensuppe vorbereitet, die von der Freiwilligen Feuerwehr in einer Gulaschkanone ausgegeben wurde.

Albertine und Hubertus hatten gerade noch zwei Plätze in der »Heideblume« ergattert und sahen dem bunten Treiben mit nachsichtiger Belustigung zu, während Egon-Erwin eher gelangweilt seinem Job nachging, Fotos schoss und wahllos Bürger von Klein-Büchsen befragte.

»Nicht einmal der Bürgermeister ist ausfallend geworden, als er mich eben begrüßt hat«, sagte Albertine. »Ich könne ihn jederzeit anrufen, wenn ich Hilfe benötige, hat er gesagt. Ich glaube fast, Anna hat ihm was in die Suppe getan.«

»Nein, nein. Der Focken war schon immer ein gewiefter Taktiker. Wenn er heute einen offenen Streit riskiert, gerät er unweigerlich ins Visier der Polizei. Das kann sich morgen wieder schlagartig ändern. Wir müssen also schnell handeln.« Hubertus beugte sich vor über den Tisch. »Wann soll es denn losgehen?«, fragte er flüsternd.

»Wenn er seine Rede hält. Danach wird er so viele Hände schütteln, wie er kann, und noch mehr Bier trinken. Ist ja schließlich umsonst. Bis Mitternacht dürften wir Ruhe haben, aber so lange brauchen wir nicht, um die Kellergewölbe zu durchsuchen.«

In diesem Moment kam die Polizei herein, und das SEK nahm die »Heideblume« in Beschlag. Die Ermittlungsbeamten schoben Tische zusammen, stellten Computer auf und sortierten die Wattestäbchen.

»Hoffentlich endet das nicht wie beim ›Phantom von Heilbronn‹. Da waren diese Wattedinger verunreinigt und alle Spuren unbrauchbar. Im Übrigen soll jeder Biologiestudent im dritten Semester diesen forensischen Test manipulieren können. Stand unlängst in der ›New York Times‹«, erklärte Hubertus.

»Manchmal würde ich wirklich gern wissen, womit du deine Zeit verbringst. Das Geld kommt wohl aus dem Wasserhahn.« Albertine nickte Müller Eins beiläufig zu, die gerade an ihr vorbeiging.

Da blieb die Kommissarin urplötzlich stehen. »Guten Tag, Frau von Krakow. Sie hatte ich ja nicht mehr auf dem Radar. Und der blitzgescheite Herr Müller. Leider weder mit mir verwandt noch verschwägert.« Müller Eins klang betont freundlich.

»Hatten wir bereits das Vergnügen? Zumindest eilt Ihnen ein Ruf wie Donnerhall voraus. Vor allem Ihr Style soll von erlesenem Geschmack sein, meine Liebe.« Albertine hatte kaum ausgesprochen, da merkte sie, dass sie wohl ein wenig zu dick aufgetragen hatte. Deshalb setzte sie nach: »Also, dieser schwarze Blazer von Joop steht Ihnen ausgezeichnet. Tragen Sie darunter dieses schlichte, aber wunderschöne graue Etuikleid? Mit den glänzenden Ankle Boots setzen Sie den richtigen Akzent. Da wäre man selbst gern zwanzig Jahre jünger, damit man so etwas stilvollendet tragen kann. In einem neuen Leben wäre ich lieber Modedesignerin geworden als Ärztin. Kommen Sie doch einmal vorbei, dann können wir Tee trinken und gemeinsam die amerikanische ›Vogue‹ durchblättern. Die habe ich abonniert. Ich bin ein großer Fan von Anna Wintour, die ja viele unbekannte Designer förderte.«

Albertine ließ Müller Eins sprachlos zurück, weil sie Hubertus zum Würstchenstand lotste.

»Du hast doch nur ein Bier getrunken. Was soll das denn?

Willst du ihr auch gleich noch Gunnar vorstellen?« Hubertus war sichtbar empört. Wie immer nahm er die Brille ab und putzte sie manisch mit einem bestickten Taschentuch aus Seide. Er spuckte auf die Gläser wie ein Lama und wirkte so, als leide er am Aufmerksamkeits-Defizit-Syndrom.

Dann begann die Entnahme der Speichelproben. Wie erwartet startete die Polizei mit dem Buchstaben A, und es zog sich hin, bis erst Albertine und dann Hubertus aufgerufen wurden. Zumindest konnte die Kriminalpolizei unter Beweis stellen, dass sie die Daten des Einwohnermeldeamts korrekt abgerufen hatte. Es kam zu keinen Zwischenfällen, außer dass die wenigen in Klein-Büchsen lebenden Mütter ihre Kinder nicht testen lassen wollten. Allein der Bürgermeister konnte mit Erfolg an die Vernunft der Eltern appellieren, die faktisch nichts zu befürchten hatten. Am Ende wurde das Massen-Screening mit dem Familiennamen Zittwitz für beendet erklärt. So hatte Focken noch ausreichend Zeit für eine Dankesrede, und der Spielzug des Schützenvereins sorgte für Stimmung unter den Bewohnern, die ungefähr zu gleichen Teilen nach Hause gingen oder sich auf dem Festplatz mit hochprozentigen Getränken versorgten.

Davon bekamen Albertine und Hubertus allerdings nicht mehr viel mit, als sie sich auf Umwegen dem Haus von Bürgermeister Focken näherten. In sicherer Entfernung sondierten sie erst einmal die Lage.

»Sieht vollkommen verlassen aus«, sagte Hubertus.

»Das war ja auch zu erwarten. Die Tochter scheint ausgeritten zu sein, und die Gattin habe ich bei den Landfrauen gesehen.« Albertine deutete auf das Fundament des Hauses. »Los jetzt. Verschwenden wir keine Zeit und suchen nach dem Keller.«

Im Haus des Bürgermeisters war bis in die sechziger Jahre hinein die Post untergebracht gewesen. Das funktionale, etwas gedrungene Gebäude aus dem 19. Jahrhundert war mit den für die damalige Zeit üblichen Backsteinverzierungen und Anbauten versehen und mit einem Treppenabgang, der offensichtlich direkt zum Keller führte. Albertine hatte ihn sofort entdeckt und stand nun mit Hubertus vor einer massiven Holztür, die verschlossen war.

»Ein Königreich für einen Dietrich.« Hubertus fing an, nach einem Nagel zu suchen.

»Das klappt doch nie. Woher willst du wissen, ob wir damit die Tür aufbekommen?« Albertine beobachtete aufmerksam, wie Hubertus versuchte, einen rostigen Stift mit einem Stein in Form zu bringen. Weibliche Intuition lenkte ihren Blick auf einen umgedrehten Blumentopf neben der Treppe. Darunter lag der Schlüssel, offensichtlich ein Unikat aus dem letzten Jahrtausend. Es war ein barocker Hohlschlüssel aus Messing mit einem eindrucksvollen Bart.

»Sieh mal, was ich gefunden habe«, sagte sie zu Hubertus.

Der wollten seinen Augen nicht trauen und warf leise fluchend den Nagel zur Seite.

Albertine steckte den Schlüssel in das Schloss und drehte ihn beherzt um. Die Holztür öffnete sich lautlos, dank der offenbar gut geölten Scharniere. Ein Schwall modriger Luft schlug ihnen entgegen.

Hubertus hielt sich die Hand vor die Nase. »Puh, das müffelt aber gewaltig. Der Keller müsste mal grundsaniert werden. Ist ja das reinste Biotop, um Champignons zu züchten.« Er tastete an der Wand entlang. »Gibt es hier auch Licht?«

»Woher soll ich das wissen? Wir sind wirklich blutige Amateure. Haben keinen Dietrich, keine Taschenlampe, keine Handschuhe, kein … Ich weiß nicht, was noch alles. Da vorn ist übrigens ein Schalter. Dreh mal dran.«

Hubertus staunte nicht schlecht über den gut erhaltenen Bakelitschalter. Fast schien es so, als krieche der Strom in Zeitlupe durch die alten, brüchigen Leitungen. Vielleicht lag es aber auch an den Zwanzig-Watt-Birnen, die der sparsame Bürgermeister in die Fassungen gedreht hatte. Zumindest konnte Albertine jetzt erkennen, dass sich das Kellergewölbe vor ihnen teilte.

»Du geht's den linken Gang, und ich nehm den rechten. Genug gejammert. Los geht's!«, sagte sie.

Bürgermeister Focken war offensichtlich ein Messi. In einem Kellerraum war die komplette Einrichtung der historischen Poststelle gelagert, im nächsten standen alte Schulbänke aus Hartholz, verziert mit den Schnitzereien längst verstorbener Schüler. Dann entdecke Hubertus Fahrräder aus Stahl, gusseiserne Gartengeräte, Spielzeug aus Blech und vieles anderes mehr. Der Gang bis zur Hauswand war aus massivem Stein gemauert. Hubertus war erst enttäuscht, dann aber gehörig gelangweilt. Schließlich hatte er genug gesehen und ging zurück zu Albertine, die konzentriert eine Stahltür abtastete.

»Der Bürgermeister könnte ohne Weiteres ein Antiquitätengeschäft eröffnen. Allerdings müsste man diesen Schimmelpilz mühsam mit der Hand entfernen«, berichtete er. »Und was hast du entdeckt?«

»Diese Stahltür ist neu eingebaut worden. Und auch das Mauerwerk wurde erneuert und verstärkt. Nach einem Schlüssel müssen wir nicht suchen, das Türschloss hat ein Zahlenfeld und einen Fingerscan. Irgendetwas darin bewegt sich. Wenn man das Licht im Gang ausschaltet, kann man durch die Ritzen ein schwaches blaues Licht sehen. Mach mal bitte aus.« Albertine deutete auf den Bakelitschalter neben der Stahltür.

Hubertus hielt die Luft an und versuchte, sich zu konzentrieren. Er hörte ein schwaches, aber undefinierbares Geräusch, das überaus monoton wirkte.

»Sei bitte mal still. Ich höre noch etwas. Das wird immer deutlicher«, sagte Albertine.

»Könnte eine Entlüftungsanlage oder eine Art Nähmaschine im Dauerbetrieb sein.« Hubertus schüttelte den Kopf. »Aber das ergibt keinen Sinn ...«

»Psst«, zischte Albertine.

Und dann hörte Hubertus es auch: ein immer lauter werdendes Klappern. Er wurde panisch. »Das kommt nicht aus dem Raum, das kommt von draußen. Und es ist keine Nähmaschine, das ist ein Pferd und die Kleine vom Bürgermeister. Was machen wir jetzt?« Hubertus' Knie fingen an zu zittern.

»Wir machen das Licht aus, schließen die Tür ab und suchen das Weite.« Albertine tat vollkommen gelassen, als sei nichts weiter passiert.

Ohne Eile ging sie zurück zum Eingang. Hubertus drehte das Licht aus, und sie gingen in aller Ruhe die Treppe hoch. Albertine erschien genau in dem Moment im Hof, als Pia Focken, die

Tochter des Bürgermeisters, von ihrem Pferd stieg. Sie trug einen Schutzhelm für Reiter, ein sportliches Shirt, aber auch eine enge Jeans, die in frisch geputzten Stiefeln steckte. Das sympathische Gesicht wurde umrahmt von einem blonden Pony. Make-up und Piercings waren nicht nach dem Geschmack dieses Teenagers, der sich in der Gemeinde um die Armen und Alten kümmerte.
»Suchen Sie meinen Vater, Frau Doktor?« Pia lächelte unschuldig.

Albertine nickte. »Er wollte mit mir unter vier Augen über der Vorfälle in Klein-Büchsen reden.«

»Das wird aber dann ein Sechs-Augen-Gespräch.« Sollte niemand sagen, Pia Focken wäre nicht bauernschlau.

»Da hast du natürlich recht, aber der Herr Müller ist so etwas wie mein Bodyguard«, sagte Albertine.

»Ich dachte, er wäre Ihr Liebhaber. Zumindest glaubt das mittlerweile jeder im Dorf«, sagte Pia.

»Was möchtest du später einmal werden? Polizistin? Die Veranlagung dazu hast du ja«, sagte Albertine.

»Nein, ich will Schriftstellerin werden. Entschuldigen Sie mich bitte, aber Black Beauty muss jetzt in den Stall und trocken gerieben werden.« Pia wandte sich ab und führte ihren schwarzen Hengst mit dem weißen Stern auf der Stirn in den Stall.

»Nichts wie weg hier«, flüsterte Hubertus Albertine ins Ohr.

»Das war ja jetzt wirklich wie ein Sechser im Lotto. Wir haben den Keller gefunden, in dem Gunnar gefoltert wurde. Und wir haben dem Psycho eine Botschaft hinterlassen.« Albertine verließ in aller Ruhe das Grundstück und schlug den Weg nach Hause ein.

In diesem Moment war leise zu hören, wie das Handy von Hubertus in seiner Hosentasche vibrierte.

»Wenigstens hast du das Teil stumm geschaltet, als wir Hausfriedensbruch begangen haben«, brummte Albertine.

Hubertus winkte ab und nahm den Anruf an. »Hallo, Egon-Erwin … Ja, du dich auch … Wer? … Ich hab's geahnt … Wo ist Gunnar? … Ja, wir kommen sofort!« Er schob das Handy zurück in die Hosentasche. Dann schaute er Albertine streng an. »Da hast du was angerichtet. Wir werden auffliegen und ziemlich lange auf kleiner Flamme schmoren.«

»Spann mich nicht auf die Folter. Was ist passiert?«, fragte Albertine.

Aber Hubertus schwieg. Er hatte anscheinend beschlossen, die Überraschung anderen zu überlassen.

An der Haustür wurden sie schon von Clementine erwartet, die ausgesprochen grimmig wirkte und ihr breites weißes Ninja-Stirnband angelegt hatte.

»Wenn diese Tussi nicht sofort verwindet, werde ich gewalttätig«, sagte sie und schwenkte eine Teekanne aus edlem Meißner Porzellan durch die Luft.

»Langsam werde ich aber sauer, wenn man mir nicht mal sagt, wer da auf uns wartet.« Albertine bog vom Flur aus direkt ins Wohnzimmer ab.

Dort saß Müller Eins und nippte an einer Tasse Darjeeling, den kleinen Finger der rechten Hand weit abgespreizt. »Danke für die Einladung«, sagte sie, nachdem sie die Tasse abgesetzt hatte, »aber ich befürchte, wir müssen unseren modischen Diskurs etwas verschieben. Es gibt so viele drängende Fragen in unseren diversen Mordfällen. Außerdem hat mir gerade in dieser Dorfpinte ...«

»Sie meinen die ›Heideblume‹«, unterbrach sie Albertine. »Das ist übrigens ein Geheimtipp unter norddeutschen Gourmets, auch wenn der Inhaber Sören Severin noch keinen Stern an Land gezogen hat.«

Müller Eins sprach einfach weiter, als hätte Albertine kein Wort gesagt. »... in dieser Dorfpinte jemand die Geschichte mit der gekreuzigten Kuh erzählt. Als Straftatbestand hat das für mich keine Relevanz, aber dieses eingeritzte merkwürdige H macht mich nachdenklich. Genau wie der Artikel Ihres Freundes in der Landeszeitung. Mich beschleicht das Gefühl, dass es kein Zufall sein kann, wenn dieser Herr Wutke immer als Erster am Tatort ist. Würde mich nicht wundern, wenn er auch die Kuh auf dem Gewissen hat. Wo steckt er denn? Als ich eben ankam, stand hier noch ein Laptop, und es herrschte kreatives Chaos. Ihre hilfreiche Haushilfe hier hat auffällig schnell den improvisierten Arbeitsplatz abgeräumt. Das macht ihn verdächtig. Der will wohl um jeden Preis Karriere machen und geht auch über Kuhleichen.«

Albertine zuckte mit den Schultern. »Wo steckt eigentlich Ihr Kollege?«

Müller Eins holte tief Luft. »Der macht die Laufarbeit.«

»Genau wie ich«, sagte Egon-Erwin leise zu Gunnar, der mit ihm auf der Bettkante oben im Gästezimmer saß und bei angelehnter Tür dem Gespräch zuhörte, das unten im Wohnzimmer stattfand. Egon-Erwin hatte den Eindruck, dass Gunnar die Entführung gut weggesteckt hatte und es offensichtlich genoss, von Clementine versorgt zu werden. In der Gegenwart von Albertine wirkte er immer deutlich schwächer und angeschlagener. Hubertus hielt es für Schauspielerei, weil er muskulösen Geschlechtsgenossen immer misstrauisch gegenüberstand. Man könnte es auch als notorischen Futterneid bezeichnen.

»Wie lange muss ich noch hierbleiben?«, fragte Gunnar.

»Bis wir den Killer überführt haben.« Hubertus lehnte an der Tür und lauschte.

»Wie lange dauert das?« Gunnar klang ein wenig weinerlich, fand Egon-Erwin.

»Kann ich dir nicht sagen«, sagte er.

»Mir ist langweilig!«

»Lies ein Buch ...«

»Ich kann Bücher nicht ausstehen!«

»Was willst du denn dann?«

»Fernsehen!« Gunnar hörte sich jetzt direkt quengelig an.

»Ruhe«, zischte Egon-Erwin. »Ich besorge dir einen Fernseher, wenn du aufhörst, hier wie ein kleines Kind herumzumaulen. Sei doch mal still! Ich will wissen, was da unten geredet wird.«

»Danke für das Kompliment«, sagte Müller Eins, die ihren modischen Rock liebevoll wie ein kleines Kind tätschelte. »Jetzt haben wir doch noch über Mode gefachsimpelt. Was glauben Sie, Frau von Krakow, hat derselbe Täter vier Menschen enthauptet und eine Kuh massakriert? Oder ist das Rindvieh ein Symbol, eine Warnung, ihm nicht zu nahe zu kommen? Den Besitzer kann er nicht gemeint haben. Wen aber dann?«

»Darüber habe ich mir auch schon Gedanken gemacht. Leider ohne Ergebnis«, sagte Albertine. »Wissen Sie eigentlich, wer da in meinem Beet lag?«

»Das unterliegt der Geheimhaltung.« Müller Eins besah sich mit großem Interesse ihre sorgsam manikürten Fingernägel.

»Sie haben also nichts herausgefunden«, sagte Hubertus, der im Türrahmen stand. »Es hätte mich auch gewundert, wenn die Polizei überhaupt einen Schritt weitergekommen wäre. Sie sollten Ihren Vorgesetzten Blaumilch aus der Kur zurückholen. Der interessiert sich auch nicht für den Fall, gleicht diesen Makel aber mit seiner Berufserfahrung aus.« Er trat ins Wohnzimmer und wandte sich demonstrativ zum Bücherregal, um den ersten Roman von Elizabeth George, »Gott schütze dieses Haus«, herauszuziehen. »Ich wäre gern wie Lord Thomas Lynley, der achte Earl of Asherton. Er ist attraktiv, weltmännisch, galant und ein genialer Ermittler.« Hubertus hielt den Krimi hoch und deutete auf das Titelbild. »Außerdem trifft der Titel dieses Klassikers den Nagel auf den Kopf.«

Albertine schüttelte den Kopf. »Ich würde Miss Marple jederzeit dem snobistischen Lynley vorziehen. Allein der Titel meines Lieblingskrimis ist schon eine Lobeshymne wert: ›The Mirror Crack'd from Side to Side‹.«

»Aber du bist doch keine zerbrechlich wirkende ältere Dame mit blauen Augen aus der oberen Mittelschicht, Darling.« Hubertus lächelte sie an.

»Es tut mir jetzt wirklich leid, wenn ich Ihr verbales Balzen unterbrechen muss. Sind Sie wirklich ein Liebespaar, wie man im Dorf erzählt?« Müller Eins versuchte sich offenbar mit entwaffnender Direktheit.

»Ja!«

»Nein!«

»Was denn nun?« Müller Eins durchsuchte beiläufig ihre schwarze Kroko-Handtasche von Hermes.

»Mich würde interessieren, wie Sie mit Ihrem Beamtengehalt all diese wunderbaren Accessoires finanzieren können. Allein Ihre Cashmere Silk Tights kosten doch um die hundertfünfzig Euro«, sagte Albertine mit maliziösem Unterton.

»Das lassen Sie mal meine Sorge sein. Ich bin, wie man so schön sagt, eine gute Partie«, antwortete Müller Eins.

»Da haben wir ja etwas gemeinsam.« Nun wurde auch Albertines Lächeln maliziös.

Bevor es zum Äußersten kommen konnte, bestand Clementine darauf, das Abendessen aufzutragen. »Zur Vorspeise gibt es eine Kräutersuppe mit verlorenem Ei«, sagte sie und servierte das Ganze sofort mit einem frische Baguette.

»Clementine ist die ungekrönte Königin der Suppen. Sie müssten einmal ihr legendäres Petersiliensüppchen probieren, Fräulein Müller«, sagte Albertine.

»Der trockene Riesling stammt aus dem Weingut von Sven Leiners. Die Spätlese ›Setzer‹ kommt vom Setzer-Berg. Dort sind die Hangschotter-Böden tiefgründiger und schwerer als auf der gegenüberliegenden Kalmit. Nach dem Donnersberg ist sie der zweithöchste Gipfel der Pfalz«, erklärte Hubertus beim Einschenken. »Genießen Sie die intensiv goldene Farbe und pikante Rieslingfrucht mit Pfirsich, Kumquat und ätherischen Blüten- und getrockneten Kräuternoten. Die langsame spontane Vergärung im Edelstahltank mit langem Hefekontakt integriert Säure und rassige Mineralität in ein vielschichtig würziges Mundgefühl ...«

»Hubertus wäre gern Sommelier geworden«, unterbrach ihn Albertine. »Aber sein Durst übersteigt bei Weitem jeden gut sortierten Weinkeller. Bitte langweile doch unseren Gast nicht mit diesem Wein-Kauderwelsch.«

»Lassen Sie Ihren Freund sich nur frei entfalten«, sagte Müller Eins und stocherte dabei im verlorenen Ei in der Kräutersuppe. »Vielleicht erfahre ich ja auf diesem Weg mehr über unseren Fall.«

Da kannst du aber lange warten, dachte Albertine. Laut sagte sie: »Ich habe es eben ja schon einmal betont: Herr Müller ist nicht mein Liebhaber. Ich wäre Ihnen dankbar, wenn Sie sich das merken könnten. Ist Ihnen aufgefallen, wie wunderbar das pochierte Ei mit dem Bärlauch korrespondiert?«

»Als Hauptspeise serviere ich Schweinefilet in Gurken-Senf-Soße«, sagte Clementine. »Und einen Spinatsalat mit Radieschen, die übrigens vor dem Mord an dieser bedauernswerten Person geerntet wurden.«

»Brauchen wir neue Gläser?« Albertine drehte sich zu Hubertus um.

»Ich streike«, sagte Hubertus. »Und du trinkst ja eh wieder Bier, du Banausin!«

»So ein naturtrübes Getränk löscht jeden Durst, aber du weigerst dich ja, es zu probieren. Ich lasse mir im ›Bärenkrug‹ regelmäßig einige Kisten aus der Hausbrauerei abfüllen. Die Mönche im 16. Jahrhundert wussten eben, was Leib und Seele zusammenhält.«

»Das Schweinefilet schmeckt himmlisch, Clementine. Aber Sie werden uns sicherlich nicht verraten, woher Sie es beziehen«, sagte Müller Eins mit ehrlicher Bewunderung in der Stimme.

Clementines Kopfbewegung deutete vage nach draußen. Mit einer Aura des Geheimnisvollen zog sie sich in die Küche zurück.

Das Gespräch geriet ins Stocken, auch weil Müller Eins offenbar das Interesse an einem informellen Verhör verloren hatte. Die Kommissarin wusste, dass sie eigentlich jeden an dem Fall Beteiligten einzeln befragten sollte und dringend den Aufenthaltsort dieses Hufschmieds Gunnar ausfindig machen musste. Dabei wurde sie die Ahnung nicht los, dass er irgendwo nicht weit entfernt versteckt wurde. Außerdem schmeckte ihr der Wein, und den Nachtisch wollte sie sich nicht entgehen lassen. Sie leerte das Glas, als Clementine das Geschirr abräumte.

»Zum Dessert gibt es einen Klassiker: Rhabarber-Kompott mit Griesflammeri«, sagte Clementine.

Beim köstlichen Geruch der Süßspeise schnalzte Müller Eins mit der Zunge. »Kann ich mir Ihre Perle einmal ausleihen, wenn wir ein Dinner ausrichten?«, fragte sie und schaute Albertine erwartungsvoll an.

»Da müssen Sie die Perle schon selbst fragen«, sagte Albertine.

Doch die Angesprochene schwieg wie eine Auster.

Müller Eins versuchte erst gar nicht, Clementine anzuwerben. Zu deutlich war die persönliche Abneigung zu spüren. Stattdessen rief Müller Eins Müller Zwo an, der sie abholen und nach Hause fahren sollte. Der Nachtisch hatte ihr eindeutig zu viele Kalorien.

Die Verabschiedung verlief distanziert und wenig herzlich. Wahrscheinlich war Müller Eins klar geworden, dass sie diese Nuss nie knacken würde.

Während Clementine die Küche aufräumte, kamen Egon-Erwin und Gunnar die Treppe herunter. Gunnar gefiel sich zunehmend in der Rolle des Opfers und versuchte so, Albertines Mitleid zu erschleichen.

»Erstaunlich, dass die Dame nicht mehr hier herumgeschnüffelt hat«, sagte Egon-Erwin. »Ich bin echt froh, dass ich mit meinem Artikel schon fertig war, bevor sie hier angetanzt kam.«

»Gunnar braucht ein neues Versteck, sonst fliegen wir auf«, sagte Hubertus und versuchte, den Tonfall eines Mafioso zu imitieren.

»Lass das, Hubertus, du klingst wie ein mittelmäßiger Schauspieler«, sagte Albertine und verdrehte dabei die Augen. »Ich weiß schon, wo wir Gunnar sicher parken.«

acht

»Nicht mit mir«, sagte Lisa Feld am nächsten Vormittag, die auf der Terrasse die Gartenmöbel schrubbte.

»Warum nicht?«, sagte Albertine.

»Ich will einfach mit dieser ganzen unappetitlichen Angelegenheit nichts zu tun haben. Natürlich seid ihr unschuldig. Aber ich möchte nicht, dass mir die Polizei das Haus auf den Kopf stellt.«

»Was gibt es denn bei dir zu finden? Versteh ich nicht«, sagte Albertine.

Lisa zuckte mit den Schultern. »Musst du auch nicht. Ist 'ne Privatsache.«

»Bei dir ist doch gar nichts privat. Man kann jeden Schritt, den du tust, auf Facebook nachlesen. Soll ich mal von Hubertus überprüfen lassen, welcher Männertyp am ehesten zu deinem Beuteschema passt?« Albertine grinste.

»Gunnar!« Lisa ließ sich in den Gartenstuhl fallen. Der Tag war sonnig, aber noch nicht warm genug, um draußen zu sitzen. Unter der Fleecejacke zeichneten sich Lisas barocke Rundungen deutlich ab.

»Da werdet ihr doch viel Spaß haben und könnt deine neue Sieben-Zonen-Naturmatratze ausgiebig testen«, sagte Albertine.

»Weiß ich alles von deinem Facebook-Striptease.«

»Na gut. Wenn es denn unbedingt sein muss, dann kann Gunnar sich ja mit ein wenig Hausarbeit erkenntlich zeigen«, sagte Lisa. »Aber bring ihn erst nach der Promisendung auf RTL. Ich muss mich ein wenig fortbilden.«

»Kann sein, dass es noch später wird. Lass bitte die Terrassentür auf. Diese Kommissarin hat einen Lieferwagen mit der Werbeaufschrift ›Landlust‹ vor meinem Haus postiert. Da sitzen Zivilbeamte drin, die jeden filmen, der bei mir ein und aus geht.« Albertine verabschiedete sich mit einem fröhlichen »Ciao, Bella!«.

Um aus dem Blickfeld der Polizei zu gelangen, nahmen Albertine und Hubertus einen Umweg.

»Wenn wir jetzt nur noch durchs Unterholz krauchen müssen, stelle ich mich bald und lass mich freiwillig ins Gefängnis werfen. Nun sag doch auch mal was, Hubertus.« Albertine stöhnte.

»Und wer kocht dann für dich? Wir dürfen jetzt nicht lockerlassen. Es geht ja nicht nur um dich, sondern auch um mich, Egon-Erwin und irgendwie auch um Gunnar. Wenn wir Gunnar dauerhaft bei Lisa unterbringen, sind wir eine Sorge los. Und der Bürgermeister hat im Moment ganz andere Probleme. Wir müssen nur langsam im Dorf über Gunnar ein Gerücht verbreiten, das erklärt, wo er steckt. Ein Trauerfall in der Familie vielleicht.« Hubertus reichte Albertine die Hand, damit sie über einen Graben springen konnte.

»Das nimmt uns keiner ab. Gunnar war hier immer der einsame Wolf und Witwentröster. Er hat nie etwas von einer eigenen Familie erzählt. Und wer weiß, was er alles seinen Gespielinnen erzählt hat. Nein, ich denke, passender wäre es, wenn wir eine Anzeige in der Zeitung schalten, dass seine Schmiede geschlossen ist, mit einem Hinweis auf seine Homepage. Dort hinterlassen wir eine Nachricht nach dem Motto: Bin momentan in Deutschland unterwegs, um auf den Pferdemärkten Ausschau nach Tieren für eine neue Aufzucht zu halten. So oder so ähnlich. Sprich doch bitte mit ihm und stellt das schnell online«, sagte Albertine.

»Eigentlich hatte ich nicht vor, dein Privatsekretär zu sein, dafür bin ich einfach überqualifiziert.« Hubertus reckte das Kinn.

»Die Sache mit der Anzeige kann ja Egon-Erwin für uns erledigen. Und der Rest ist doch schnell gemacht.« Albertine ließ ihre weiblichen Reize spielen. Sie fuhr sich mit beiden Händen durch das Haar und ließ beim Gehen ihre Brüste dezent wippen. Mitten auf dem Feldweg blieb sie stehen und sah Hubertus tief in die Augen, umarmte ihn und gab ihm einen kurzen, aber intensiven Kuss.

»Meinst du das jetzt ehrlich oder nur so zum Spaß. Ich möchte nicht …«, sagte Hubertus, doch Albertine unterbrach ihn und legte ihm sanft zwei Finger auf den Mund. Den Rest des Weges gingen sie schweigend nebeneinander her.

»Ihr Freund von der Zeitung ist schon nach Hause gefahren«, erklärte Clementine. Sie hatte das weiße Ninja-Stirnband wieder abgelegt. »Und die Herren von der Polizei amüsieren sich anderweitig. Jedenfalls haben sie vorhin den Abfall ihres Fast-Food-Fraßes in unserem Vorgarten entsorgt und sind dann im ›Bärenkrug‹ eingekehrt. Das hat mir die Kellnerin eben am Telefon erzählt, die sich Sorgen macht, ob es Zechpreller sind. Jedenfalls haben die beiden lautstark Freibier spendiert mit dem Hinweis, dass die Frau Doktor alles bezahlen würde.«

Clementines Worte lösten Hektik aus. Gunnar wurde zum Aufbruch genötigt, doch ihm wurde nicht im Detail erklärt, wo er in der kommenden Nacht schlafen würde. Seine Sachen passten in eine nachhaltig produzierte Umhängetasche aus Bangladesch. Im Laufschritt machte sich das Trio auf den Weg zu Lisa Feld, während Clementine im Haus Betriebsamkeit vortäuschte.

Vor Lisas Haus mussten sie Gunnar ein wenig zu seinem Glück zwingen, deshalb hakte sich Hubertus auf der linken Seite und Albertine auf der rechten ein. Gemeinsam stolperten sie über die Schwelle der Terrassentür und mussten aufpassen, dass sie Lisa nicht gleich in die Arme fielen.

»Super! Ich würde ja noch mehr Krach machen, damit die Polizei auch auf jeden Fall mitbekommt, wo Gunnar sich versteckt hält. An eurer Stelle würde ich jetzt so schnell verschwinden, wie ihr gekommen seid. Schönen Abend noch zu zweit.« Damit bugsierte Lisa die beiden Fluchthelfer hinaus auf die Terrasse, schloss die Tür ab und zog die Vorhänge zu.

neun

Die Reaktionen der Leser auf die Notausgabe der Landeszeitung fielen verheerend aus.

Was Egon-Erwin und seine Kollegen unter großen Mühen produziert hatten, wurde von den meisten Absendern der elektronischen Leserpost als dilettantisch abgetan. Viele verlangten ihr Geld zurück. Ein Euro und fünfzig Cent. Zu Egon-Erwins Artikel über die gekreuzigte Kuh von Bauer Schlüter meldeten sich nur Tierschützer und natürlich Veganer, die sich über Sensationsjournalismus auf Kosten unschuldiger Lebewesen aufregten. Offenbar waren die Leser für Horrorgeschichten aus der Provinz nicht mehr zu begeistern. Nun stand wieder die Finanzkrise im Mittelpunkt des medialen Interesses und was der Bürger dagegen tun könnte. Sparen, sparen und nochmals sparen, lautete die Devise aller Experte. Wütend klappte Egon-Erwin seinen Laptop zu.

»Wo ist der Chef?«, brüllte er in das Großraumbüro.

»Keine Ahnung ...«

»Im Knast!«

»Zur Hölle gefahren ...«

»Bei Mutti!«

Niemand schien den Chef zu vermissen, und am wenigsten vermisste Egon-Erwin ihn.

»Und wer ist jetzt Chef?«, polterte er wieder los.

»Du! Lies mal das Fax vom Herausgeber.« Ein Kollege hielt ihm ein Stück Papier unter die Nase. Der Herausgeber verkündete den Wechsel an der Redaktionsspitze. Die Beförderung kam Egon-Erwin irgendwie spanisch vor, doch wenigstens konnte er jetzt seine Bewirtungsbelege selbst abzeichnen. Keine Currybude mehr, sondern nur noch die »Heideblume«. Und das hieß Trüffel und Champagner satt.

»Ich bin dann mal 'nen Happen essen«, rief Egon-Erwin seinen Kollegen zu und erntete Rülpsgeräusche.

»Da hat er sich nicht gerade mit Ruhm bekleckert«, sagte Albertine, die sich mit der Landeszeitung auf die Couch zurückgezogen hatte. »Wie kann man so einem Artikel die Überschrift ›Das Schweigen der Rinder‹ geben? Mit besten Grüßen von Thomas Harris und Hannibal Lecter? Mich würde mehr interessieren, wer denn nun unser Kannibale Hannibal ist. Focken ist meine erste Wahl, aber wie kann man ihn aus der Reserve locken? Mir fällt da im Moment nichts ein.«

»Wir brauchen eine Art Lockvogel, den er in seinen Keller verschleppen kann. Und dort warten wir schon auf ihn. Und dann: ›Zack – die Bohne‹, schlägt Müller Eins zu«, sagte Hubertus.

»Du glotzt zu viel Unterschichtenfernsehen. Und du willst ja hoffentlich nicht allen Ernstes die Kommissarin mit Gina-Lisa Lohfink vergleichen.« Albertine knüllte die Seite zwei der Landeszeitung zusammen und schüttelte resigniert den Kopf.

»Dann engagieren wir eben Gina-Lisa. Auf solche Damen steht doch der Bürgermeister und …«

»Hast du heute Morgen schon getrunken, Hubertus? Das darf ja wohl nicht wahr sein. Das ist ja der größte Unsinn, den ich jemals gehört habe«, sagte Albertine.

»Dann musst du eben den Kopf hinhalten.« Hubertus widmete sich wieder seinem grünen Tee und futterte einen Takoyaki Kukki nach dem anderen. Clementine war zufrieden und brachte noch ein Körbchen mit delikaten Sesam-Cookies.

Albertine überlegte immer noch. »Wie soll ich das denn hinkriegen? Ich kann mir ja schlecht ein Schild mit der Aufschrift ›Lockvogel‹ um den Hals hängen.«

»Außerdem ist das ja eine vollkommen durchsichtige Taktik«, sagte Clementine. »In so eine Falle wird er nie tappen, wenn er wirklich ein Killer und Psychopath ist. Er möchte selbst bestimmen, wann und wen er quälen kann. Nur so kann er Druck abbauen und sein sadistisches Vergnügen befriedigen.«

»Das klingt alles plausibel, aber es fehlt trotzdem ein Plan, eine zündende Idee«, sagte Hubertus.

»Das ist doch ganz einfach«, sagte Clementine. »Ich übernehme die Rolle des Lockvogels. Vor dem Bürgermeister habe ich keine Angst. Focken ist ja nur 'ne halbe Portion.« Sie blickte schmunzelnd in die Runde, als würde sie ganz genau wissen, dass sie Albertine, also Frau von Krakow, und Hubertus auf die Folter spannte.

»Wie soll das gehen, verehrte Clementine? Wollen Sie einfach in das Haus von Focken spazieren und ihm an den Kopf werfen, dass er ein Psycho und Massenmörder in Personalunion ist?«, fragte Hubertus, während Albertine ausnahmsweise schwieg. »Und dann schneiden Sie ihm den Zeigefinger ab, pressen den Zahlencode zu der Stahltür aus ihm heraus und überlisten ihn, sodass er selbst in seinem Folterverlies landet. Eingesperrt in seinem Keller bei Brot und Wasser, wird er dann ein Geständnis ablegen, und Müller Eins nimmt ihn fest. Guter Plan.« Hubertus nickte ironisch in seinen grünen Tee. »Nur wird er nicht funktionieren«, sagte Egon-Erwin, den nicht der Hunger, sondern die Neugier nach Klein-Büchsen getrieben hatte. Er witterte wieder eine Story für die nächste Ausgabe der Landeszeitung. »Nun lasst doch Clementine in Ruhe erzählen, was sie vorhat«, sagte Albertine.

Clementine warf ihr einen dankbaren Blick zu. »Ich werde ein Gerücht in die Welt setzen. Und zwar in der ›Heideblume‹. Sören hat mich gefragt, ob ich nicht als Kellnerin ab und zu aushelfen kann. Das Angebot nehme ich an und verbreite gleich am ersten Tag das Gerücht. Ich unterstelle dem Bürgermeister, dass er auf Kosten des Dorfes in die eigene Tasche wirtschaftet. Er hat also allen Grund, jeden aus dem Weg zu räumen, der ihm in die Quere kommt. Außerdem stören ihn angeblich die zugereisten Städter. Was liegt also näher, als Ihnen«, sie deutete mit dem Kinn auf Hubertus und dann zu Albertine auf der Couch, »zwei Morde in die Schuhe zu schieben und die zwei größten Nervensägen des Dorfes gleich mit ins Jenseits zu befördern. Der Bürgermeister hat einen IQ von achtzig, das weiß er seit seiner Schulzeit, und deshalb hasst er jeden, der intelligenter ist als er. Dieser Minderwertigkeitskomplex hat inzwischen die Größenordnung einer Psychose angenommen, die angeblich vor Jahren schon einmal von einem Psychiater behandelt wurde. Ob das stimmt oder nicht, ist egal. Ich erzähle an jedem Tisch in der ›Heideblume‹ nur einen Teil der Geschichte, und den Rest überlassen wir der Phantasie der Dörfler. Ein Abend reicht dafür vollkommen aus. Am Tag darauf unternehme ich einen ausgedehnten Spaziergang. Und dann wird Focken schon auftauchen.« Clementine kreuzte die Arme vor der Brust und schaute erwartungsvoll in die Runde.

Egon-Erwin und Hubertus kamen aus dem Staunen nicht heraus, doch Albertine nickte.

»Was passiert, wenn er Sie betäubt und im Keller gefangen hält wie Gunnar?«, fragte Albertine, weil die beiden Herren die Sprache immer noch nicht wiedergefunden hatten.

»Der japanische Kampfsport ist mir seit Jahren in Fleisch und Blut übergegangen.« Clementine ging leicht in die Knie und nahm die klassische Kampfstellung ein. »Außerdem habe ich immer eines meiner Kai-Shun-Messer dabei.«

»Da kann man doch nur Gurken mit schneiden«, sagte Egon-Erwin.

»Oder Kartoffeln schälen«, fügte Hubertus hinzu, gefolgt von zweistimmigen Gelächter.

»Wer soll denn das Kindermädchen spielen für Clementine. Das Fräulein Müller von der Kripo etwa?«, fragte Egon-Erwin, gefolgt von kräftigem Schenkelklopfen.

»Klappe halten!«, rief Albertine.

»Jawoll, Fräulein Müller!«, riefen die beiden und kicherten.

»Ich finde diesen Plan ausgesprochen überzeugend«, sagte Albertine. »Clementine scheint weniger Angst zu haben als alle Hasenfüße, die hier so rumhoppeln. Clementine, wenn es so weit ist, gehen Sie auf dem Feldweg spazieren, der zum Haus des Bürgermeisters führt. Da steht auch ein Hochsitz, ideal für Egon-Erwin und sein Teleobjektiv. Am Ende des Weges steht der riesige Findling, hinter dem sich Hubertus postieren kann. Und ich warte im Stall vom Bürgermeister, von da habe ich den Kellerabgang bestens im Blick. Wir brauchen also nur noch diese Geräte mit dicken Antennen dran. Wie heißen die noch mal?« Sie blickte zu Hubertus hinüber.

»Walkie-Talkies. Aber das ist doch Quatsch, wenn jeder ein Handy hat, das keine Rückkopplungen oder Pfeifgeräusche produziert«, sagte Egon-Erwin.

»Du weißt ganz genau, dass ich die Dinger wie die Pest hasse«, sagte Albertine.

»Geht aber nicht ohne. Nimm doch mein Notfall-Handy, das hat extragroße Tasten, und mit dem Ding kann man nur anrufen oder angerufen werden. Es wird also nichts passieren, und nur wir können dich belästigen. Mich würde eher interessieren, wie du den Bürgermeister überwältigen willst«, sagte Egon-Erwin.

»Momentchen«, sagte Albertine und verschwand in den ersten Stock. »Man soll seine Gegner mit ihren eigenen Waffen schlagen.«

Respektvoll wurde der Elektroschocker von Hand zu Hand gereicht. Hubertus drückte auf den Knopf, und es passierte nichts. Er wirkte total enttäuscht. Schnell fand Egon-Erwin heraus, dass ein blauer elektrischer Lichtbogen zwischen den Gabeln an der Spitze des Tasers entstand, wenn man das Gerät auf eine metallische Oberfläche hielt, während er den Knopf drückte. So brachte er dem Metallkübel einer Zimmerpflanze zwei fette Brandpunkte bei.

»Wo hast du das teuflisch gefährliche Ding her?«, fragte Hubertus.

»Bestellt per Express. Fünf Millionen Volt für sechsundsiebzig Euro achtundneunzig. Ein Fünf-Sekunden-Schlag, und der Bürgermeister liegt flach.« Albertine unterstützte ihre Worte, indem sie die flache Hand durch die Luft sausen ließ.

»Aber so schnell sind wir nicht bei dir und Clementine, um euch zu helfen«, sagte Hubertus.

»Ich brauch doch nur diese Plastikdinger. Damit verschnüren wir Focken wie ein Paket«, sagte Albertine.

»Welche Plastikdinger?«, fragte Clementine.

»Lange Kabelbinder eben. Hast du die auch bestellt?«, sagte Egon-Erwin.

»Nein, verdammt noch mal. Bin ich hier bei einer Gerichtsverhandlung?« Albertine wedelte mit dem Elektroschocker durch die Luft, und alle zogen den Kopf ein.

»Du hast also keine. Na gut, dann bring ich welche mit«, sagte Egon-Erwin. »Ich bin bei der Aktion dabei.«

»Dann sind wir uns also einig, ja?« Clementines Augen strahlten geradezu. »Darauf sollten wir einen trinken.«

Diesmal blieb die Flasche mit dem dänischen Bio-Schnaps unzerstört.

»Einen schönen Tag wünsche ich. Wir haben als Vorspeise eine klare Gemüsebrühe mit Petersilienklößchen auf der Tageskarte. Danach kann ich Ihnen geschmorte Lammkeule mit Kartoffel-Pastinaken-Püree anbieten, und zum Abschluss gibt es eine Himbeer-Joghurt-Creme.« Clementine hatte die weiße, knöchellange Schürze mit dem Logo der »Heideblume« um die breiten Hüften geschlungen. Das Ehepaar Dittmer, das eine kleine Dachdeckerei betrieb und auf die Renovierung historischer Dachstühle spezialisiert war, starrte sie an.

»Ich hätte gerne ein Bier und meine Frau einen offenen Rotwein«, sagte Jens Dittmer schließlich und wartete hungrig auf den ersten Gang. Er schaufelte die Suppe lautstark, ohne etwas zu sagen. Nach der Suppe sagte Clementine: »Wussten Sie eigentlich, dass der Bürgermeister das Dach der Schule renovieren lassen will.«

»Hab ich gehört.« Dittmer, der gerade noch sehnsüchtig auf die duftende Lammkeule in Clementines Händen geschaut hatte, wirkte auf einmal sehr nachdenklich.

»Nur hat Focken noch nichts von sich hören lassen. Das Dach hat bestimmt zweihundert Quadratmeter. Stinkt bestimmt erbärmlich nach diesem Massaker. Schließlich war der Herd die ganze Nacht an, und die Rauchentwicklung soll heftig gewesen sein«, sagte Clementine, die nun die Saat des Gerüchts ausbrachte. »Das soll sein Vetter aus der Kreisstadt machen, hab ich gehört. Natürlich nur gehört. Sie wissen ja, wie schnell sich Gerüchte verbreiten«, sagte die scheinheilige Clementine und stellte die Teller vor die Dittmers. »Wie wär's mit einem zweiten Bierchen auf die Überraschung?«

Auf der Terrasse saßen die Mitglieder des Skatclubs und ließen es sich gut gehen. Die Laune stieg parallel zum Alkoholpegel.

»Was darf's noch sein, die Herren?«, fragte Clementine.

»Bier! Schnaps! Wein!«, schallte es ihr entgegen.

»Gern, aber Sie sollten auch noch einmal das Essen genießen, bevor es zu spät ist.« Betont langsam wischte Clementine mit dem Lappen über den mit Ascheresten vollgekrümelten Tisch.

»Wieso denn? Geht dem Sören die Kohle aus? Hier ist doch immer voll«, sagte der Vorsitzende der Kartenspieler.

»Das könnte passieren, wenn die Bauarbeiten nächsten Monat beginnen. Sie wissen ja, die Durchgangsstraße wird das Dorf verschandeln und aus der Dorfstraße 'ne Rennstrecke machen. Dann hält niemand mehr an, um in der ›Heideblume‹ einzukehren. Und Sie werden wohl kaum in den Abgasen Ihr Bier genießen können.« Clementine schüttelte den Lappen aus. »Wohl bekomm's, die Herren!«

»Hinten kackt die Ente, sag ich immer. Der Focken und der Hansen sollen sich mal was trauen«, rief der Vorsitzende in die Runde und leerte das Glas unter großem Gejohle seiner Skatbrüder mit einem Zug.

Am Stammtisch im Schankraum saßen die Altbauern vor ihrem traditionellen Essen, der Finkenwerder Scholle.

»Wie wär's noch mit 'ner Runde ›Friesen-Köm‹ auf Kosten des Hauses?«, fragte Clementine.

»Jede Drüppen hölpt see de Pismieg un pinkel in't Watt.« Bauer Schlüter hatte die Trauer über den grausamen Mord an Helga, seiner weiß-schwarzen Holsteiner Kuh, noch nicht überwunden und sein Alkohol-Limit schon überschritten.

Nicht nur deshalb glaubten die Landwirte Clementine jedes Wort, als sie erzählte, dass der Bürgermeister die EU-Subventionen in Windkrafträder investieren und die traditionellen Lebensmittelerzeuger am langen Arm verhungern lassen wollte.

Nach einem anstrengenden Arbeitstag hängte Clementine ihre Schürze an den Nagel, um sich von Sören zu verabschieden.

»So viele Getränke habe ich nicht mal beim letzten Schützenfest verkauft. Wie hast du das nur hinbekommen? Die saufen sich ja einen Wolf«, sagte Sören.

Selbst in der Küche waren die lautstarken Diskussionen im Schankraum zu hören und dazwischen die Bestellungen nach mehr Alkohol in jeder Form.

Clementine lächelte weise. Sie ließ ihren Gesprächspartner zappeln wie den sprichwörtlichen Fisch an der Angel.

»Kannst immer bei mir anfangen, wenn dich deine Chefin rauswirft«, sagte Sören. »Was weißt du eigentlich alles über unseren Bürgermeister? Da scheinen sich die Gerüchte ja zu überschlagen.«

»So eine Arztpraxis ist ja belebter als jeder Beichtstuhl, und unter Schmerzen hat jeder etwas zu erzählen. Das wussten schon die Folterknechte im Mittelalter.« Tief zufrieden verließ Clementine die »Heideblume«.

Die ersten Schritte auf dem unebenen Feldweg fielen Clementine schwer, weil sie ihre geliebten Jikatabis zu Hause gelassen hatte. Die sogenannten Ninja-Schuhe sahen aus wie dünne Handschuhe für die Füße und waren im Haus extrem bequem. Stattdessen hatte sie sich Sportschuhe des japanischen Herstellers Asics angezogen, um im Notfall besser flüchten zu können. Relativ schnell kam der Hochsitz in ihr Blickfeld, auf dem Egon-Erwin Posten bezogen hatte. Obwohl es noch früh am Morgen war, konnte sie eine Sonnenreflexion erkennen, die vom Glas des Objektivs stammen musste. Die erste Aufregung legte sich, und langsam entspannte sie sich.

Das wird tatsächlich ein Spaziergang, dachte sie. Ihre Bewegungen wurden kraftvoller. Nur die Ruhe der Natur beunruhigte sie noch ein wenig. Sanft bewegten sich die Äste, und ganz leise war das Rascheln der Blätter zu hören. Selbst die Vögel hielten sich zurück. Langsam kam der Findling, der wie ein Hinkelstein aussah, in Sichtweite, und Clementine fragte sich, ob ihr Plan kein Hirngespinst war.

Egon-Erwin blickte angestrengt durch sein Teleobjektiv und wunderte sich, warum Clementine immer schneller ging. Weder hinter ihr noch vor ihr war etwas Verdächtiges zu entdecken. Er konnte Hubertus nicht sehen, aber die sanften Rauchwolken, die hinter dem Findling aufstiegen, waren ein sicheres Zeichen, dass der Archivar dort verborgen war und sich eine Zigarre am Morgen genehmigte. Nur vom Bürgermeister war nichts zu erkennen.

Also fing Egon-Erwin an, wahllos Fotos zu machen. Erst waren es die Feldhasen, dann Vögel, und als ihm nichts mehr einfiel, knipste er Bäume. Dann ließ seine Konzentration nach, und er überlegte krampfhaft, wie viele Gläser er am gestrigen Abend noch im »Bärenkrug« geleert hatte. Egon-Erwin hatte seine Alkoholintoxikation, vulgo Kater, verschwiegen, weil er im »Bärenkrug« auch den Bürgermeister getroffen hatte. Er wahrte zwar einen gewissen Sicherheitsabstand, konnte aber nicht verhindern, dass er sich kurz vor der Sperrstunde wie alle anderen auch eine ziemliche Menge Korn genehmigte. Genau wie der Bürgermeister, der nicht mehr geradeaus gehen konnte. Grund genug für ihn, heute den Exzess mit Schlaf auszukurieren. Beim Gedanken an Bier Nummer sechs spürte er einen stechenden Schmerz am Hals. Etwas musste ihn gestochen haben, eine Bremse vielleicht. Doch dieses Etwas war sehr viel größer als ein Insekt. Und der leichte Schmerz fühlte sich wie eine Spritze beim Arzt an. Egon-Erwin zog daran und hielt einen Betäubungspfeil in den Händen. Als er sich erschrocken umdrehte, blickte er in ein grinsendes Gesicht. Kurz vor der Ohnmacht musste er an einen berühmten Rebellen denken.

»Bedank dich bei Anonymous, dass er ein Herz für Journalisten hat. Denn mein Motto ist ›V für Vendetta‹!«

Clementine lief gemütlich den Feldweg entlang und plante in Gedanken das Abendessen. Wiesensalat mit Räucherfisch oder Erbsenschaumsuppe? Was, wenn es keinen Feldsalat auf dem Markt gab? Nun, Tiefkühlerbsen konnte man immer kaufen und Krabben auch. Die Minze würde allem mehr Frische geben. Das war nicht schlecht. Außerdem war es herzlos, dem Kaninchen, das schon ausgenommen in der Speisekammer hing, das eigene Lieblingsessen wegzufuttern. Lange genug im Riesling und dem bunten Gemüse gegart, dürfte das Fleisch weich und zart werden und sehr gut zu den kräftigen Rosmarinkartoffeln passen. Obwohl ihr die Beilage mittlerweile etwas einfallslos erschien.

Beim Nachtisch war Clementine noch unschlüssig. Ihre Wahl fiel auf ein geeistes Quarkmousse mit Fruchtspiegel, weil sie es schon einmal vorbereitet und sich dann doch für frisches Obst entschieden hatte. Doch nun schien ihr der Rotwein im Fruchtspiegel dem festlichen Anlass angemessen, schließlich würden die Morde spätestens heute Abend aufgeklärt sein. Clementine beschloss, sich mehr Zeit bei ihrem Spaziergang zu lassen. Der Killer hatte sie ja hoffentlich als Ziel schon im Visier. Also setzte sie sich auf eine Holzbank, die wohl der Förster gestiftet hatte, so windschief und unbequem, wie sie war.

Sie versuchte, Egon-Erwin zu erkennen, aber der Hochsitz stand da wie in einem Gemälde aus dem 19. Jahrhundert von Moritz Müller. Fehlte nur noch der röhrende Hirsch. Clementine schloss genießerisch die Augen, bis ihr Handy vibrierte.

»Psst! Was soll das? Warum rufst du …? Natürlich bleibe ich hier nicht sitzen. Wir haben alle Hunger. Na klar! Es gibt was ganz Besonderes. Versprochen. Ich leg jetzt auf, Hubertus.« Clementine drückte auf den roten Knopf.

Zu diesem Zeitpunkt ahnte sie noch nicht, dass Hubertus genau in zehn Sekunden auf dem Rücken liegen und ohnmächtig sein würde.

Clementine stand ein wenig widerwillig auf. Sie war sich ihrer Sache nicht mehr sicher. Wer würde jetzt auftauchen? Der Bürgermeister? Der Killer? Oder ein und dieselbe Person?

Als sie den großen Findling erreichte, lag Hubertus gut verpackt auf dem Boden. Er war mit Kabelbindern gefesselt worden und nun bewegungsunfähig. Sein Handy lag zertrümmert im Staub. Nur Hubertus selbst schien friedlich zu schlafen, wenn sie den entspannten Gesichtsausdruck richtig deutete. Neben ihm stand ein großer Mann in einem Kapuzenumhang und mit einer Maske vor dem Gesicht, die Clementine schon einmal im Fernsehen gesehen hatte. Einen kurzen Moment stellte sich bei ihr eine Art Angstgefühl ein, dann setzte sie alles auf ein Gespräch. Reden würde ihr Zeit verschaffen.

»Was wollen Sie von mir?«, fragte sie.

Natürlich bekam Clementine keine Antwort. Stattdessen machte der Mann einen großen Schritt nach vorn und sie wich instinktiv zurück.

»Sie sind nicht der Bürgermeister«, sagte sie.

Er nickte einmal.

»Sie können mich verstehen, das ist ja schon mal ein Fortschritt.« Clementine entdeckte ihr Selbstbewusstsein wieder. »Deshalb interessieren Sie auch nicht die Gerüchte hier im Dorf?«

Wieder nickte er.
»Dann sagen Sie mir doch ganz einfach, was das alles hier soll?
Er schüttelte den Kopf unter der Kapuze.
»Aber Sie haben schon vier Menschen auf dem Gewissen ...«
Er nickte viermal zur Bestätigung.
»Wenn wir lange genug warten, kommt vielleicht noch die Polizei vorbei, und alles hat ein Ende.«

Albertine stand im Stall, der zum alten Postgebäude gehörte, und beobachtete den Innenhof. Clementine könnte sie nur dann sehen, wenn sie sich zu dem Hengst in die Box traute, um aus dem Stallfenster zu schauen. Aber Black Beauty wirkte heute sehr unruhig, vielleicht weil ihm Pia fehlte oder Focken ihn nicht ausreichend mit Futter versorgt hatte. Überall standen große Eimer mit Kraftmineralfutter herum, aber Albertine konnte den Hengst nicht mit Nahrung beruhigen, dafür war sie selbst viel zu nervös.

Immer wieder überprüfte sie den Elektro-Taser, ließ das Display des Handys aufleuchten und verstand nicht, warum der Bürgermeister nicht auftauchte. Albertine musste ihre innere Unruhe in Bewegung umsetzen und beschloss, sich den Stall näher anzusehen. Leere Pferdeboxen, so weit das Auge reichte. Neben dem gewaltigen Hengst stand hier nur noch ein kleines Pony, auf dem Pia wahrscheinlich das Reiten gelernt hatte. Albertine folgte dem Innengang und bewunderte in der letzten Box ein idyllisches Stillleben. Der Stallbursche hatte es sich auf einer Pferdedecke auf dem Heu bequem gemacht und hielt eine Kornflasche im Arm, in der noch immer ein schmaler Rest dümpelte. Er entsprach ganz dem Beuteschema von Albertine. Dunkelhaarig, muskulöser Oberkörper in einem Feinripp-Shirt, enge Jeans und schwere Stiefel an den Füßen.

Gefühlvoll nahm sich Albertine die Schnapsflasche und leerte sie in einem Zug.

»Was treiben Sie auf meinem Grundstück?«, tönte es da vom Eingang des Stalls.

Albertine konnte gerade noch die Tür der Pferdebox schließen, um sich dem Duell mit ihrem Erzfeind zu stellen. In großen, schweren Schritten kam Focken auf sie zu und hielt die Mistgabel wie ein Landsknecht in Händen.

»Können Sie eigentlich etwas anderes, als mit dem Kopf wackeln? Das ist ja erbärmlich«, sagte Clementine, die sich selbst noch in der Hölle Respekt verschaffen würde.

Statt zu antworten, sprang der Maskenmann in die Höhe und landete wie ein Jiu-Jitsu-Meister den ersten Körpertreffer, der Clementine taumeln ließ. Doch sie setzte sofort nach und ließ Körper und Füße wirbeln, was den Killer allerdings nur mäßig beeindruckte. Er erwischte ihren rechten Fuß und drehte ihn brutal gegen den Uhrzeigersinn. Clementine hatte keine Chance und ging zu Boden. Doch bevor sich der Angreifer auf sie setzen konnte, um sie am Boden zu fixieren, landete sie einen Handkantenschlag auf seinen Kehlkopf. Er röchelte, griff sich an den Hals und bekam einen weiteren Tritt gegen den Kopf. Clementine war nun doch froh, halbwegs festes Schuhwerk ausgewählt zu haben. Blitzschnell zog sie die Beine unter dem Kerl hervor und rollte sich zur Seite. Doch bevor sie aufrecht stehen konnte, rammte der ihr mit voller Wucht einen Ellbogen in die Seite. Clementine wurde schwarz vor Augen und im Gesicht rot vor Zorn. Wie eine Kirmesboxerin schlug sie auf den Maskenmann ein. Viele Treffer gingen daneben, doch ein paar erreichten ihr Ziel. Sie trieb ihn vor sich her in Richtung Findling, dort geriet er ins Stolpern und ging in die Knie.

Clementine sah nach rechts, wo Hubertus gefesselt und schlafend auf dem Boden lag. Sie stutzte einen Moment zu lang, den der Killer nutzte, um ihr eine Ladung Staub ins Gesicht zu schleudern. Damit hatte sie nicht gerechnet und auch nicht damit, das Anonymus die Geduld verlor. Blitzschnell hatte er sein Betäubungsblasrohr in der Hand, das noch am Findling gelehnt stand. Aus der Innenseite seines Umhangs zog er einen präparierten Pfeil und visierte Clementines Hintern, den er auch traf. Doch sie hatte bereits das japanische Küchenmesser in der rechten Hand und stürzte sich mit cinem lauten Schrei auf ihren Gegner. Aber das Betäubungsmittel fällte sie wie eine Deutsche Eiche.

Mit ausgestreckter Hand schlitzte sie den Umhang auf und

verpasste dem Killer eine klaffende Wunde am Unterschenkel. Kein Schmerzensschrei war unter der Maske zu hören. Stattdessen grinste Anonymous wie immer diabolisch und ungerührt.

»Nun stechen Sie schon zu«, sagte Albertine betont gelassen.

»Den Gefallen werde ich Ihnen nicht tun.« Focken stocherte immer wieder mit der Mistgabel wild in der Luft herum.

Albertine ließ die leere Schnapsflasche gegen die Boxentür knallen, worauf diese zerbarst. »Eins zu eins, Focken«, sagte sie immer noch vollkommen ruhig. »Du bist der Killer von Klein-Büchsen und hast Gunnar entführt und gefoltert. In deinem Keller ist so eine Art *panic room*. Nur mit dem kleinen Unterschied, dass er dich nicht schützt, sondern ein Versteck für deine perversen Spielchen ist.« Sie hielt den Flaschenhals mit seinen Glaszacken subtil drohend in der linken Hand, in der rechten lag der Elektroschocker.

»Genau! Perverse Spielchen sind meine Leidenschaft, und du wirst die Nächste sein, an der ich meine neue Stromfolter ausprobiere. Du tickst doch nicht mehr richtig, Krakow. Nichts als eine Kurpfuscherin bist du. Eine Rote-Kreuz-Schlampe! Eine Mull-Hure! Eine Spritzen-Nutte!« Bürgermeister Focken war außer sich vor Zorn. Er schwitzte wie ein Schwein, literweise Schweiß lief ihm über das Gesicht, und der Restalkohol tat sein Übriges.

Gleich läuft der Amok, dachte Albertine und sagte, so diplomatisch sie konnte: »Dann beweis mir doch das Gegenteil. Zeig mir deine Spielzeugeisenbahn, und ich entschuldige mich. Wenn nicht, machst du Bekanntschaft mit dem Teil hier. Ich weiß, dass du auch einen Taser besitzt, aber meiner hat mehr Volt als deiner. Da brauch ich dir keine Gutenachtgeschichte zu erzählen. Ich befördere dich einfach ins Land der Träume und ritz dir ein gotisches H auf die Brust.« Schon wieder siegte der Zorn über Albertines Vernunft. Im Kalten Krieg hätte sie jetzt den roten Buzzer gedrückt und die Russen in die Steinzeit zurückgebombt. Kurz nachdem sie ihre Bomben auf Kuba hätte niederregnen lassen. JFK hätte sie mit dem höchsten Orden geehrt und im Oval Office empfangen. Albertine sah alles ganz genau wie in einem Flashback und musste sich doch über die Kapriolen ihres Unterbewusstseins wundern.

»Ein H? Was soll das? Warum kein F wie Focken? Das macht doch keinen Sinn. Du spinnst ja total, und das werde ich der Polizei auch beweisen. Dann kommen die freundlichen Herren mit den abschließbaren Jacken und befördern dich in die Klapse. Dort gehörst du nämlich hin, wie all ihr bekloppten Städter, die uns das Landleben schwer machen. Geh zurück nach Hamburg und nerv deine Nachbarn. Beschimpf sie als Schwaben, das tut ja mittlerweile jeder Zausel. Statt Maultaschen gibt es dann eins aufs Maul. Ich kann gar nicht so viel fressen, wie ich kotzen möchte. Aber dich mach ich jetzt fertig.« Der Bürgermeister stürmte mit der Mistgabel auf Albertine los, die sich in die Ecke treiben ließ.

In der Mitte der Mistgabel waren die Zinken stark auseinandergebogen, und Focken wusste das Arbeitsgerät meisterhaft einzusetzen. Mit einem wütenden Schrei stieß er zu, und Albertine war an der Holzwand einer Pferdebox festgetackert. Ihr tadellos geformter Hals passte genau in die Mitte der Zinken.

Sie ließ den Flaschenhals fallen und versuchte verzweifelt, sich zu befreien. Doch Focken war ein kräftiger Mann, der sich nicht aus der Ruhe bringen ließ. Mit der Mistgabel fest in den Händen, lehnte er sich zurück und trat Albertine mit dem Stiefel voller Wucht in den Magen. Albertine ließ vor Schmerz den Taser fallen, um sich mit beiden Händen an den Zinken festzuhalten. Sie japste, versuchte, Luft zu bekommen, hatte aber das Gefühl zu ersticken. Focken bückte sich, ohne die Mistgabel auch nur einen Zentimeter zu bewegen. Mit einem Stromschlag ihres eigenen Elektroschockers schickte er sie ins Land der Träume.

Vielen Dank, dachte Albertine noch, bevor sie das Bewusstsein verlor.

Clementine erwachte als Erste aus der Bewusstlosigkeit und sah direkt in das Gesicht von Hubertus, der immer noch irgendwo im Nirwana schwebte. Der Killer war verschwunden, ein paar Tropfen Blut waren das Einzige, was er hinterlassen hatte. Sie versuchte aufzustehen, war aber genauso gefesselt wie Hubertus. Sie war sich nicht sicher, was sie mehr hasste, diesen widerwärtigen Maskenkiller oder verpackt auf einem staubigen Feldweg zu liegen. Dann entdeckte sie in zwei Meter Entfernung ihr Messer und versuchte, sich in die Nähe zu rollen. Die erste Umdrehung dauerte eine Ewigkeit, und für die zweite waren die Schmerzen fast zu stark. Aber sie musste es schaffen, noch pulsierte genug Adrenalin in ihrem Körper. Die letzte Umdrehung kostete sie auch den letzten Funken Energie. Aber sie lag auf dem Messer.

Bürgermeister Focken schulterte Albertine wie einen Sack Kartoffeln und ging in aller Ruhe zum Tor des Stalles. Ein kurzer Kontrollblick über den Hof genügte ihm, dann lief er direkt zum Treppenabgang und betrat das Kellergewölbe. Er tippte die Zahlenkombination 19121960 in die Tastatur an der Stahltür und legte dann den rechten Zeigefinger auf den Scanner. Die Tür öffnete sich mit einem satten Klack. Aus dem schwachen Geräusch, das man vor der verschlossenen Tür hören konnte, wurde nun ein deutliches Surren mit undefinierbarem Geratter.

Albertine nahm diese Geräuschkulisse nicht bewusst wahr, sie träumte von ihrem Bett. Focken setzte sie behutsam auf einen Bürostuhl. Erst klebte er ihren Mund mit Gaffer-Band zu, dann fixierte er Arme und Beine. Zu guter Letzt schnürte er Albertines Oberkörper fest an die Rückenlehne des Stuhls und zog ihr eine Wollmütze bis über das Kinn. Albertine wurde langsam wach. Doch sie bereute es sofort. Die Dunkelheit machte ihr Angst, und sie wusste im ersten Moment nicht, wie sie unter der Mütze Luft holen sollte.

»Atmen Sie am besten durch die Nase. Bleiben Sie ganz ruhig und bewegen Sie sich nicht hektisch. Ich stärke mich jetzt mit einem Heringssalat und extrasalzigen Laugenbrötchen. Und laufen Sie jetzt nicht weg, sonst verpassen Sie noch das Finale!« Focken ging hämisch lachend aus dem Keller. Es machte wieder klack, und hinter der Stahltür klang sein Lachen wie das Wiehern eines Pferdes.

Clementine hatte das Messer so gedreht, dass die Klinge nach oben zeigte. Mit beiden Händen hielt sie ihr Werkzeug fest und bewegte ihren Körper sachte hin und her. Nur sehr langsam konnte sie in das Plastik des Kabelbinders eine Kerbe ritzen, die sich dann zu einem richtigen Schnitt weitete. Mit einem Ruck löste sie die Fessel. Die Füße waren schnell befreit, und dann kam Hubertus an die Reihe. Der war bei Bewusstsein, doch er litt offensichtlich ein wenig unter Gedächtnisverlust.

»Guten Morgen, Clementine! Haben Sie vielleicht ein Tässchen grünen Tee für mich?« Er blickte sich fragend um. »Wo bin ich?«

»In Klein-Büchsen. Wir wollten den Bürgermeister auf frischer Tat ertappen, erinnern Sie sich? Aber ich glaube nicht mehr daran, dass er der Mörder ist. Nur sind die anderen wie vom Erdboden verschluckt. Ich versuche jetzt, Ihren Freund anzurufen. Setzen Sie sich einfach hin, der Findling wird Ihnen Halt geben. Wenn Ihr Kreislauf wieder stabil ist, müssen wir Frau Doktor suchen.« Clementine wählte die Nummer von Egon-Erwin. Doch der reagierte nicht.

»Ich gehe jetzt zum Hochsitz und suche ihn«, sagte sie zu Hubertus und lief, so schnell es ging.

Sie musste Egon-Erwin nur noch abholen. Er war wach, doch hatte er nicht um Hilfe gerufen, weil er ihren Plan nicht gefährden wollte. Der Kabelbinder, der ihn ruhigstellen sollte, war falsch herum eingefädelt worden und konnte sich ohne große Anstrengung lösen lassen. Als er Clementine bemerkte, kletterte er die wacklige Holzleiter hinunter und lief ihr entgegen. Nach wenigen Minuten erreichten sie zu zweit den Findling. Sie staunten nicht schlecht, weil Hubertus verschwunden war. Auf dem Boden lagen die Reste der Kabelbinder, und die Blutspur des verletzten Mörders zog sich über den Boden.

»Wo ist denn Hubertus?«, fragte Egon-Erwin verblüfft und bekam nur ein Schulterzucken zur Antwort.

Langsam wurden Clementine diese ständigen Überraschungen zu viel. Nur mit Mühe konnte sie einen hysterischen Anfall unterdrücken.

»Haben Sie sich geschnitten, oder zu wem gehört all das Blut? Hat es Hubertus erwischt?«, fragte Egon-Erwin.

»Ich habe den Maskenmörder am Bein erwischt, aber er war

einfach zu stark und zu brutal. Er ist mir entwischt. Tut mir wirklich leid«, sagte Clementine fast tonlos.

»Aber das macht doch nichts. Sie haben gekämpft und uns alle gerettet. Darauf wäre ich stolz. Nicht jeder Kerl wäre so mutig gewesen.« Egon-Erwin umarmte Clementine und drückte sie fest an seine Hühnerbrust.

»Hey, ihr da! Hört auf zu knutschen. Es gibt Wichtigeres zu tun...« Es war Hubertus, der schon das Haus des Bürgermeisters erreicht hatte. »Nehmt endlich die Beine in die Hand!«

»Der hat gut reden. Hat die ganze Zeit herumgelegen und geschlafen, während ich um mein Leben gekämpft habe. So ein Weichei«, sagte Clementine, die Egon-Erwin mal wieder einen Schritt voraus war.

Wenig später stand das Trio im Hof des Postgebäudes. Clementine übernahm das Kommando.

»Die Zeit für Spielchen ist vorbei. Wir konfrontieren ihn direkt mit der Wahrheit, und wenn es gleich an der Haustür sein muss.« Ohne auf eine Antwort zu warten, stieg sie die zwei Stufen zu der alten Holztür hoch und läutete auf der ultramodernen Klingelanlage Sturm.

»Euch mach ich nicht auf. Ein Überfall am Tag reicht mir. Haut ab, sonst ruf ich die Polizei«, tönte die Plastikstimme des Bürgermeisters aus dem Lautsprecher. »Ich kann euch alle drei ganz genau sehen, und meine Überwachungskameras zeichnen alles aus vier verschiedenen Blickwinkeln auf.«

»Kein Problem. Ich wollte gerade Kommissarin Müller anrufen.« Clementine hielt ihr Handy hoch. »Wetten, dass ich schneller bin als Sie? Ich habe die Nummer als Kurzwahl in meinem Handy gespeichert.«

Als Reaktion hörte sie nur merkwürdige Geräusche aus den Untiefen der Hightech-Anlage, gefolgt von Gepolter im Treppenhaus und lautem Gefluche. Focken riss die Haustür so heftig auf, dass der Putz an den Scharnieren bröselte.

»Was wollt ihr Idioten von mir?«, brüllte er in die Runde und wischte sich mit einer riesigen Stoffserviette die Heringsreste aus dem Mundwinkel. Er roch aus dem Mund wie eine Jauchegrube und rülpste unanständig laut.

»Wir suchen Albertine. Also wir suchen Frau von Krakow ...«, begann Clementine etwas umständlich das Gespräch.

»Nu mal Butter bei die Fische, Focken«, unterbrach Hubertus sie. »Wir wissen von Ihrem Folterkeller. Und wir vermuten, dass Frau von Krakow dort festgehalten wird. Egal, was Sie jetzt sagen, Sie haben sich des Menschenraubs schuldig gemacht.«

»Wer hier was gemacht hat, bestimme noch immer ich, und eure Verbrechensliste ist länger als meine. Ich fange einmal mit wiederholtem Hausfriedensbruch an ... Was soll denn das? Die Dienstmagd fummelt an meinem Bein herum!« Focken wollte schon zurückweichen, um von Clementine wegzukommen, die mit dem Messer in der einen Hand seine Oberschenkel abtastete.

»Bleiben Sie still stehen, sonst schlitzen wir Sie auf.« Hubertus nahm Clementine das Messer ab, weil ihre Hände so zitterten, doch er hielt die Spitze weiterhin auf Focken gerichtet.

Clementine untersuchte seelenruhig das linke und rechte Bein des Bürgermeisters und schüttelte dann den Kopf. »Er ist es nicht. Er ist ein Trittbrettfahrer oder wie man so was nennt. Oder einfach nur übergeschnappt? Oder ein geisteskranker Alkoholiker.« Sie richtete sich wieder auf und zuckte mit den Schultern.

Weder Hubertus noch Clementine fiel in der Aufregung auf, dass Egon-Erwin alles fotografierte. Nur Focken runzelte die Stirn, traute sich aber nicht mehr herumzubrüllen. Er wollte jetzt sichtlich seine Ruhe haben, die ganze Geschichte wuchs ihm wohl über den Kopf. Der einsetzende Alkoholentzug ließ seine Hände zittern. Er warf die Serviette achtlos hinter sich und gab den anderen ein Zeichen, ihm zu folgen. Gemeinsam umrundeten sie das Haus, stiegen die Treppe zum Keller hinunter und gingen direkt zu der Stahltür, die Focken ohne Widerworte öffnete.

Albertine war mit dem Bürostuhl umgekippt, sodass sie nun auf dem Rücken lag. Ihr Beine strampelten in der Luft, und ihr Oberkörper zuckte, während sie den Kopf hin- und herwarf.

Clementine und Hubertus brauchten einen kurzen Moment, um die Situation zu erfassen. Dann reagierten sie instinktiv. »Ganz ruhig, Albertine. Es ist vorbei. Wir befreien dich jetzt«, sagte Hubertus.

Gemeinsam mit Egon-Erwin richtete er den Drehstuhl auf und

löste die Fesseln. Als Letztes zog er die Mütze von Albertines Kopf und entfernte behutsam das Gaffer-Tape von ihrer Mundpartie. Sie kniff die Augen im gleißenden Neonlicht zusammen, doch nach und nach gewöhnte sie sich an die Helligkeit.

Sie erkannte Focken, der zu Boden blickte. Dann sah sie Clementine und Hubertus lächeln und Egon-Erwin, dem die Kamera im Gesicht festgewachsen zu sein schien. Zu guter Letzt wurde ihr auch klar, was die Quelle des surrenden Dauergeräuschs war, das sie in den letzten Minuten ständig gehört hatte.

»Leck mich doch am Arsch!«, rief sie. »Da steht wirklich eine Modelleisenbahn!«

Das Bein blutete. Das irritierte ihn, weil er es nicht stoppen konnte. Blut an sich machte ihm keine Angst. Er konnte Tiere töten und sie ausbluten lassen. Er konnte sie ausnehmen und wie ein Metzger weiterverarbeiten. Menschen zu töten, machte ihm mehr Spaß. Er konnte ihre Angst riechen und die Verzweiflung schmecken, wenn sich das Leben verabschiedete. Er liebte die Allmacht, die totale Kontrolle. Nicht nur deshalb war der heutige Tag eine einzige Niederlage. Sich von einer Köchin in die Defensive drängen zu lassen, hatte sein Ego verletzt. Sein Ego blutete genau wie sein Bein. Er schwor Rache und Schmerzen, während er einen neuen Verband anlegte, der schon nach einer halben Stunde wieder rot leuchtete. Er spürte nichts außer Hass. Er war bereit, wieder zu töten.

Albertine, Clementine, Hubertus und Egon-Erwin standen am Findling und konnten ihren Erfolg nicht genießen. Bürgermeister Focken hatte sie auf Knien angefleht, die Polizei aus dem Spiel zu lassen, und sich bei Albertine auf eine Art und Weise entschuldigt, die schlichtweg unwürdig war. Ihnen war sowieso klar, dass auch sie selbst nicht ohne Schuld waren. Sie hatten sich verrannt, waren einer falschen Fährte nachgejagt. Das hätte auch schiefgehen können.

Immerhin war jetzt wenigstens aus dem Phantom ein Killer aus Fleisch und Blut geworden. Ein bisschen von seinem Blut hatte er ihnen sogar dagelassen. Clementine schob vorsichtig mit dem Messer ein Häufchen Erde mit einem dicken, geronnenen Blutstropfen in ein Plastiktütchen, das sie von der Eisenbahnanlage des Bürgermeisters entwendet hatte.

»Was machen Sie denn da, Clementine?«, fragte Albertine.

»Ich nehme eine Probe mit dem Blut des Maskenmannes.« Clementine erhob sich und knotete das Tütchen energisch zu. »Vielleicht kann die Polizei ja etwas damit anfangen. Wenn wir ihnen die Probe einfach ohne Absender schicken ...«

»Das ist vielleicht ein wenig naiv«, sagte Egon-Erwin. »Da könnte ja jeder Schweine- oder Katzenblut einreichen. Ich könnte aber meine Kontakte spielen lassen, und dann würde man die Probe gleich dem richtigen Fall zuordnen.«

»Und wie erfahren wir dann das Ergebnis? Sollen wir etwa diese Kommissarin anrufen und ein wenig plaudern?« In Hubertus' Gesicht war immer noch nicht das Blut zurückgekehrt. Er sah aus wie ein Geist.

»Solange ich keine Geschichte daraus machen kann, bringt das alles eh nichts. Wir würden zwei Fliegen mit einer Klappe schlagen. Der Killer wird noch einmal aus der Reserve gelockt ...«

»Bitte nicht schon wieder. Ich lasse mich ungern zweimal verprügeln«, sagte Clementine, der schmerzhaft bewusst wurde, was sie gerade durchgemacht hatte.

»Wir können ja ein paar Fotos machen, wie Albertine die Spur entdeckt und sichert«, sagte Egon-Erwin.

»Muss das denn sein?« Albertine stöhnte. »Schlimmer als Bürgermeister Focken kann dieser Maskenmann auch nicht sein.«

»Da musst du jetzt leider durch, wenn der Fall aufgeklärt werden soll und wir am Ende eine weiße Weste tragen wollen«, sagte Hubertus. »Mich würde im Moment eher interessieren, warum dieser Irre gerade jetzt aufgetaucht ist und uns hier aufgelauert hat. Der ist doch nicht der liebe Gott. Er muss wohl in der ›Heideblume‹ gewesen sein, als Clementine das Gerücht in die Welt gesetzt hat. Und im ›Bärenkrug‹ muss er gestern Abend auch gewesen sein, als dort das große Besäufnis stattgefunden hat. Mit wem hast du gesprochen, Clementine? Versuch dich zu erinnern.«

Damit war Clementine jetzt überfordert. Sie überlegte und

versuchte, die Gäste in der »Heideblume« durchzugehen, sah aber immer nur die Anonymous-Maske vor ihrem geistigen Auge.

»Tut mir leid, aber ich muss da eine Nacht drüber schlafen. Wie wäre es, wenn ich jetzt etwas koche? Das lenkt mich immer ab, und beim Schnibbeln kommen mir die besten Ideen.« Sie wandte sich dem Feldweg zu, der nach Klein-Büchsen und zu ihrem Arbeitsplatz führte.

Albertine nickte. »Ich möchte jetzt nur noch duschen und einen bequemen Sessel.«

»Ich hätte gerne ein Bier«, sagte Egon-Erwin.

»Und ich eine Zigarre«, erwiderte Hubertus.

zehn

Bürgermeister Focken saß allein in der Küche. Vor ihm stand die halb leere Schüssel mit dem Heringssalat, ein Bastkörbchen mit Laugenbrötchen, die Butter und drei leere Flaschen Bier, der Rest des Katerfrühstücks lag in seinem Bosch-Kühlschrank aus den fünfziger Jahren. Er hatte einmal bei Axel Hacke gelesen, dass man sich gut mit einem Kühlschrank unterhalten könnte. Also sprach er mit Bosch, wenn er Rat brauchte. Seine Frau hatte ihn deshalb schon für verrückt erklärt, oder sie war nur neidisch, dass Focken sich mehr um den Kühlschrank kümmerte als um sie.

»Ich hab ein Problem«, sagte der Bürgermeister.
»...«, antwortete Bosch.
»Ich hab mehr als ein Problem!«
»...«
»Ich bin erpressbar geworden, weil es diese Fotos gibt.«
»...«
»Außerdem muss ich diesen Killer finden und aus dem Weg räumen. Sonst kehrt hier keine Ruhe ein.«
»...«
»Gib mal ein Bier rüber!«
»...«
»Du meine Güte, alles muss man selber machen.« Focken erhob sich schwerfällig und schlurfte zum Kühlschrank, klemmte sich drei Flaschen in die rechte Pranke und legte sich im Wohnzimmer aufs Sofa. Er schlief sofort ein.

Clementine hatte beim Kochen ihre innere Ruhe wiedergefunden.
»Also, ich bin ja Suppenfan. Die Erbsensuppe war ein Gedicht«, sagte Hubertus.
»Haben Sie, äh, hast du das Kaninchen selbst geschossen? Auf jeden Fall wurde es nicht mit Schrot erlegt. Das mag ich nicht, wenn man auf der Munition rumkaut. War wirklich lecker«, sagte Egon-Erwin.
»Und diese Quarkspeise mit dem Dingens war ein Gedicht.«

Hubertus wollte noch den Löffel ablecken, den Clementine ihm aber aus der Hand riss.

»Das war eine geeiste Quarkmousse mit Fruchtspiegel, Sie äh, du Banause«, sagte sie.

»Könnten wir uns jetzt bitte einmal alle das legere Du angewöhnen«, sagte Albertine. »Das gilt auch für Clementine und meine Wenigkeit.«

»Oh, Euer Hochwohlgeboren hat die Basisdemokratie für sich entdeckt.« Hubertus sah das Bierglas noch rechtzeitig auf sich zufliegen und duckte sich. Dann klirrte es heftig.

»Wenn ich Spaß haben will, geh ich in den Keller zum Lachen. Mir ist nicht mehr zum Scherzen zumute. Nein, nicht nach diesem Tag. Ich brauche jetzt etwas Normalität. Ich brauche Patienten mit heilbaren Krankheiten und keinen durchgeknallten Psycho. Ich möchte meinen Garten in Ordnung bringen, ohne auf Menschenreste zu stoßen. Ich will nicht mehr mit der Polizei reden. Ich hab die hochwohlgeborene Nase einfach voll. Ich geh jetzt raus, setze mich allein in die Sonne, und wenn ich zurückkomme, will ich außer Clementine niemanden mehr hier sehen. Mein Haus ist WG-untauglich. Kocht doch selbst, geht Bier einkaufen und schnorrt mich nicht mehr an.« Damit rauschte Albertine wie in den besten Zeiten auf die Veranda.

Am Morgen des folgenden Tages war Albertine früh auf den Beinen. Clementine kannte die Gewohnheiten ihrer Arbeitgeberin nach all den Jahren ganz genau und trug das Frühstück nach draußen. Dort wurde es im Stehen zu sich genommen, dann ging es los.

Albertine sah Gartenarbeit nicht als lästige Pflicht, sondern als eine Art Meditation. »Sieht der Gemüsegarten nicht grauenhaft aus? Wie nach dem Einmarsch der Roten Armee. Diese Polizisten haben kein Feingefühl, dafür aber klobige Schuhe. Wie soll hier noch irgendwas wachsen, Clementine?«

»Ich finde, wir sieben erst einmal den Kompost.« Clementine deutete zum Komposthaufen in der Ecke, auf dem sich ein Rabe niedergelassen hatte. »Besonders das Frühbeet und das Hochbeet könnten etwas natürlichen Dünger vertragen.«

Das Hochbeet war ein grob gemauertes Kunstwerk aus alten Steinen. Hier wurden Erdbeeren und Knoblauch gemischt kultiviert. In den Wandfugen wucherten sehr dekorativ Glockenblumen und Zimbelkraut. Der Bio-Dünger war erstaunlich schnell verteilt, und das Frühbeet wurde erst einmal vom Unkraut und den Schnecken befreit, bevor die letzten jungen Pflanzen aufgefressen werden würden. Wer hier mit dem Unkrautjäten ein paar Tage pausierte, konnte sein grünes Wunder erleben. Und dabei stand die meiste Arbeit ihnen noch bevor. Ein klaffendes Loch mitten im Radieschenbeet zeugte von der Stelle, wo der Kopf der ersten Leiche vergraben gelegen hatte.

»Ich bin ja nicht zimperlich, aber das geht mir jetzt doch nahe. Möchtest du hier noch etwas ernten? Vielleicht sogar neu pflanzen?«, fragte Albertine Clementine.

Die schüttelte den Kopf. »Ich schlage vor, dass wir alles umgraben und die Radieschen in der Biotonne für die Müllabfuhr versenken.« Gesagt, getan, holte Clementine sich sofort einen Spaten aus der wetterfesten Truhe. Sie arbeitete wie im Akkord und verteilte großzügig den wertvollen Kompost, den sie zur Sicherheit noch einmal untergrub.

Albertine genoss die ersten warmen Sonnenstrahlen des Frühlings und trank ein großes Glas selbst gemachte Limetten-Limonade, die genau richtig temperiert war. »Ich habe es mir anders überlegt«, sagte sie, als sie Clementine beim Umgraben und Düngen zusah. »Das Beet sieht so jungfräulich und fruchtbar aus wie noch nie. Ich finde, da sollte man beizeiten Grünkohl anpflanzen. Was meinst du?«

»Ich kann mich, ehrlich gesagt, nicht an dieses Geduze gewöhnen. Das untergräbt Ihre natürliche Autorität als Ärztin und Chefin.« Clementine stützte ihren Rücken mit beiden Händen. Die Prügelei mit dem Kapuzenmann hatte sie noch lange nicht vergessen, und die blauen Flecken, Hautabschürfungen und inneren Stauchungen bereiteten ihr immer noch Schmerzen.

»Mach doch, was du willst oder Sie wollen, meine Liebe«, sagte Albertine.

»Dann heißt du ab sofort Alberich, meine Gute«, erwiderte Clementine mit einem Grinsen.

»Aber ich bin doch gar nicht so klein wie diese Schauspielerin aus dem Tatort.«

»Ist mir doch egal.« Clementine stach mit dem Spaten tief in den schweren dunklen Boden.

»Kleine Kinder und Angestellte sind doch alle gleich.« Albertine schüttelte den Kopf. »Aber egal, wir müssen jetzt mal den Schlauch mit dem Flies richten, damit unser Porree gut behütet wachsen kann.«

Das Richten des Flieses stellte sich allerdings als recht schwierig heraus. Die Ermittlungsbeamten hatten immer den kürzesten Weg durch die Beete genommen und das Gestänge an vielen Stellen verbogen. Gemeinsam versuchten Albertine und Clementine, die Bögen wiederherzustellen, und sie zogen das Flies neu über die Haltestangen. Dann machten sie zwei Schritte zurück, um das Ergebnis zu begutachten. Der Schlauch aus Flies sah jetzt so aus, als wäre eine Schweineherde hindurchgetrieben worden.

»Da müssen wir noch mal ran. Das gefällt mir so nicht«, sagte Albertine.

Nach dem zweiten Versuch sah der Pflanzenhangar wieder fast wie neu aus. Natürlich vergaß Clementine nicht zu düngen, und Albertine entsorgte die zertretenen Pflanzen auf dem Kompost. Dann konnten sie sich erfreulicheren Arbeiten widmen. Die Tontöpfe, die umgekehrt an den Bäumen hingen und mit Stroh gefüllt waren, entleerten sie sorgsam auf dem Kompost, damit die Ohrenkneifer und andere nützliche Insekten ein Rückzugsgebiet hatten. Während sich Clementine mit Hingabe dem Kräutergarten widmete, ohne den keines ihrer köstlichen Gerichte entstehen konnte, bemerkte Albertine Hubertus, der sie vom Nachbargrundstück aus bei der Arbeit beobachtete.

»Hast du nichts zu tun? Bei dir muss es doch im Garten genauso chaotisch aussehen wie bei mir.« Albertine trat zum Zaun.

Hubertus ließ lässig die Asche seiner morgendlichen Zigarre hinter sich. »Haben wir immer noch Hausverbot?«

»Ja!« Im Moment würde sie absolute Ruhe bevorzugen.

»Kein Brunch heute?« Mutig versuchte Hubertus sein Glück.

»Hast du keinen eigenen Kühlschrank?«, fragte Albertine.

»Aber der ist doch leer!«

»Dann geh einkaufen.«

»Wenn du meinst. Doch du solltest dir einmal die Landeszeitung ansehen und Egon-Erwins Artikel auf der dritten Seite lesen.«

»Ich wusste gar nicht, dass dieses Provinzblatt so viele Seiten hat«, sagte Albertine. »Irgendwann wird aus unserer Geschichte nur noch eine kleine Meldung, und dann ist Ruhe.«

»Du glaubst doch im Ernst nicht, dass der Kapuzenkiller jetzt einfach aufhören wird. Der muss zurückschlagen. Wenn seine DNA durch die Kriminaltechniker analysiert worden ist, wird es von Polizei nur so wimmeln.« Hubertus machte sich auf den Weg zurück in sein Haus.

»Wie sagt ihr Lateiner immer? *Quod erat demonstrandum*«, rief ihm Albertine hinterher.

»Griechen, das stammt von den alten Griechen und wird Archimedes zugeschrieben.« Hubertus gab zum Abschied noch ein paar Rauchzeichen mit seiner Zigarre, dann verschwand er im Haus. Clementine sah ihm nach und dachte: Der hat aber auch gar nichts kapiert.

elf

»Wie war deine Nacht, mein Held?« Lisa stand in einem sehr knappen T-Shirt am Bettende vor Gunnar. Sie wusste mittlerweile, dass er zu jeder Tages- und Nachtzeit weiblichen Reizen nicht abgeneigt war.

Gunnar richtete sich auf und zog unter der Decke die Boxershorts hoch. »Wenn du mich nicht ständig befummeln würdest, hätte ich eigentlich sehr gut schlafen können.« Sein nackter Oberkörper glänzte, er schien wieder vollkommen fit zu sein. »Warum bist du noch nicht in deiner Schule?«

»Wir haben Projektwoche, und ich verbringe diese Zeit gern mit meinen Studien zu Hause.«

»Ach du Scheiße!«, rutschte es Gunnar heraus.

Lisa zog einen beleidigten Schmollmund. Botox oder Natur, fragte sich Gunnar, der eigentlich immer sehr viel früher aufstand, sich seit Tagen aber so leer vorkam. Er hatte so viel Sex wie seit einem Jahr nicht mehr gehabt. Zwischendurch überprüfte er seine Homepage und die E-Mails. Man wünschte ihm viel Glück beim Kauf neuer Pferde, und vor allem seine weiblichen Kunden freuten sich auf die Wiedereröffnung seiner Pferdeschmiede, die jetzt auch zur Pferdezucht genutzt werden sollte.

Vielleicht ergab sich ja heute ein kurzer Moment, in dem Lisa ihn nicht überwachte, und er konnte fliehen.

»Ich bin zwar keine Pferdeflüsterin, aber ich kann in deinem Kopf lesen wie in einem Buch, Gunnar. Das bringt mein Job so mit sich. Es steht dir frei zu gehen, doch dann lass ich den Schwindel auffliegen.«

Gunnar ließ sich wieder in sein Kissen zurückfallen.

Lisa grinste zufrieden. »Ich habe dir ein reichhaltiges Eiweißfrühstück zubereitet. Viele Eier, gebratene Scampi und noch mehr potenzstärkende Leckereien. Das wird dir guttun. Dann lasse ich dich auch allein mit der Landeszeitung, und du kannst sehen, was die Hobby-Detektive gestern so alles angestellt haben.« Lisa kicherte pennälerhaft. »Ich bereite in der

Zwischenzeit noch eine Unterrichtseinheit für meine Sechstklässler vor.«

In der Küche servierte sie Gunnar das Frühstück und verschwand wieder. Gunnar hätte viel für ein Graubrot mit Kirschmarmelade gegeben, vertilgte aber mit Todesverachtung seine Kraftnahrung. Nachdem er die Landeszeitung gelesen hatte, war ihm klar, dass er sein Exil noch lange nicht verlassen konnte.

»Wie geht es eigentlich Gunnar? Irgendwie haben wir den ganz aus den Augen verloren.« Clementine hatte einen grünen Tee für sich und einen Espresso macchiato für Albertine auf der Terrasse bereitgestellt.

»Den versorgt Lisa auf ihre ganz persönliche Art und Weise. Ihm wird weder langweilig werden, noch wird er vom Fleisch fallen. Den können wir getrost noch ein paar Tage bei ihr parken«, sagte Albertine. »Mir macht eher dieser Artikel Sorgen. Egon-Erwin geht ziemlich fahrlässig mit seinen Schlussfolgerungen um. Der Killer sei so gut wie überführt, weil es eine DNA-Probe gebe. Er sei gar nicht so intelligent, sondern eigentlich dumm. Es sei nur eine Frage von Stunden, bis er heute überführt und festgenommen würde. Die Maskerade sei albern und er ein Schlappschwanz, der nicht einmal eine Küchenhilfe ausschalten könne. Es ist tatsächlich schlecht um unseren Journalismus bestellt. Egon-Erwin will sich mit diesem Beitrag wohl schon mal direkt in der Hamburger Zentralredaktion bewerben. Aber der Schuss wird nach hinten losgehen. Entweder murkst dieser Anonymous Egon-Erwin ab, oder er steht hier im Garten und wird sich an dir rächen, Clementine.« Albertine seufzte. »Ich hatte auf ein paar freie Tage gehofft. Sind eigentlich Patienten da?«

»Nein, leider nicht. Ich wollte es eigentlich erst nachher erzählen, aber man hat unser schönes Praxisschild beschmiert. Da steht jetzt mit schwarzer Farbe drauf: ›Die Hure muss sterben‹.« Clementine nippte ruhig an ihrer Teeschale.

»Was?« Albertine sprang sofort auf, holte sich einen Eimer, eine Bürste und ein starkes Putzmittel. Doch die Farbe ging nicht ab, egal, wie fest und oft sie versuchte, die Buchstaben zu entfernen.

»Jetzt bin ich aber wirklich sauer!«, sagte sie und rief den Passanten zu, die sie beobachteten: »Haut ab, ihr Penner!«

»Ich habe mir schon gedacht, dass Frau Doktor den Fall im Alleingang lösen will.« Müller Eins trug heute ein helles Wickelkleid von LaDress – eindeutig ein Zeichen, dass sie guter Laune war. Ihren Schreibtisch zierten etliche Flakons nobler Duftfabrikanten und teure Cremes. In der Ablage hatte sie keine Akten, sondern Modemagazine gestapelt. Auch blieb der Monitor meistens schwarz.

Ihr direkt gegenüber saß Müller Zwo, dessen Arbeitsplatz einer Müllhalde glich. Die Oberfläche hatte die Beschaffenheit eines Sekundenklebers, weil die Pappbecher nur selten den Weg in den Mülleimer fanden. In der Mitte der Stirnseite thronte der Wimpel des SV Wilhelmshaven. Dem Regionalverein aus der Jadestadt war er seit seiner Geburt treu geblieben und versäumte kein Heimspiel.

»Wenn man der Landeszeitung und diesem Egon-Erwin Wutke über den Weg trauen kann, dann sind wir bald arbeitslos.« Müller Zwo warf das Druckerzeugnis achtlos in die Ecke zu den anderen Jahrgängen. Dann rief er die KTU an, um zu erfahren, ob dort eine Blutprobe aus Klein-Büchsen gelandet sei.

»Ihr habt noch nichts bekommen? Warum nicht? Sind die von der Poststelle wieder besoffen. Da geh jetzt los den Briefumschlag suchen. Wir brauchen so schnell wie möglich einen DNA-Abgleich. Schon mal was von ›Gefahr im Verzug‹ gehört? *Avanti, dilletanti!*«, sagte Müller Zwo und wunderte sich, dass seine Chefin so ruhig blieb und regungslos wie eine Sphinx hinter ihrem Schreibtisch thronte.

Wenig später ging die Tür auf, und die Praktikantin von der Uni steckte den Kopf in das schlecht gelüftete Büro. »Puh! Hier riecht es ja merkwürdig. Irgendwie nach Parfümerie und Pommesbude …«

»Klappe halten!«, schallte es ihr entgegen.

Statt einer Antwort wedelte die junge Kollegin mit dem Umschlag.

»Wo kommt der Umschlag her?«, fragte Müller Zwo.

»Aus Klein-Büchsen«, antwortete die junge Kollegin. »Wurde von einem Boten abgegeben.«

»Na, dann sofort in die KTU damit«, sagte Müller Zwo, während er sein Secondhand-Jackett auszog und stolz suppentellergroße Schwitzflecken zeigte. Müller Eins blickte von ihrem Magazin nicht hoch, sondern hielt sich nur die Nase zu.

Nach einer Stunde entschloss sie sich zu lüften, eine weitere Stunde später suchte sie verzweifelt nach ihrem Lagerfeld-Fächer. In der dritten Stunde hätte sie am liebsten geschrien: »Ich bin ein Star, holt mich hier raus!« Doch dann öffnete sich die Tür, und ein Arm hielt ein Blatt Papier in den Raum.

»Aufwachen, Müller!«, rief Müller Eins und lehnte sich erwartungsvoll zurück, als ihr das DNA-Ergebnis gereicht wurde.

»Das hab ich mir gedacht. Keine Übereinstimmung mit niemandem. Jetzt sind wir so schlau wie vorher. Lassen Sie das Ergebnis vom Profiler begutachten. Er soll mir seinen Bericht vorbeibringen, aber nur, wenn es sich um einen Marsmenschen handelt.« Müller Eins schnippte mit dem Finger.

Die Praktikantin kam mit zugehaltener Nase herein, nahm rasch das Papier wieder an sich und verließ das Büro so schnell wie möglich.

Gen Mittag klingelte es an der Haustür, und Clementine öffnete.

»Ein Patient?«, rief Albertine aus dem Wohnzimmer.

»Ja, allerdings. Ich leide unter großer Missachtung und habe meine Medikamente selbst mitgebracht.« Hubertus stand auf der Schwelle mit einem riesigen Korb am Arm.

»Cremige Trüffelbutter, Trüffel-Tagliatelle, Trüffel-Honig, Öl vom klassischen weißen Trüffel, gepuderte Marc-de-Champagne-Trüffelpralinen, mild geräuchertes Schweinefilet mit Trüffelgeschmack, klassische toskanische Crostino-Creme mit Trüffel, knusprige Grissini und feinste dunkle Schokolade. Oh, mein Gott! Da liegen doch tatsächlich ganze schwarze Trüffel in diesem Wunderkorb.« Clementine befühlte die Spezialitäten mit sanftem Respekt.

»Und welchen Rotwein hat der Herr mit den Spendierhosen für sich mitgebracht?« Albertine im Wohnzimmer gab sich betont gelangweilt angesichts der Aufzählung der kulinarischen Köstlichkeiten.

»Drei Flaschen Zeni Cruino – Rosso Barrique. Keine schlechte Wahl«, sagte Clementine.

»Seit wann kennst du dich mit Wein aus?« Albertine wollte Clementine bei ihrer Ehre packen.

Clementine lächelte huldvoll. »Gnädige Frau wissen bestimmt nicht, dass die Rebsorte Corvina leichte, fruchtige Weine mit Mandelnuancen hervorbringt.«

»Er schmeckt dezent mineralisch, hat eine große Komplexität, saftige und reichhaltige Frucht, einfach samtig und weich«, assistierte ihr Hubertus.

»Lasst uns eine Flasche öffnen, bevor das hier verbal ausufert.« Albertine stand inzwischen in der Tür und sog den leichten Trüffelgeruch in ihre Nase ein.

»Den Tag muss ich mir rot im Kalender anstreichen. Albertine trinkt Rotwein und kein Bier.« Hubertus lief in die Küche, um den Korkenzieher zu holen.

Clementine stellte vier eindrucksvolle Gläser auf den Esstisch aus Mahagoni. Der Stilmix in Albertines Wohnzimmer hätte jeden Designer in die Sinnkrise gestürzt. Das Sideboard überzeugte durch klares skandinavisches Design. Während die Regalwand mit der Bibliothek von einem noblen Büroausstatter stammte, war das billigste, aber bequemste Sitzmöbel ein Sonderangebot aus einem bekannten schwedischen Möbelhaus. Dazwischen stand viel Grünzeug, und an den Wänden hingen sehenswerte Gemälde. Ordnung war nicht die große Leidenschaft von Albertine, sondern eher das kreative Chaos. Man saß hier gern und lange zu Tisch, um sich der wohnlichen Atmosphäre hinzugeben. Und natürlich auch, um Clementines Kochkünste zu genießen.

»Ich geh schon mal in die Küche und bereite alles für Schweinefilet mit Rote Beten und schwarzen Trüffeln an Petersiliensoße vor«, sagte Clementine.

»Brauchst du noch Rote Bete?«, rief ihr Hubertus hinterher.

»Nein, danke«, entgegnete Clementine. »An deinen klebt noch Blut.«

»Fällt doch gar nicht auf bei der Farbe.« Hubertus wollte noch etwas sagen, verkniff sich aber weitere Kommentare, weil ihn Albertine mit strengem Blick anfunkelte.

»Wie geht es nun weiter?«, fragte sie. »Wir sind so schlau wie am ersten Tag.«

Statt einer Antwort klopfte es an die Terrassentür. Alle zuckten zusammen. Ein Mann mit einer Anonymous-Maske vor dem Gesicht stand draußen.

Da fing Clementine, die ihre Neugier ins Wohnzimmer getrieben hatte, laut an zu lachen. »Mein Gegner hatte keinen Bierbauch, war zwei Köpfe größer als ich und hatte Hände wie ein Bierkutscher. Das ist Egon-Erwin.« Sie öffnete dem Dauergrinser die Tür. »Nur die Maske stimmt, aber der Umhang fehlt.«

»Sehr witzig.« Hubertus verdrehte die Augen. »Ich hab ein schwaches Herz, Mr. Namenlos!«

»Und ich habe im Moment keine Lust auf dieses Thema. Im Garten ist zu viel liegen geblieben, und ewig kann ich diesen Boykott der Patienten auch nicht hinnehmen. Auf jeden Fall sollten wir nicht noch mal so eine Lockvogel-Aktion starten. Da wird er kein zweites Mal darauf reinfallen. Hat jemand von euch eine Idee?« Albertine blickte erwartungsvoll in die Runde, doch sie erntete nur leere Blicke.

In die betretene Stille hinein schrillte Egon-Erwins Handy. Der zog sich die Maske ab und ging nach draußen, um zu telefonieren. Fünf Minuten später war er wieder zurück, sagte aber keinen Ton.

»Na super! Der Herr hat also Geheimnisse vor uns«, grummelte Hubertus vor sich hin. »Recherchierst du jetzt schon für eine Geschichte, ohne uns zu informieren? Wenn ja, dann kannst du gleich ein Donnerwetter erleben.«

»Da muss ich aber herzlich lachen. Du bist und bleibst ein Weichei, Hubertus«, sagte Albertine. »Gibt Egon-Erwin doch ein bisschen Zeit, dann wird er uns schon erzählen, was ihm da gerade ins Ohr geflüstert wurde.« Auffordernd blickte sie Egon-Erwin an.

»Schon mal was von Informantenschutz gehört?«, sagte Egon-Erwin laut. »Und mach mich nicht blöd von der Seite an.«

»Jetzt benehmt euch. Wir sind hier nicht im Sandkasten.«

Albertine hob beschwichtigend die Hände. »Was gibt es Neues, Egon-Erwin?«

»Die Polizei hat die Blutprobe bekommen und analysieren lassen.« Er zuckte mit den Achseln. »Der Killer ist in keiner deutschen Datenbank zu finden. Im Moment findet noch der europäische Abgleich statt, aber da wird man keinen Treffer landen. Das lässt jetzt mehrere Vermutungen zu. Erstens: Der Killer ist nicht aus Klein-Büchsen. Dafür spricht auch, dass es keinerlei Querbeziehungen zu anderen Dorfbewohnern gibt. Denn deren DNA-Daten sind ja alle vorhanden. Zweitens: Wenn der Killer doch aus Klein-Büchsen ist, dann ist er alleinstehend ohne familiären Anhang. Drittens: Der Killer ist ein Auftragsmörder, den irgendjemand engagiert hat, der noch eine alte Rechnung mit einem oder allen Opfern zu begleichen hat.«

Albertine schüttelte den Kopf. »Die dritte Möglichkeit schließe ich aus. Das wäre ja wie ein Volltreffer im Lotto, wenn wir das herausbekommen würden. Meine weibliche Intuition sagt mir, dass es die Möglichkeit Nummer zwei sein könnte. Wir sollten jetzt einfach mal die Landeszeitung als Druckmittel vergessen. Es dürfte dem Killer doch klar sein, dass die Artikel auch erschienen sind, um ihn zu provozieren. Ich denke eher, dass Egon-Erwin in die Untiefen des Archivs steigen sollte, um nach möglichen Verdächtigen zu suchen. Aber vorher lasst uns das Essen genießen, meine Nase sagt mir, dass Clementine gleich fertig ist.«

»Gleich geht's los«, rief Clementine aus der Küche.

»Na, Müller, schmeckt das Fast Food? Ich muss ja auf meine Figur achten, wenn ich übermorgen auf den Malediven in den Indischen Ozean springe«, sagte Müller Eins.

Müller Zwo fiel das Stück Quattro Stagioni aus der Hand und landete kopfüber auf dem Bericht des Profilers über den Killer von Klein-Büchsen. »Sie gehen in Urlaub? Was sagt denn Blaumilch dazu?«

»Den Antrag hat er schon vor Wochen abgezeichnet. Ich seh überhaupt nicht ein, mich weiter mit diesen grenzdebilen Landeiern und dieser überkandidelten Ärztin herumzuschlagen.

Der Fall gehört Ihnen, den schenke ich Ihnen. Machen Sie das Beste draus.« Müller Eins warf demonstrativ einen Blick auf ihre Colt 33 der Nobelmarke Breitling. »In dieser Sekunde kann ich jetzt auch noch meine Überstunden abfeiern. Dhanee, wie der Maledive so schön sagt.« Aufreizend langsam packte sie alle möglichen Kosmetika in ihre noble Handtasche, die sie sich wie im Urlaub über die Schulter hängte. Sie drehte sich nicht mehr um, als sie wortlos durch die Tür verschwand.

Müller Zwo wartete ab, bis seine Chefin das Büro verlassen hatte. Dann vollführte er mit dem rechten Arm die »Kuntz-Säge«. Dem Nationalspieler hat der Fußball den schönsten Torjubel zu verdanken. Schließlich setzte sich Müller Zwo an den Computer und berief eine Sondersitzung ein.

Als die vier Beamten der Sonderkommission »Radieschen« im Büro eintrafen, war Müller Zwo maßlos enttäuscht. Der einzige Lichtblick zwischen den drei alten Haudegen war die junge Praktikantin.

»Sind das alle, die übrig geblieben sind?«, fragte er und erntete vierfaches Nicken. »Was ist passiert?«

»Staatsanwältin Maier fehlt die Effizienz bei den Ermittlungen. Außerdem hat der Druck in der Öffentlichkeit nachgelassen. Die Presse widmet sich anderen Themen: den steigenden Mieten, der Teuerung der Lebensmittel und der Krise auf den Energiemärkten«, erklärte die Praktikantin. »Wir sollen mehr undercover ermitteln, behauptet Staatsanwältin Maier, und das sei bei so einem kleinen Dorf mit vier Leuten ohne Probleme möglich. Ich bin übrigens auch nur einen Monat in diesem Dezernat und komme dann zur Sitte.«

»Na gut. Dann gebe ich allen frei. Morgen ist doch ein Brückentag fällig. Genießt den Frühling«, sagte Müller Zwo. »Ich geh angeln, da fang ich auf jeden Fall irgendetwas.«

zwölf

Am nächsten Tag klopfte Egon-Erwin an die große historische Flügeltür der Redaktion und hatte dabei das Gefühl, beobachtet zu werden. Er drehte sich um, konnte aber niemanden sehen. Alles wirkte wie ausgestorben. Dann entdeckte er in der Ecke über der Tür eine neue Überwachungskamera und neben der Tür ein Zahlenfeld, in das man seine Geheimnummer eintippen konnte. Nur hatte Egon-Erwin keine Geheimnummer. Also klopfte er mit der Faust gegen die Tür. Nach einer kleinen Ewigkeit öffnete Inge, die Assistentin der Geschäftsführung.

»Hast uns ja lange warten lassen«, fuhr sie ihn sofort an. »Den Aufmacher über die Gentrifizierung hat Jürgen schon geschrieben. Schließlich ist er …«

»… der Einzige, der von uns studiert hat. Ich weiß, hab ich schon tausendmal gehört, und wer das noch einmal sagt, der fliegt«, unterbrach Egon-Erwin, der zwischen den Schreibtischen stand und sich umschaute, die überaus attraktive Blondine. »Sieht ja alles wieder so aufgeräumt aus. Wo ist denn mein Arbeitsplatz?«

»Da, wo der Brüllaffe gesessen hat.« Inge deutete mit dem Kinn zum Chef-Büro.

»Wo steckt er denn?«

»In der geschlossenen Abteilung in Ochsenzoll. Er ist einfach nicht mehr ruhig geworden und hat in der U-Haft randaliert wie ein Abschiebehäftling.« Inge zuckte gelangweilt mit den Schultern. »Du kannst dich wie immer einloggen. Dein Zutrittscode lautet null-null-sieben, aber den kannst du jederzeit ändern. Die Anleitung steht in einer Mail aus der IT.«

»Das hört sich doch prima an. Machst du mir bitte eine Thermoskanne mit starkem Kaffee? Und dann möchte ich nicht mehr gestört werden.« Egon-Erwin öffnete die Tür zum Chef-Büro. »Vielen Dank, Inge.«

Kaum saß er hinter dem Schreibtisch, stand der Herausgeber der Landeszeitung, John Wichhorst, im Rahmen. Der in Ehren ergraute Gentleman war eine imposante Erscheinung. Am Revers seines dunkelblauen Blazers mit goldenen Knöpfen steckte das Fähnchen des Blankeneser Segel-Clubs von 1898.

»Wie fühlt sich das an, Herr Wutke, Leiter einer so fähigen Redaktion zu sein?«, fragte Wichhorst, den es am Abend immer wieder an die heimischen Gestade seines noblen Vororts zog.

»Sehr gut, Sir John. Sie haben die richtige Entscheidung getroffen.« Egon-Erwin benutzte den ehrerbietigen Spitznamen, der jedem in der Redaktion erlaubt war, solange man auch das formelle Sie benutzte.

»Sind Sie in Klein-Büchsen mit der Recherche weitergekommen?«, fragte Sir John.

»Ich muss leider zugeben, dass sich nicht viel getan hat. Es gibt keine Neuigkeiten, über die wir berichten könnten.«

»Ihr letzter Beitrag war mir auch eine Spur zu boulevardesk, wenn Sie mir diese Kritik erlauben, Wutke. Fast hatte ich den Eindruck, als wollten Sie sich bei der BILD-Zeitung bewerben. Ich würde Sie ungern an den Kollegen Döpfner verlieren. Wir sollten unser Augenmerk wieder mehr auf die gesamte Region richten und uns Themen wie der Mietpreisentwicklung widmen. Ach ja, und grüßen Sie bitte meine alte Freundin Albertine von Krakow von mir. Sagen Sie ihr bitte, dass ich sie als Steuerfrau beim letzten Senatspreis schmerzhaft vermisst habe. Gutes Gelingen!« Sir John schloss behutsam die Tür.

So hatte sich Egon-Erwin Karrieremachen vorgestellt. Vielleicht würde er einmal mit Sir John in der »Heideblume« den Lunch einnehmen und das legendäre Schwarzfederhuhn probieren.

Ein Klopfen riss ihn aus seinem Tagtraum, und Inge brachte den Kaffee, Mineralwasser und Gebäck.

Fehlt eigentlich nur noch eine fette Zigarre, dachte Egon-Erwin, während er die Anmelderoutine an seinem PC absolvierte. Er hatte Glück, dass der Verlag sein Archiv kontinuierlich digitalisierte. Bis in die siebziger Jahre konnte man bequem vom Bürostuhl aus recherchieren. Danach hieß es in die Katakomben steigen und Staub fressen. Außerdem musste man dann erst am Zerberus dieser papiernen Unterwelt vorbei. Paul schien im

Keller zu leben. Er hatte einen leichten Buckelansatz und einen Gehstock aus Dogwood, mit dem man jeden Einbrecher mühelos k. o. schlagen konnte.

Doch noch konnte Egon-Erwin das neue Ambiente genießen, das sich wohltuend vom Lärmpegel des Großraums unterschied, den er nur noch zur morgendlichen Zehn-Uhr-Konferenz betreten musste.

Als Erstes tippte er den Suchbegriff »Single« und »Klein-Büchsen« in die Tastatur. Als Ergebnis spuckte das Archiv alle Ü-30-Partys der letzten vier Jahrzehnte aus. Es waren genau vier an der Zahl, die alle mit einer gewaltigen Prügelei geendet hatten, die der Regionalreporter immer verpasst hatte. Zum Thema »Hochzeiten« und »Klein-Büchsen« ergaben sich keine verwertbaren Informationen. Egon-Erwin versuchte es mit »alleinstehend« und »zugereist«, aber irgendwie fielen auch diese Ergebnisse nicht befriedigend aus. Bei dem Suchbegriff »Anonymous« und »Klein-Büchsen« schien ihn der Computer auszulachen. Am liebsten hätte er einen Tobsuchtsanfall bekommen, aber er konnte sich gerade noch einmal am Riemen reißen. Er testete die Suchfunktion mit dem Allerweltsbegriff »Landwirtschaft« und erhielt zweiundzwanzigtausendfünfhunderteinunddreißig Treffer. Wenigstens funktionierte das System.

Egon-Erwin machte eine Pause. Am Fenster stand ein Gummibaum, den er von seinem Vorgänger geerbt hatte, doch im Regal befand sich schon seine eigene Handbibliothek. Der Sprachfetischist Wolf Schneider war einer von Egon-Erwins Helden. Die Bände »Deutsch! Das Handbuch für attraktive Texte«, »Deutsch für Profis: Wege zu gutem Stil« und »Gewönne doch der Konjunktiv! Sprachwitz in sechsundsechzig Lektionen« waren vollkommen zerfleddert. Daneben standen die bekannten Werke von Bob Woodward und Carl Bernstein. Vor den gesammelten Werken von Hunter S. Thompson blieb Egon-Erwin stehen und widmete dem Erfinder des Gonzo-Journalismus eine Gedenkminute. Dann setzte er sich wieder an den Schreibtisch und fing an, alles zu lesen, was das Archiv über seinen Helden hergab.

Immer und immer wieder las er Thompsons Abschiedsbrief

»Football Season is Over« und unterdrückte eine unendliche Melancholie. »Keine Spiele mehr. Keine Bomben mehr. Kein Laufen mehr. Kein Spaß mehr. Kein Schwimmen mehr. 67. Das ist 17 Jahre nach 50. 17 mehr, als ich brauchte oder wollte. Langweilig.« Auf Thompsons Grabstein stand der nihilistische Satz *It never got weird enough for me*. Anno 2005 hatte er sich mit einer .45er aus dem Leben befördert.

Was für ein Abgang, dachte Egon-Erwin, der für einen Selbstmord aus Weltekel viel zu feige war.

Die Suchbegriffe gingen ihm langsam, aber sicher aus. Dann fiel ihm der Scharfschütze ein, der sein Auto zersiebt hatte, und er gab intuitiv »Schützenkönig« in die Suchmaske ein. Die Trefferliste war lang, aber leicht in *wichtig* und *unwichtig* zu sortieren. Die ausgedruckten Meldungen mit reinen Ergebnissen wie Anzahl der Ringe oder Gewinner des Vogelschießens sortierte Egon-Erwin gleich aus. Ihn interessierten die Porträts der Schützenkönige und die dazugehörigen Meldungen. In den letzten Jahren hatten eigentlich nur der Bürgermeister und Gunnar den Vogel abgeschossen, während Bauer Strunk und Schlüter das Nachsehen gehabt hatten. Natürlich kam es wie immer in Klein-Büchsen bei den Festivitäten zu Handgreiflichkeiten, sodass Egon-Erwin allmählich ernsthaft am Geisteszustand der Beteiligten zweifelte.

Nach einer Dreiviertelstunde lag nur noch ein Blatt mit einer zwanzig Zeilen langen Meldung vor ihm. Überschrift: »Spurlos verschwunden!« Kreisjägermeister Baldur Wild hatte sich von einem Tag auf den anderen in Luft aufgelöst. Das war Anfang der achtziger Jahre geschehen. Er hinterließ einen knapp zwanzigjährigen Sohn, dessen Mutter ebenfalls spurlos verschwunden war. In den Sechzigern war Baldur Wild zehnmal hintereinander Schützenkönig von Klein-Büchsen geworden. Mehr war im Archiv nicht über ihn zu erfahren, also musste sich Egon-Erwin auf den Weg in die Katakomben machen.

»Moinsen!« Paul sortierte in einer Seelenruhe Ausgaben der Landeszeitung aus dem vorletzten Jahrhundert. Der in Ehren vergilbte Stapel roch ungut und wirbelte mächtig Staub auf.

»Kannst du dich noch an einen Baldur Wild erinnern, den Schützenkönig der siebziger Jahre?«, fragte Egon-Erwin.

»Aus diesem Prügel-Dorf, das hieß irgendwie Dosen-Dingens?« Paul überlegte.

»Klein-Büchsen. Wann gehst du eigentlich in Rente? Wirst ja immer vergesslicher, alte Säge«, sagte Egon-Erwin.

»Wofür hab ich jahrzehntelang meine Kärtchen ausgefüllt? Warte mal einen Moment.« Paul verschwand in einem dunklen Kabuff. Das Archiv wirkte wie die Kulisse in einem Schwarz-Weiß-Film. Es wäre nicht erstaunlich gewesen, wenn ihm gleich Klaus Kinski als irrer Mörder an die Gurgel gegangen wäre. Unter einer dicken Staubschicht lagerte die Geschichte einer ganzen Region und die Arbeit mehrerer Generationen Lokaljournalisten, die pflichtbewusst auf Volksfesten ihre Leber ruiniert hatten. Egon-Erwin fühlte tiefen Respekt und zog per Zufall die Ausgabe vom 21. Juli 1969 aus dem Stapel. In Klein-Büchsen traf sich damals die ganze Gemeinde in der »Heideblume«, weil hier der einzige Fernseher stand. Die Begeisterung war grenzenlos, und der Reporter spekulierte, ob der Astronaut nicht Vorfahren aus Niedersachsen gehabt haben könnte. Egon-Erwin schüttelte den Kopf und stopfte die Ausgabe irgendwo in den Jahrgang von 1950.

»Komm endlich raus aus deinem Darkroom!«, rief Egon-Erwin.

Mit der Eleganz eines dreibeinigen Pferdes lief Paul an ihm vorbei. Dann klopfte er auf einen Zeitungsstapel, dass die Staubflusen nur so in der Luft wirbelten, und gab Egon-Erwin einen Zettel mit Daten.

»Du hast 'ne Viertelstunde, und dann verschwindest du aus meinem Reich. Mir egal, ob du auf Chef machst oder nicht.« Im Davonhumpeln winkte Paul mit seinem Stock. »Sonst machst du Bekanntschaft mit diesem Hartholz!«

Ich brauch einen Mundschutz, dachte Egon-Erwin in stiller Verzweiflung. Doch dank Pauls punktgenauer Recherche hatte er in fünf Minuten alles gefunden. Mit den Zeitungen unterm Arm, hatte er nichts anderes im Sinn, als diese Vorhölle zu verlassen. Doch Paul stellte sich ihm in den Weg und stocherte mit seinem

Gehstock in Egon-Erwins Bierbauch. »Das wird hier kopiert. Kein Blatt Papier verlässt diesen Raum. Da drüben steht der Vervielfältigungsapparat. Ich hab ihn schon mal vorgewärmt.«

»Mach du das!« Egon-Erwin sah sich den bedrohlich brummenden Riesenkasten an. »Ich hab Angst vor alter Technik. Sieht aus wie eine Apparatur aus einem Stephen-King-Horrorschocker.«

»Papperlapapp!«, sagte Paul. »Kopier schon.« Er bewachte den Ausgang wie ein Navy Seal, während sein Kollege sich mit der großformatigen Tageszeitung abmühte und das Papier auf der alten zerkratzten Glasplatte festhielt. Dann erst konnte er den Zerberus passieren und die Treppen zur Redaktion hochsteigen. Zurück am Schreibtisch wunderte sich Egon-Erwin über die Qualität des Kopierpapiers, das so dünn wie Butterbrotpapier war. Doch dann las er sich fest. Später packte er alles zusammen, meldete sich bei Inge ab und fuhr mit dem Auto nach Klein-Büchsen zu Albertine.

»Na, da hast du dir ja einen langen Büroschlaf genehmigt.« Albertine hielt Egon-Erwin eine Flasche Bier hin.

»Hier verkommen ja die Tischsitten total. Trinkt ihr jetzt schon am Tag?«, sagte Egon-Erwin.

»Wir wollen nur Clementine die Arbeit erleichtern, da muss sie nicht so viel spülen. Stimmt's oder hab ich recht?« Hubertus prostete Clementine zu, die schon dem dänischen Bio-Schnaps zusprach und ihr Wasserglas zum Gruß durch die Luft schwenkte.

»Soll ich morgen wiederkommen?«, fragte Egon-Erwin, dessen Mitteilungsbedürfnis so eruptiv wie ein Vulkan war.

»Zieh Leine, wir haben Feierabend«, sagte Hubertus durch eine undurchdringliche Wolke Zigarrenqualm.

»Das ist mein Wohnzimmer, und selbstverständlich erzählt Egon-Erwin uns, was er herausgefunden hat.« Albertine klopfte zur Bestätigung auf die Sitzfläche des Stuhls direkt neben ihr.

»Ich glaube, dass ich eine heiße Spur habe.« Egon-Erwin ließ sich auf den Stuhl fallen. »Anfang der achtziger Jahre ist der Kreisjägermeister Baldur Wild von einem Tag auf den anderen spurlos verschwunden. Er hat in dem uralten Forsthaus gelebt –

das liegt nur ein paar Kilometer von hier mitten im Wald. Seine Frau ist früh verstorben, und er hat seinen einzigen Sohn Horst allein großgezogen. Noch weiß ich nicht, woher Baldur Wild stammt und ob es noch weitere Mitglieder der Familie gibt. Auf jeden Fall hat Horst drei Semester Forstwirtschaft in Freising studiert und dann den Posten seines Vaters übernommen. Ich habe im Auto ein wenig telefoniert. Und jetzt kommt's!« Egon-Erwin hielt kurz inne und ließ den Blick in die Runde schweifen. »Horst Wild war nicht bei dem DNA-Screening dabei, weil seine Försterei nicht zur Gemeinde Klein-Büchsen, sondern zu Groß-Büchsen gehört. Und: Sein Patenonkel ist der Bürgermeister. Der müsste sehr viel mehr über die Familie Wild wissen. Ich habe mir erzählen lassen, dass Horst Wild noch nie verheiratet war, also alleinstehend ist. Da muss man doch nur eins und eins zusammenzählen.« Er schlug leicht mit der flachen Hand auf den Tisch. »Wir sollten uns diesen Jägermeister einmal ganz genau ansehen.«

»Also ich finde, wir sollten erst einmal Focken befragen und keine voreiligen Schlüsse ohne wasserdichte Beweise ziehen«, sagte Albertine. »Denkt daran, was wir beim Bürgermeister schon so alles angerichtet haben.«

»Na, das geht zur Hälfte auf sein Konto.« Hubertus drehte sein leeres Glas um. »Ham wir noch Nachschub?«

»Eine Flasche und danach ist Schluss«, sagte Clementine und ließ den Korken ploppen.

»Oh, Sünde, und dann wird der gute Tropfen nicht einmal dekantiert. Ich bin unter die Barbaren geraten.« Überaus theatralisch zog Hubertus an seiner Zigarre.

»Klar, und zieht dabei an einer teuren Cohiba wie ein Staubsauger. Das hat ja so was von keinen Stil.« Albertine grinste, wurde aber sofort ernst. »Mach doch bitte einen Termin mit dem Bürgermeister aus, Hubertus, und halt keine Volksreden.« Sie wandte sich an Egon-Erwin. »Das klingt wirklich vielversprechend. Aber sollten wir nicht der Polizei den Rest überlassen?«

»Auf gar keinen Fall.« Egon-Erwin betonte jedes Wort und schüttelte dazu noch heftig den Kopf. »Denk daran, was diese Story für meine Karriere bedeutet. Außerdem befindet sich das

Kommissariat in Auflösung. Blaumilch bricht seine Kur nicht ab, Müller Eins fährt in den Urlaub, und die Staatsanwältin hat die Sonderkommission eingeschrumpft.«

Hubertus hatte inzwischen sein Handy gezückt und rief den Bürgermeister an. »Hallo, Herr ...« – »Nein, Herr ...« – »Wieso, Herr ...?« – »Na gut, Herr ...« Er beendete das Gespräch und sagte: »Morgen um zehn Uhr und nicht länger als eine Viertelstunde. Außerdem muss Egon-Erwin in seinem Beisein alle Fotos löschen, auf denen Focken zu sehen ist. Du hast hoffentlich schon eine Sicherungskopie gemacht.«

Egon-Erwin schnaufte und nickte nur stumm.

»Darauf einen Schnaps«, sagte Albertine und hob ihr Glas.

dreizehn

Am nächsten Morgen standen Albertine, Hubertus, Clementine und Egon-Erwin auf dem Hof vom Bürgermeister und sagten kein Wort.

»Na, die Herrschaften sehen ja so aus, als ob sie gestern alle zusammen zu tief ins Glas geschaut hätten. Alkoholmissbrauch ist keine schöne Sache. Eine Ärztin wie Sie, gnädige Frau, müsste doch ein Vorbild sein«, begrüßte sie Focken.

»Lassen Sie uns gleich zur Sache kommen. Nettigkeiten können wir später austauschen«, brummte Albertine eine Oktave tiefer als gewohnt.

»Erst einmal werden die Fotos gelöscht.« Focken schlug die Arme über der Brust zusammen.

»Nein«, sagte Egon-Erwin, der sich die Schläfen massierte. »Erst wenn *Sie* geliefert haben. Das haben wir am Telefon so vereinbart.«

»Ich stelle hier die Regeln auf, das müsstest du eigentlich am besten wissen, du Möchtegern-Reporter«, fuhr Focken ihn an. »Lösch jetzt die Bilder, oder ich geh wieder an meinen Schreibtisch.«

»Kühlschrank, Focken! Kühlschrank! Du bist doch hier der größte Alki im Ort.« Egon-Erwin konnte sich nur mühsam beherrschen. »Komm her. Ich zeig dir, wie's geht, und dann kannst du selbst entscheiden.«

Focken nahm das Meisterwerk japanischer Herkunft in seine klobigen Hände und drückte in atemberaubender Geschwindigkeit ein paar Knöpfe. Mit einem Grinsen gab er die Spiegelreflexkamera zurück an Egon-Erwin, der sie Schlimmes ahnend in Empfang nahm.

»Das ist doch zum Kotzen, Focken«, sagte er nach wenigen Sekunden. »Du hast meine Speicherkarte neu formatiert. Alle Bilder sind damit für immer gelöscht. Wenn die Kamera nicht so teuer gewesen wäre, würde ich dir damit jetzt ein Loch in deinen Bauernschädel schlagen. Arschloch, blödes ...« Egon-Erwin blieben die Schimpfwörter im Hals stecken.

»Und jetzt will ich die Sicherheitskopie haben, und zwar pronto.« Focken streckte den rechten Arm aus.

Egon-Erwin wühlte in seiner Kameratasche herum und gab ihm eine DVD.

Der drehte flugs die Speicherscheibe um und zerkratzte die empfindliche Oberfläche mit seinem Hausschlüssel. Egon-Erwin stöhnte wie unter Folter, sagte aber kein Wort.

»Ach was, da machen wir doch einfach kurzen Prozess.« Focken warf die DVD in den Staub, um sie mit seinen klobigen Arbeitsschuhen zu zertreten.

Und dann fiel er um. Wie ein Baum, der gefällt wurde. Als hätte man ihm die Füße weggehackt. Egon-Erwin sah alles wie in Zeitlupe, riss die Kamera hoch und konnte gerade noch den Moment fotografieren, als der Bürgermeister mit dem Rücken aufschlug und mit dem Kopf hart auf die Erde knallte. Der Körper absorbierte die gewaltige Energie, dann pulsierte eine Schockwelle durch den Leib, und schließlich lag Focken ganz still da.

Albertine hielt sich den Mund zu, als nur noch das satte Klacken der Kamera zu hören war. Sie hatte als Erste das Blut am Hinterkopf des Bürgermeisters wahrgenommen und auch die Deformation des Schädels, dessen Inhalt sich jetzt auf dem Boden ausbreitete. Hubertus konnte den Blick nicht von dem sauberen Loch zwischen Fockens Augen direkt über dem Nasenbein abwenden. Es sah aus wie gestanzt. Ein sauberer und zugleich perfekter Durchschusskanal. Nur Clementine verhielt sich menschlich und drehte sich zur Seite, um ihr Frühstück zu erbrechen.

Endlos lang unterbrach kein Ton die plötzliche Stille im Hof, dann hörten sie Hufgeklapper. Clementine reagierte als Erste und lief zu Pia, die mit Black Beauty in den Hof geritten kam. Sie half dem Mädchen aus dem Sattel, nahm sie zärtlich in die Arme und führte sie ins Haus. Pias Schluchzen war deutlich zu hören.

Albertine liefen die Tränen über die Wangen. »Wir haben Schuld auf uns geladen«, flüsterte sie. »Das wird mich jetzt mein Leben lang verfolgen, und zwar zu Recht. Wir haben das Schicksal herausgefordert und uns egoistisch verhalten. Nie, nie hätten wir es so weit kommen lassen dürfen. Wir sind keinen Deut besser als dieser wahnsinnige Killer. Ich kann nicht mehr. Ich mach da nicht mehr mit.«

»Ich ruf die Polizei an«, sagte Egon-Erwin. Nach dem ersten Klingeln hatte er Müller Zwo am Apparat.

»Wir haben ihn nicht erschossen. Wir haben auch die vier anderen bedauernswerten Menschen nicht getötet. Uns trifft keine direkte Schuld. Und wahrscheinlich wird der Psycho für immer frei herumlaufen, wenn wir ihn nicht zur Strecke bringen«, sagte Hubertus.

Der Stallbursche kam aus dem Stall und ging auf die Leiche zu. Er hatte eine Pferdedecke mitgebracht und legte sie vorsichtig über den Kopf seines ehemaligen Chefs. Dann blieb er ruhig stehen und legte die Hände feierlich zusammen. Zum Abschied nickte er respektvoll. In die Runde sagte er: »Ich war im Stall, habe nichts gehört und nichts gesehen. Hab nicht einmal gewusst, dass er Sie treffen wollte.«

Hubertus, Egon-Erwin und Albertine hätten sich gern auf die Holzbank vor dem Haus gesetzt, aber niemand traute sich, den ersten Schritt zu tun. Deshalb warteten sie im Stehen, bis Müller Zwo mit seinem Team endlich eintraf.

»Sich mit Ihnen zu treffen, ist mies fürs Karma.« Müller Zwo versuchte, die getrübte Stimmung etwas zu lockern, erntete aber nur missbilligende Blicke.

»Na gut. Warum haben Sie sich mit dem Bürgermeister getroffen, und was ist passiert?« Müller Zwo gab der Praktikantin Zeichen, auf Distanz zu bleiben, doch sie ging selbstbewusst auf die Gruppe zu.

»Darf ich mich vorstellen? Mein Name ist Susanne Kampnagel, und ich studiere am Institut für kriminologische Sozialforschung der Universität Hamburg.« Damit ging sie in die Knie, um sich die tödliche Verletzung aus der Nähe anzusehen. Sie streifte sich Gummihandschuhe über und hob dann vorsichtig die Pferdedecke an.

Jetzt kippt sie um, dachte Müller Zwo und zog die Luft zwischen den Zähnen ein.

Doch es passierte nichts dergleichen. Es dauerte nicht lange, und sie deckte Bürgermeister Focken wieder zu, um den Kollegen von der KTU das Feld zu überlassen. Damit konnten sich jetzt auch alle vom Tatort entfernen. Albertine setzte sich auf die Holzbank und vergrub ihr Gesicht in den Händen.

»Haben Sie den Schuss gehört?«, fragte Susanne Kampnagel.

Hubertus schüttelte den Kopf. »Es war so still wie immer. Er ist einfach umgefallen, wie vom Blitz getroffen. Erst als er auf dem Rücken lag, haben wir das Blut fließen gesehen. Es war … es ist grauenhaft.«

»Was befindet sich auf dieser DVD oder CD, die zerbrochen auf dem Boden liegt?« Kampnagel deutete auf die silbernen Splitter, die überall um die Leiche herum im Staub lagen.

»Fotos. Ich hatte Fotos von Focken gemacht, die ihn in kompromittierenden Situationen zeigen«, sagte Egon-Erwin wahrheitsgemäß.

»Dann war das bestimmt die Sicherungskopie?«, sagte Susanne.

Egon-Erwin nickte.

»Das reicht mir fürs Erste. Haben Sie noch Fragen an die Zeugen, Kollege Müller?« Susanne wandte sich an Müller Zwo.

»Nein.« In diesem Augenblick wurde Müller Zwo klar, warum er seinen Namen zu Recht trug. Er hatte seine Meisterin gefunden.

»Bleiben Sie bitte jederzeit erreichbar, falls ich, äh, falls *wir* noch Fragen an Sie haben.« Susanne schlug Müller Zwo leise vor, doch den Notfallpsychologen anzufordern, damit der sich um Pia und ihre Mutter kümmerte. Müller Zwo zückte sofort sein Handy.

Kampnagel ging in die Richtung, wo der Scharfschütze beim Schuss gestanden haben musste. Sie lief quer über ein sehr breites Feld und zählte dabei die Schritte, bis sie zum Wald kam. Ungefähr tausend Meter hatte sie hinter sich gebracht. Dann tat sie noch ein paar Schritte in den Wald hinein und suchte nach einer Stelle, die freie Sicht auf das Haus des Bürgermeisters zuließ.

In diesem Moment sah sie die Tatwaffe auf dem Boden liegen. Ein dunkel glänzendes Insekt aus hartem schwarzen Metall, das den Tod lautlos brachte. Die Waffe sah irgendwie exotisch aus, aber eben auch unheimlich. Kampnagel kam aus dem Grübeln nicht mehr heraus. Normalerweise waren solche exakten Treffer aus dieser Entfernung unmöglich. Vor ihr stand auf einem Dreibein-Stativ eine XS1, die siebzehntausendfünfhundert Dollar wert war und gerade auf der Consumer Electronics Show in Las Vegas vorgestellt worden war. Die Hightech-Flinte musste zwar nach jedem Schuss nachgeladen werden, doch es handelte sich um ein digital gesteuertes Mordwerkzeug. Lagesensoren, Kompass, Mikroskop und ein integrierter WiFi-Server gehörten zur Standardausrüstung. Darüber hinaus waren Laserentfernungsmesser, Digitalkameras sowie Temperatur- und Drucksensoren eingebaut. Erschien das Zielobjekt im Sichtbereich, wurde es virtuell markiert. Nun übernahm das Gewehr die vollkommene Kontrolle und informierte den Schützen über den richtigen Augenblick zum Abdrücken. Solche Waffensysteme sorgten gerade im Internet für große Aufregung.

Die Patronenhülse lag gut sichtbar neben dem Gewehr auf dem Waldboden. Kampnagel berührte sie nicht, sondern holte stattdessen ihr Handy aus der Handtasche.

»Kommt bitte gleich hierher und sichert die Tatwaffe. Ihr werdet nicht glauben, was hier im Unterholz steht«, informierte sie ihre Kollegen von der KTU, die wenig später eintrafen.

Wenn das nicht ein Zeichen der absoluten Überlegenheit ist, dachte Kampnagel und schüttelte angesichts der Arroganz des Killers den Kopf.

Nachdenklich ging sie zu Müller Zwo zurück, der ein wenig verloren den Leichnam des Bürgermeisters bewachte. Albertine, Egon-Erwin und Hubertus hatten darum gebeten, vorübergehend den Tatort verlassen zu dürfen.

Kampnagel stellte sich neben ihn. »Ich glaube, dass wir den Killer nur mit Hilfe der Landärztin und ihren Freunden überführen können. Mich würde interessieren, woher der Killer wusste, dass sie sich genau um diese Uhrzeit hier treffen würden. Aber wahrscheinlich hat er ihre Handys überwacht. Im Internet wimmelt es nur so von geeigneter Software.« Sie starrte auf die Pferdedecke, um deren Kopfende herum sich allmählich eine feuchte Pfütze bildete.

»Sie überraschen mich immer wieder aufs Neue, Susanne«, sagte Müller Zwo. »Aber denken Sie bitte daran, dass nur ich die Kompetenz habe, Entscheidungen zu fällen. Ich möchte Sie bitten, dass wir den Fall gemeinsam lösen. Ich kann sehr viel von Ihnen lernen, und vielleicht kann ich Ihnen ja auch etwas beibringen.«

Es war Müller Zwo anzumerken, wie ernst es ihm bei diesen Worten war. Kampnagel nickte, ohne ein Wort zu sagen.

Nachdem der Leichnam abtransportiert war, nahmen sie Clementine im Streifenwagen mit und setzten sie an Albertines Haus ab.

Auf der Fahrt zur Dienststelle fragte Kampnagel betont freundlich: »Aber ich darf Sie doch immer noch Müller Zwo nennen?«

Müller Zwo lächelte versonnen.

vierzehn

Die Beerdigung von Bürgermeister Focken stellte alles bisher Dagewesene in den Schatten. Vor der Dorfkirche stand der Schützenverein Spalier, und der Spielmannszug bereitete sich für die letzten Meter bis zur Grabstelle vor.

Albertine und Hubertus standen etwas abseits, während Egon-Erwin seinen Job erledigte. Er fotografierte den Beerdigungszug zum Grab. Dann die Witwe und ihre Tochter, nahe Verwandte und die Honoratioren von Klein-Büchsen, das sich vollständig auf dem kleinen Friedhof zusammengefunden hatte. Der Situation angemessen, waren kaum Gespräche zu hören. Auch hatte niemand die drei angesprochen, auch in den Tagen zuvor waren sie weitgehend ignoriert worden. Albertine hatte sich gefragt, ob sie nun von der Dorfgemeinschaft ausgeschlossen worden war, und bereitete sich innerlich schon auf den Umzug zurück nach Hamburg vor. Die Vorstellung stimmte sie traurig, wenn nicht sogar ein wenig depressiv. Hubertus hatte alles getan, um ihre Laune zu verbessern, aber auch er haderte mit seinem Schicksal. Bürgermeister Focken war ihm immer unsympathisch gewesen, aber eigentlich als Mensch egal. Doch dieser eiskalte Mord ließ ihn nicht unberührt, weil er zutiefst menschenverachtend und zynisch ausgeführt worden war. Genau wie die anderen vier Morde. Früher war der Begriff Rache etwas sehr Abstraktes gewesen, nun wusste Hubertus, wie es sich anfühlte zu hassen. Und er hasste den Killer aus tiefstem Herzen. Als der Sarg hinausgetragen wurde, schwor er ewige Rache.

Albertine, die sich bei ihm untergehakt hatte, weinte tonlos.

Der Ehrensalut zerriss die Stille, und die letzten Worte des Pfarrers am offenen Grab verfehlten ihre Wirkung nicht. Ein leises Schluchzen war zu hören, dezent in Taschentücher geschnäuzt. Betretene Mienen ringsherum und ungläubiges Kopfschütteln waren zu sehen. Die Witwe wurde von ihrer Tochter gestützt, die tapferer erschien als das ganze Dorf. Die letzten Ehrerbietungen nahmen kein Ende. Albertine warf eine Rose auf den Sarg und Hubertus die obligatorische Handvoll Erde.

Der Leichenschmaus fand auf dem Dorfplatz statt, die Inhaber der »Heideblume« und des »Bärenkrugs« richteten die Feier aus. Aber keiner wollte mit dem Essen anfangen, die meisten hielten sich stumm an ihren Bierkrügen fest.

Die Bürgermeisterwitwe klopfte gegen ihr Glas, und sofort wurde es ruhig. Sie erhob sich. »Wenn ich einmal sterbe, hat Focken zu mir gesagt, dann sauft und fresst, als gäbe es kein Morgen. Das war sein Letzter Wille.« Sie goss ihr Glas randvoll und leerte es in einem Zug. »Also saufen und fressen wir jetzt!«

Applaus brandete auf, und befreiendes Gelächter war zu hören. Klein-Büchsen hatte wieder zu sich selbst gefunden.

Albertine, Hubertus und Egon-Erwin nahmen den Leichenschmaus bei der Landärztin zu Hause ein. Clementine war sehr nahe am Wasser gebaut und weinte lieber allein in die Töpfe als in der Öffentlichkeit. Pias Schicksal ging ihr mehr zu Herzen als das Ableben des Bürgermeisters. Sie hatte Schnittchen und den traditionellen Streuselkuchen vorbereitet, dazu gab es Bier und Kaffee. Ein Stapel Papierservietten ersetzte das Besteck. Immer noch sehr wortkarg saß man zusammen und dachte weniger an den Bürgermeister als an den Killer.

Egon-Erwin hatte auf der Beerdigung jeden Anwesenden fotografiert in der Hoffnung, ein vollkommen unbekanntes Gesicht zu entdecken. Ab und zu reichte er die Kamera in die Runde, aber er erntete nur Kopfschütteln.

»Ich möchte, dass du bitte in der Zeitung dieses traurige Ereignis gebührend würdigst. Keine Mutmaßungen über den Mörder, keine haltlosen Übertreibungen und bitte keinerlei Sarkasmus. Dein letzter Artikel über das Attentat war kaum zu ertragen. Man muss nicht alles bis ins letzte blutige Detail beschreiben, nur um die Auflage zu steigern.« Albertine faltete ihre Serviette zusammen und zeigte direkt auf Egon-Erwin, der sich gerade ein neues Schnittchen gegriffen hatte. »Sir John ist übrigens meiner Meinung.«

Egon-Erwin nickte schuldbewusst. Sir John hatte ihn schon ermahnt, wenn auch mit einem Augenzwinkern. Albertine schien doch einen gewissen Einfluss auf den Herausgeber auszuüben.

»Es wird uns nichts anderes übrig bleiben: Wir müssen uns das Forsthaus einmal aus der Nähe ansehen. Sollten wir Horst Wild dabei begegnen, müssen wir vor allem ruhig bleiben und jeder Auseinandersetzung aus dem Weg gehen. Und du«, Albertine deutete auf Egon-Erwin, »legst besser mal eine Pause ein. Was hältst du von einem kleinen Ausflug, Hubertus?«

Der nickte über den Rand seiner Kaffeetasse, doch Albertine entging nicht, dass er dabei die Augen rollte.

fünfzehn

Am nächsten Morgen hielt Hubertus mit seinem alten Saab 99 pünktlich vor Albertines Haustür. Das war natürlich für ihn als direkter Nachbar kein Kunststück. Albertine wartete schon am Gartentor auf ihn. Sie sah aus wie das blühende Leben auf dem Weg in die Sommerfrische. Hubertus liebte es, wenn sie sich volkstümlich anzog. Die pommersche Tracht bestand aus einem weißen Leinenhemd, einem Schnürleib und einem schwarz-blauen Kantenrock mit rotem Rand. Auch das bestickte Umlegetuch und die blütenweiße Schürze fehlten nicht.

»Du siehst bezaubernd aus«, sagte er, als Albertine einstieg und ihr farbenfrohes Kleid zurechtstrich.

»Ich weiß.« Galant setzte sie sich eine große Sonnenbrille auf.

Hubertus kannte zwar den kürzesten Weg zum Wald, hatte aber nur eine vage Vorstellung, wie man zur Försterei kam. Also hielt er Ausschau nach dem breitesten landwirtschaftlichen Weg mit den höchsten Holzstapeln. Die Suche war relativ schnell beendet. Hinter einer nicht verschlossenen Schranke für den Forstverkehr parkte Hubertus seinen Saab so, dass ihm landwirtschaftliche Maschinen keine Beulen in die Seite fahren konnten. Während sich Albertine sportive Wanderschuhe angezogen hatte, quälte sich Hubertus über die Unebenheiten des Weges in sündhaft teuren Budapestern.

Das Forsthaus stand in der Mitte einer Lichtung, die im magischen Licht der Sonne wie verzaubert wirkte. Es war ein zwischen den Bäumen geduckt wirkendes Fachwerkhaus, das mit seinem Reetdach einem fernen Jahrhundert entsprungen zu sein schien.

»Fehlt nur noch die Hexe. Wir geben ja als Hänsel und Gretel schon eine ganz gute Figur ab«, sagte Hubertus.

»Nur mit dem Unterschied, dass du eindeutig zu fett bist und dein Finger zwischen keine Gitterstäbe passen würde.« Albertine strich wie zur Bestätigung das Kleid über ihren schlanken Hüften glatt.

»Ich bin wirklich beruhigt, dass du wieder zu alter Form findest.« Albertines Sticheleien konnten Hubertus nicht die gute Laune verderben. »Ich hatte bei der Beerdigung schon Angst, dass du langsam trübsinnig wirst.«

Das Haus sah vollkommen verlassen aus, kein Licht brannte, keine Bewegung war zu erkennen. Und es stand auch kein Auto vor der Haustür.

»Sieht ja vollkommen verlassen aus. Wir klingeln pro forma, und dann sehen wir uns das Hexenhäuschen mal genauer an.« Albertine trat vor die Tür und schaute sich nach beiden Seiten um.

Es öffnete niemand, was auch kein Wunder war, denn sie hatten ihre Anwesenheit ja noch nicht lautstark bemerkbar gemacht. Vor der Haustür hing eine Glocke in Form eines Hirschkopfes. Albertine zog einmal daran, das altertümliche Läutwerk aus Roheisen klang ziemlich rostig. Immer noch war niemand zu sehen oder zu hören. Albertine ging die Stirnseite des Forsthauses ab und blickte durch jedes Fenster.

Die Einrichtung sah aus wie direkt vom Heimatmuseum ausgeliehen. Ohrensessel mit gehäkelten Deckchen als Kopfschoner, Jagdtrophäen an der Wand, Kachelofen, antike Schränke und Kommoden. Ein Waffenschrank mit uralten Flinten hinter Glas und natürlich eine monströse Anrichte. In der Küche wurde noch auf einem Herd gekocht, der mit Holz befeuert wurde, und der Kessel im Badezimmer funktionierte anscheinend nach demselben Prinzip.

»Ich kann mir überhaupt nicht vorstellen, dass hier ein Sniper mit einer Hightech-Macke wohnt«, sagte Albertine.

»Stille Wasser sind ja bekanntlich tief.« Mehr fiel Hubertus auch nicht mehr ein.

»Wir müssen herausfinden, ob es hier einen Keller gibt.«

»Das ist schnell beantwortet.« Hubertus deutete auf die vergitterten Fenster im Sockel, die hinter schmalen Lichtschächten versteckt lagen. Alle Fenster waren im Laufe der Jahrzehnte blind geworden und ließen keine Blicke ins dunkle Innere zu. Nur auf der Rückseite des Hauses gab es drei nebeneinanderliegende Luken, die mit irgendetwas abgeklebt waren.

»Dahinter könnte der Folterkeller sein. Mach doch mal mit deinem Handy ein paar Fotos«, sagte Albertine zu Hubertus, dessen Hände dezent zitterten, was sich wiederum auf die Schärfe der Aufnahmen auswirkte.

»Wie kommen wir da nur rein?« Albertine kniete auf dem Boden und versuchte, mit den Fingern in die Luken zu greifen. Ohne Erfolg.

»Durch die Haustür«, sagte Hubertus. »Hier gibt es keine außen liegende Kellertreppe. Und ich habe keine Lust, von dem Verrückten erwischt zu werden. Du weißt ja, wie das endet. Denk an Gunnar.« Ihm lief es kalt über den Rücken.

»Ich habe genug gesehen. Lass uns nach Hause fahren. Vielleicht verwöhnt uns ja Clementine mit einem Brunch.« Albertine erhob sich und klopfte sich unsichtbare Erdkrümel vom Kleid.

»Ich frage mich ernsthaft, wie du bei dieser Völlerei deine Figur halten kannst.«

»Du sollest es mal mit Gartenarbeit versuchen. Die wirkt Wunder.« Albertine war schon fast beim Auto. »Wein soll übrigens auch eine Kalorienbombe sein«, setzte sie mit einem vielsagenden Blick hinzu.

Doch aus dem Brunch wurde nichts. Als Albertine ihre Praxis betrat, war das Wartezimmer überfüllt. Clementine hatte Mühe, die wartenden Patienten zu beruhigen.

»Es gibt also doch noch Gerechtigkeit.« Albertine zog sich schnell ihren weißen Kittel an.

»Der Nächste, bitte!«, rief sie, kaum war sie in ihrem Behandlungszimmer.

Bäuerin Schlüter schlurfte herein und stützte mit der rechten Hand die Hüfte.

»Ist es wieder das Kreuz?« Albertine brauchte keine Krankenakte, sie kannte ihre Patienten schließlich seit Jahren.

»Keine Ahnung«, stöhnte die Bäuerin. »Vielleicht hat's ja an der Kuh gelegen. Wir haben sie ja sofort geschlachtet. Das war kein Spaß, außerdem hatte die Helga so ein sanftes Wesen. Das hat sich auf meine Seele ausgewirkt. Und mein Mann ist ja so ein Holzkopf, den interessiert ja nur seine Milchbilanz.«

»Dann schicken Sie den doch mal her. Das renken wir dann schon ein.« Albertine zeigte auf die Liege. »Lassen Sie mich mal kontrollieren, ob es ein richtiger Hexenschuss ist oder auch die Psyche.«

Unter großem Wehklagen und vielen Auas ließ sich Bäuerin Schlüter abtasten. Wie immer war es die Psyche, denn das Leben als Landwirtin war monoton und schwer. Außerdem war Bauer Schlüter tatsächlich ein grober Klotz.

Dann kam die Frage, auf die Albertine schon gewartet hatte.

»Hatten Sie denn Angst, als der Bürgermeister erschossen wurde, Frau von Krakow?«

»Ja und nein«, antwortete Albertine wahrheitsgemäß. »Aber der Anblick danach war grauenhaft.«

»Vielleicht wollte der Mörder ja Sie persönlich treffen.« Die Bäuerin sah Albertine erwartungsvoll an.

»Kann sein.« Albertine nickte mehrmals. »Kennen Sie eigentlich Horst Wild?«

»Wer soll das sein?« Die Augenlider der Bäuerin zuckten leicht.

»Der Kreisjägermeister«, sagte Albertine.

»Ach ja, der Schweiger. Den kenn ich nur vom Sehen, außerdem sagt der ja nichts.« Die Bäuerin schob sich erstaunlich behände von der Liege.

»Weiß man, warum?«

»Muss irgendwas mit dem Vater zu tun haben.« Bäuerin Schlüter hatte es auf einmal sehr eilig, das Behandlungszimmer zu verlassen.

Der nächste Patient war Opa Severin. Dem Alten sah man seine fünfundachtzig überhaupt nicht an. Die letzten zehn Jahre hatte er am Stammtisch gesessen und sich mit dicken billigen Zigarren vergnügt. Er bestellte sich ein Herrengedeck nach dem anderen und aß Hausmannskost. Diese Kur schien ihn fit zu halten, oder wie er sagte: »Essen hält Leib und Seele zusammen.« Währenddessen hatte sein Sohn aus der bodenständigen »Heideblume« ein gefragtes Restaurant gemacht.

»Mir fehlt nichts, Frau Doktor. Lassen Sie uns einfach mal schnacken.« Er ließ sich gemütlich auf der Liege nieder.

»Gern. Was wollen Sie wissen?«, sagte Albertine.
»Warum geben Sie nach diesem Drama nicht endlich Ruhe?«
»Weil auch ich von diesem Vorfall betroffen bin.« Albertine setzte sich auf ihren erhöhten Ärztinnenstuhl. »Vielleicht galten die Schüsse ja mir.«
»Schüsse? Hat er es öfters versucht?«
»Hat wer es öfters versucht?«
»Der Mörder! Kommen Sie, Albertine, Sie wissen ganz genau, wer Ihnen nach dem Leben trachtet.« Severins blaue Augen funkelten.
Albertine schüttelte energisch den Kopf. »Nein. Ich habe nur eine Ahnung.«
»Dann verraten Sie mir doch diese Vermutung.«
»Also, ich habe eigentlich keine Zeit für Wortklaubereien, wie es so schön altmodisch heißt. Entweder Sie erzählen mir jetzt alles, oder ich muss Sie bitten, Platz für den nächsten Patienten zu machen.« Albertine notierte etwas in Severins Krankenakte und ging zum Medikamentenschrank, um ihn aufzuräumen.
Der alte Severin starrte sie einen Moment lang an, dann erhob er sich und verabschiedete sich mit einer formvollendeten Verbeugung.
Als Nächstes betraten Frau Parlow und ihr vierjähriger Sohn Pablo das Behandlungszimmer. Pablo hatte sich nun schon zum sechsten Mal einen kleinen Legostein tief in seine Nase gestopft.
»Na, Pablo, was wolltest du denn diesmal bauen?«, fragte Albertine.
»Bauernhof, Kuh, Muh«, sagte Pablo.
»Das hat er beim letzten Mal auch gesagt«, sagte Albertine. »Was willst du einmal werden?«
»Bauer, Kuh, Muh«, sagte Pablo.
Ein hoffnungsloser Fall. Albertine machte sich daran, mit einer sehr schmalen Metzenbaumschere den Fremdkörper zu entfernen.
»Geschafft!«, rief sie aus, als sie das rote Legoklötzchen in der Hand hielt.
Pablo fing an zu wimmern. »Aua, Kuh, tot!«
»Was meint er denn damit, Frau Parlow?«, fragte Albertine.

Frau Parlow nahm Pablo auf den Schoß. »Seit er bei Bauer Schlüter auf dem Hof war, als die Kuh gekreuzigt wurde, redet er nicht mehr in ganzen Sätzen. Ich mache mir wirklich große Sorgen.«

»Er war dabei? Und wo waren Sie?«, fragte Albertine empört.

»In der Küche.« Frau Parlow fuhr sichtlich betreten dem Jungen über die Haare. »Ich habe mit der Bäuerin Kuchen gebacken.«

Albertine ging in die Knie, sodass sie auf Augenhöhe mit Pablo war. »Kuh. Muh. Mörder?«

»Groß. Gesicht. Weiß. Lachen«, antwortete der Junge mit ernster Miene.

Blitzschnell suchte Albertine im Computer nach Fotos von Anonymous-Demonstranten. Google spuckte sofort eine ganze Seite voll grinsender Masken aus.

»So?« Albertine rückte den Bildschirm so hin, dass Pablo die Seite gut erkennen konnte.

»Lachen. Mann. Böse.« Pablo hielt sich beide Hände vors Gesicht. Darunter liefen ihm die Tränen über die Backen.

»Jetzt reicht es aber, Frau Doktor.« Frau Parlow stand auf und nahm den schluchzenden Jungen auf den Arm. »Wir alle wollen wissen, wer unser schönes Klein-Büchsen tyrannisiert, aber das darf nicht auf Kosten meines Sohnes gehen. Nichts für ungut und einen erfolgreichen Tag noch.« Ohne ein weiteres Wort verließ sie die Praxis.

Albertine griff zum Hörer ihres altmodischen Telefons und erzählte Hubertus von Pablo. Sie war sich sicher, dass der Junge den Maskenkiller auf dem Schlüter-Hof gesehen hatte.

»Der ideale Zeuge, nur nicht gerade gesprächig.« Hubertus war die Ratlosigkeit anzuhören.

Albertine legte kurzerhand auf und versorgte die anderen Patienten, bis die Sprechstunde zu Ende war.

sechzehn

»Wenn du wieder auf einer Kuh reitest, dann lass ich dich enterben, Friedhelm«, sagte Hubertus. Seit dem gestrigen Abend hatte er seinen jüngeren Bruder zu Gast, der ihm am ungeputzten Esstisch gegenübersaß. Hubertus kultivierte sein kreatives Chaos. Allerdings hatte er etwas gründlich missverstanden. Bei ihm sah es aus wie beim Altpapierhandel. Die wertvollen Erstausgaben wurden in die Regale hineingestopft, und Staub gewischt wurde dort nie. Die Grünpflanzen waren braun, weil sie schon vor Jahren vertrocknet waren. Nur der Pirelli-Kalender von 2009 brachte Farbe in das graue Einerlei.

»Du bist echt ein totaler Langweiler im Gegensatz zu deiner Nachbarin. Und vielleicht kann ich ja auf was anderem reiten«, sagte Friedhelm, der hochgewachsen und durchtrainiert wirkte. Das grau melierte Haar verlieh seinen markanten Gesichtszügen etwas Aristokratisches.

»Ja, auf einem Ferkel!« Hubertus war jetzt schon von seinem Bruder genervt. Friedhelm hatte immer die Nase vorn gehabt. Als Vorstandsvorsitzender der HSV-Bank-Securities S.A. in Luxemburg war er frühzeitig ausgestiegen und kultivierte jetzt sein luxuriöses Leben als Privatier. In der Finanzwelt wurde gemunkelt, bei dem Ausstiegsdeal wären Millionen geflossen. Der nagelneue Aston Martin Rapid sprach seine eigene Sprache und war für Friedhelm, der nur Designeranzüge trug, ein Zweihunderttausend-Euro-Schnäppchen, das sich jeder Scheich als Drittwagen für die Viertfrau leisten konnte.

»Gibt es hier eigentlich irgendetwas anderes zu essen als diese Schinkenstullen? Hat dich dein exquisiter Geschmack im Stich gelassen? Wenigstens war der Wein ganz passabel, den du gestern spendiert hast.« Friedhelm untersuchte ein Schinkenbrot auf seine Bestandteile und konnte nur Ware vom Discounter entdecken. »Wann gehen wir eigentlich zu Albertine? Ich vermisse ihre anregende Gesellschaft.«

»Erst heute Abend. Albertine hat einen Patientenstau.«

»Besser als ein Hormonstau ...«

»Tu mir doch bitte einen Gefallen, Friedhelm, und lass die Zweideutigkeiten. Man könnte meinen, du bist ein Zuhälter von der Reeperbahn und hättest nicht an der Universitas Sancti Andreae Business and Management Studies studiert.« Hubertus betonte den Namen der Universität.

»Hör doch mit dem Lateingequatsche auf. Da wird mir schlecht von«, sagte Friedhelm. »Lass uns lieber im Dorf nachsehen, wie weit die Ureinwohner mit den Festvorbereitungen sind.«

»Du kommst jetzt seit Jahren zum Schützenfest. Das ist doch immer das Gleiche. Ich frage mich sowieso, warum du nicht in Saint-Tropez bist, um Blondinen aufzureißen«, sagte Hubertus.

»Du weißt doch, dass ich auf dicke Euter stehe«, sagte Friedhelm vieldeutig und stand auf.

Auf dem Weg zum Dorfplatz parkten schon die Marktbeschicker. Kunsthandwerk war ebenso vertreten wie Feinkosthändler. Hier wurde kein Billig-Ramsch, sondern hochwertige Produkte aus eigener Herstellung verkauft. Sie sorgten dafür, dass sich jedes Jahr viele Großstädter auf den Weg in die Provinz nach Klein-Büchsen machten.

»In was für eine unappetitliche Sache seid ihr da eigentlich reingeraten?« Friedhelm war ein News-Junkie, der stundenlang im Internet surfte. »Du warst doch immer Pazifist und bist kein Killer.«

»Also, das ist ganz einfach.« Hubertus hielt Ausschau nach einem Weinstand und konnte nur die fahrbare Currywurst-Bude entdecken. »Ein Psycho hat vier Leute geköpft und den Bürgermeister mit einem unglaublichen Distanzschuss erledigt. Der Kerl versucht, uns das in die Schuhe zu schieben. Wir wissen, wer wahrscheinlich hinter der Maske des Täters steckt. Wir müssen ihn nur noch überführen.«

»Warum macht ihr dem Spuk nicht einfach ein Ende?«, fragte Friedhelm. »Klingt doch so simpel wie ein Tatort-Krimi.«

»Der Typ ist ziemlich clever. Und wir wollen ihn auf frischer Tat erwischen«, antwortete Hubertus.

»Soll ich euch helfen?« Friedhelm wusste sofort, dass er etwas Falsches gesagt hatte.

Hubertus blieb abrupt stehen. »Untersteh dich.« Sein scharfer Ton duldete keinen Widerspruch.

»Wie du meinst.« Friedhelm hob beschwichtigend die Hände. »Ich hab jetzt Hunger. Gibt es denn diese Pusteblume noch?«

»›Heideblume‹ heißt unser Gasthof mit dem erstklassigen Koch Sören Severin. Wird schwer werden, draußen noch einen Tisch zu bekommen.«

Ein paar Minuten später saßen sie am Stammtisch des Inhabers, der sie herangewinkt hatte, kaum hatten sie den Schankraum der »Heideblume« betreten.

»Welch seltener Gast in meiner bescheidenen Imbissbude. Sie sind doch sicher Besseres gewohnt, Herr Doktor.« Sören rückte die Stühle am Stammtisch, sodass Friedhelm sich bequem setzen konnte. »Nehmen Sie doch bitte Platz. Wer weiß, ob und wann man sich wiedersieht.«

Hubertus sah einen schmalen Tisch im Freien frei werden und lief schnell los. Noch im Stehen bestellte er bei Sören. »Servier doch bitte einfach dein Menü, und wir sind glücklich.«

»Heute gibt es Pastinaken-Creme-Suppe mit Kräuterschaum, dann Rindermedaillons mit Portweinsoße und Bohnen-Kartoffel-Stampf und zum Abschluss Panna cotta mit kandierten Limetten. Was darf ich Ihnen zu trinken bringen lassen? Champagner, Herr Doktor?« Sören zückte seinen Bestellblock.

»Ich bevorzuge deutsches Wasser, genau wie mein Bruder. Oder, Hubsi?«, sagte Friedhelm, der aufgeholt hatte und neben dem Tisch stand.

Hubsi war sofort sauer. Er hasste diesen Spitznamen aus fernen Jugendjahren, und er hasste es, bei einem guten Essen auf den geliebten Wein zu verzichten. Gemeinsam setzten sie sich draußen hin, und schon wurde die Suppe serviert. Angesichts der Vorspeise hellte sich Hubertus' Miene auf.

»Das geht heute auf Kosten des Hauses.« Sören lächelte Friedhelm an. »Man weiß ja, was so ein englischer Gebrauchtwagen an Sprit schluckt.«

Was war denn hier los? In all den Jahren, in denen er schon in

Klein-Büchsen lebte, hatte Sören Hubertus noch nie ein Essen spendiert.

»Du bist auch eingeladen, Hubertus. Nur kein Neid«, sagte Sören.

»Du willst doch irgendetwas. Spuck's aus.« Hubertus fing an, seine Fingernägel mit dem Messer zu säubern.

»Deine Manieren waren auch schon mal besser.« Sören nahm ihm das kostbare Tafelsilber aus der Hand. »Außerdem redest du wie Arnie in einem seiner Ballerfilme. Ich muss mich schon sehr wundern.«

»Ich glaube eher, dass der Herr Severin kurz mit mir unter vier Augen sprechen möchte«, sagte Friedhelm. »Bei einem Espresso in Ihrem Büro. Lassen Sie sich Zeit, ich warte auf Sie.«

Der Hauptgang schmeckte beiden vorzüglich. Das Fleisch war aus der Region, und die Portweinsoße eine gute Wahl.

»Dieser Garrafeira-Port ließe sich auch sehr gut pur genießen«, sagte Hubertus. »Aber Bohnen-Kartoffel-Stampf ist ja irgendwie nicht meine Lieblingsbeilage. Schmeckt nach Krankenhaus und zahnlosen Rentnern«, nörgelte Hubertus und spekulierte eigentlich nur auf etwas anderes als Wasser zum Nachspülen, während ihn Friedhelm mit der Nachsicht behandelte, die man normalerweise bei ungezogenen Kindern an den Tag legte.

»Großmutter hat doch auch immer Bohnen-Kartoffel-Stampf gekocht, sonntags zum Braten. Ich weiß gar nicht, warum dir das jetzt nicht mehr schmeckt«, sagte Friedhelm, der mit dem Interesse eines Ethnologen beobachtete, wie sich der Dorfplatz langsam mit Verkaufsständen füllte.

»Ist mir zu trocken. Ich brauch als Geschmacksverstärker Rotwein.« Hubertus schob lustlos den Kartoffelbrei von einer Ecke des Tellers in die andere.

»Langsam mache ich mir wirklich sorgen um deine Leberwerte. Hast du die von Albertine schon einmal checken lassen?«

Beim Thema Leberwerte wurde Hubertus noch missmutiger, was Friedhelm nicht entging. »Schau dich mal um, Hubsi! Das ist doch herrlich hier. Da muss man sich nichts schöntrinken. Ich kann die Vorfreude auf morgen richtig mit den Händen greifen. Sieh doch mal, da rechts wird ein kleines Kettenkarussell aufgebaut und ein Rondell für die Ponys. Wird dieses Jahr wieder eine Bauern-Olympiade veranstaltet?« Friedhelm hatte letztes Jahr einen glorreichen Sieg bei der Bauern-Olympiade hingelegt. Beim Gedanken daran geriet er direkt ins Schwärmen.

»Weiß nicht, vielleicht fällt sie aus Pietätsgründen aus«, brummte Hubertus. »Weil doch die Schwarz-Weiße von Bauer Schlüter gekreuzigt wurde.«

»Was? Dieser Psycho ist also auch noch ein Tierquäler. Da vorne steht die Bäuerin. Ich bin gleich wieder da.« Friedhelm erhob sich und steuerte mit wehenden Rockschößen auf Bäuerin Schlüter zu. Über die Schulter rief er Hubertus noch zu: »Aber warte bitte mit dem Nachtisch auf mich.« Er begrüßte die Bäuerin mit einem Handkuss und war bald in ein intensives Gespräch verwickelt, seinen ausholenden Gesten nach zu schließen.

Sollte der Angeber doch nach Klein-Büchsen ziehen und den Killer überführen. Auf der Schleimspur muss ja jeder ausrutschen, dachte Hubertus. Erstaunt musste er feststellen, dass er tatsächlich auf Friedhelm und dessen nonchalantes Benehmen neidisch war.

Friedhelms roten Kopf konnte man schon aus weiter Entfernung gut erkennen. Er schien sichtbar erregt und ungehalten zu sein. »Es ist ein Skandal. Dieses Schwein hat meine geliebte Helga auf dem Gewissen. Die beste Rennkuh aller Zeiten.« In Friedhelms Gesicht machten sich rote Hektikflecken bemerkbar. »Ich werde ihm das Handwerk legen und ihn direkt ins Gefängnis bringen.«

»Genieß lieber deinen Nachtisch, das ist weitaus ungefährlicher. Du warst ja schon als Kind ein Hasenfuß. Das hier ist vier Nummern zu groß für dich«, sagte Hubertus.

Friedhelm zuckte mit den Achseln und nahm die brüderliche Zurechtweisung gelassen hin. Als Banker war er es gewohnt, ein Pokerface aufzusetzen und dann gnadenlos die Schwäche des Gegners auszunutzen. Mit der Gelassenheit eines Stoikers löffelte er in aller Ruhe die Panna cotta und beobachtete wieder den Dorfplatz.

Nahezu ganz Klein-Büchsen war auf den Beinen, um Girlanden zu spannen und den Dorfplatz zu verschönern. Die

Witwe des Bürgermeisters blühte regelrecht auf. Sie dirigierte die Landfrauen mit einem untrüglichen Auge für jedes noch so kleine Detail. Friedhelm wunderte sich, wie elegant sie in ihrem schwarzen Kleid wirkte. Sören hatte zusätzliches Personal eingestellt und einen eigenen Bierstand eröffnet, während Ole Fuhlendorf vom »Bärenkrug« sich ihm direkt gegenüber mit einem Stand platzierte. Sie machten den Marktschreiern vom Hamburger Fischmarkt, die auch mit zwei Verkaufsständen da waren, ordentlich Konkurrenz.

Hubertus wurde es langsam langweilig, und er winkte Sören an ihren Tisch. »Der Herr hier ist fertig mit dem Essen und möchte jetzt seinen Espresso nehmen. Bring mir doch bitte die Flasche mit dem dänischen Schnaps und ein Glas. Mein Bruder hat sich Abstinenz verordnet.« Er grinste Friedhelm an, der sich betont langsam erhob und Sören in sein kleines Büro folgte.

Hubertus kippte ein Glas Verdauungsschnaps, dann nutzte er die Zeit, um sich auf dem Dorfplatz die Beine zu vertreten. Als Erstes sah er sich den Stand von Anna Christensen an, die ihre Kräuter mit viel Liebe präsentierte. Lavendelsträußchen, Pimpernellebüschel und andere wohlduftende Kräuter lagen zwischen handgemachten Seifen und anmutig bemalten Creme-Tiegelchen.

»Hallo, Fürstin der Finsternis. Wie laufen die Geschäfte? Wie geht's dem Ackerhellerkraut? Der Gartenkresse und dem Ysop?« Hubertus griff sich ein Blatt Giersch und kaute darauf herum. »Mmmmm, lecker. Schmeckt nach Petersilie.«

»Du kannst dir deine Exkursion in die Welt der Kräuter sparen. Jedes Kind in Klein-Büchsen weiß, dass Giersch entzündungshemmend, harntreibend und reinigend wirkt.« Anna strahlte wie immer das faszinierende Charisma einer Gothic-Queen aus.

»Wo warst du die ganze Zeit?« Gern hätte Hubertus das gesunde Grün mit etwas Rotwein hinuntergespült. Nun hing ein kläglicher Rest Giersch zwischen seinen Zähnen.

»Du solltest regelmäßig einen Tee aus Rauwolfia und Meisterwurz trinken, Hubertus, das entgiftet die Leber. Deine Hautfarbe gefällt mir überhaupt nicht.« Anna hob die rechte Hand, als wolle sie eine Zauberformel sprechen.

»Wenn du so weitermachst, wird noch so eine Art Galadriel aus dir. Vergiss bitte nicht, dass ich größer als Bilbo bin. Die Leber wächst übrigens mit ihren Aufgaben. Wenn wir diesen Psycho erwischt haben, dann denke ich mal über deine Ferndiagnose nach.«

Hubertus machte sich auf den Weg zu einem Weinstand. Der Winzer stand selbst hinter dem Tresen und verkostete schon einmal ein paar edle Tropfen.

»Der Reinhold aus dem schönen Städtchen Meisenheim. Hast du vom Raumbacher Schwalbennest etwas dabei?« Hubertus glaubte, die Vorfreude seines großen Entgiftungsorgans körperlich spüren zu können.

»Den 2011er kann ich dir empfehlen. Der Riesling kostet zwar neun Euro, ist aber jeden Cent wert.« Die Nase von Reinhold leuchtete so rot wie eine Laterne.

Voller Vorfreude hob Hubertus das Weinglas in die Höhe, dann an die Wange, um die Temperatur zu kontrollieren. Der erste Schluck kitzelte seinen Gaumen wie ein bacchantischer Zaubertrunk.

»Herrlich! Perfekt temperiert und wunderbar im Abgang. Aber das weißt du ja alles selbst viel besser als ich.« Aus dem Augenwinkel bemerkte Hubertus, dass Friedhelm wieder an ihrem Tisch Platz genommen hatte. »Gib mir doch bitte die Flasche mit. Ich zahl morgen«, sagte er zu Reinhold.

Der lächelte zufrieden, reichte Hubertus die geöffnete Flasche und machte sich eine Notiz auf dem Karton.

Beschwingt und voller Vorfreude auf den Rest in der Weinflasche kehrte Hubertus zu seinem Tisch in der »Heideblume« zurück.

»Na, mein Guter, was gab es so Geheimnisvolles zu besprechen?« Hubertus wunderte sich, dass Friedhelm einen Grappa trank.

»Erzähl ich dir auf dem Weg zurück. Leg mal einen Zehner Trinkgeld auf den Tisch.« Friedhelm ruckelte sich die Weste seines Boss-Anzuges zurecht. Mit dem Jackett sah er ein wenig wie Harald Schmidt aus, fand Hubertus.

Mürrisch klaubte er den Schein aus seinem Geldbeutel und

stellte sein Schnapsglas darauf. Den Rest Riesling trank er in einem Zug aus und stellte die Flasche unter den Tisch. Im Gehen winkten sie Sören zu, der abräumte und das Geschirrtuch über seinem Kopf kreisen ließ wie Peter Fox bei seinem legendären Auftritt in der Berliner Wuhlheide.

Mit jedem Schritt, den sie sich von der »Heideblume« entfernten, wurde die Geräuschkulisse vom Dorfplatz leiser. Hubertus konnte seine Neugier kaum beherrschen. »Also, red, Frieder. Was hatte Sören denn auf dem Herzen?«

»Er will die ›Heideblume‹ verkaufen.« Friedhelm machte einen ernsten Eindruck. »Sören glaubt, dass dieser Serienkiller ihm das Geschäft ruiniert. Nach den ersten vier Toten sind die Sensationstouristen gekommen. Aber der Mord am Bürgermeister hat wohl viele verschreckt. Sören hat mir erzählt, dass im Dorf die Stimmung gegen euch auf der Kippe gestanden hat. Anfangs wart ihr die Bösen, aber nun hat sich das Blatt gewendet. Alle hoffen, dass man den Killer bald schnappt. Sonst ziehen auch die Familien weg, und der Ort vergreist. Und wenn morgen beim Schützenfest irgendetwas passiert, wird hier eine Massenpanik ausbrechen oder Lynchjustiz stattfinden oder was auch immer. Die Dörfler haben jetzt den Pferdeschmied unter Generalverdacht, weil er so lange verschwunden ist. Weißt du denn, wo dieser Gunnar steckt?« Friedhelm sah Hubertus durchdringend an.

Der schüttelte den Kopf und hoffte, dass er einigermaßen glaubhaft wirkte.

»Na gut!« Friedhelm beschleunigte seinen Schritt. »Wir sollten zumindest mal kurz bei Albertine vorbeischauen. Sie hat immer ein kaltes Bier im Kühlschrank und einen teuren Rotwein im Keller. Das müsste dir doch gefallen, oder?«

Wenig später standen sie vor Albertines Haustür und stritten sich wie pubertierende Jünglinge darum, wer klingeln durfte. Schließlich öffnete sich die Tür von selbst, und Albertine begrüßte zunächst Friedhelm und dann Hubertus.

»Mein Sonnenschein!«, rief Friedhelm aus. »Hast du noch flüssiges Gold für mich und roten Beerensaft für meinen Bruder? Wir sind durstig, denn in Klein-Büchsen sind die Wege staubig.«

Er drängelte sich ins Wohnzimmer, wo er das Sofa komplett in Beschlag nahm.

Hubertus folgte ihm und fragte sich, wer hier eigentlich wirklich ein Alkoholproblem hatte.

siebzehn

Ich habe ein Alkoholproblem, dachte Friedhelm, als er kurz nach dem Aufwachen seinen ausgetrockneten Mund mit der pelzigen Zunge befeuchten wollte. Sein Kopf dröhnte gewaltig. Nun lag er nicht mehr bei Albertine auf dem Sofa, sondern bei seinem Bruder im Gästezimmer. Er hatte immer noch seinen Boss-Anzug und die teuren Maßschuhe an. Im Badezimmer stellte er fest, dass sein Gesicht genauso verknittert aussah wie der teure Anzug. Duschen half in solchen Fällen nur partiell, deshalb zog er sich das komplette Freizeit-Outfit seines Lieblingsausstatters an und stolperte hinunter ins Esszimmer.

Hubertus saß vor einem Glas Rollmöpse und leerte gerade eine Flasche Mineralwasser auf ex. Auf dem Tisch lagen mindestens fünf aufgerissene Aspirin-Packungen.

»Aspirin ist alle«, sagte er und schob Friedhelm ein No-Name-Granulat zu. »Das rühren die Bauern ihren Kühen immer unters Kraftfutter.«

»Lecker.« Friedhelm leckte sich die Fingerspitze ab. »Schmeckt wie Ahoi-Brause. Wo steht dein Wasser?«

Hubertus zeigte mit dem Kopf in Richtung Küche, und Friedhelm begab sich auf die Suche. Neben dem Kühlschrank mit der Energieeffizienzklasse G standen nur leere Flaschen. Mit der Abluft des Kühlaggregats hätte man ein ganzes Wohnhaus beheizen können. Auf dem Schweineeimer für den Komposthaufen thronten der Rest einer Ananas und Möhrenschalen, die mit einem Schimmelbelag überzogen waren. Friedhelm würgte die Reste des gestrigen Essens hoch, rannte zur Gästetoilette und übergab sich lautstark.

Danach hatte er Beine wie aus Gummi, entsprechend unsicher kehrte er zurück und ließ sich auf seinen Stuhl plumpsen.

»Jetzt geht's mir besser.« Er spülte das Granulat mit einem Rotweinrest hinunter. »Wir haben wohl hier auch noch getagt, oder?«

Hubertus nickte schwach, erhob sich ächzend und ging auf die

Terrasse. Dort ließ er sich in einen Deckchair fallen, der bedenklich knarrte. »Bring doch bitte mal zwei Decken nach draußen. Wir warten hier auf Albertine und genießen die Frühlingssonne. Keine Ahnung, wann sie kommt.«

Friedhelm deckte seinen Bruder behutsam zu, legte ihm ein weiches Kissen ins Genick und machte es sich auf dem anderen Gartenmöbel bequem. Bald schnarchten die beiden um die Wette.

Albertine sah sich das Stillleben lächelnd an und überlegte, wie sie die Brüder sanft wecken könne. Clementine war nur kurz vor der Terrasse stehen geblieben und sofort wieder zurück in Albertines Haus gegangen. Sie kam mit ihrem größten Tam-Tam-Gong zurück, holte mit dem Klöppel so weit aus, wie sie konnte, und schlug zu.

Fast schien es so, als würde eine Druckwelle Hubertus und Friedhelm erfassen, die ihre Körper vibrieren ließ. Hubertus riss die Augen auf, er wirkte wie gelähmt. Friedhelm dagegen drehte sich zur Seite und murmelte etwas Unverständliches, das sich wie »Scheiß-Japse« anhörte. Clementine wollte ein zweites Mal ausholen, aber Albertine fiel ihr in den Arm.

»Das müsste reichen«, sagte sie und hielt Friedhelm Nase und Mund zu.

Nach Luft japsend war er schnell auf den Beinen und schlug mit den Armen um sich. »Ach, Albertine«, sagte er, als er wieder zu Atem kam. »Warum hast du keine Mund-zu-Mund-Beatmung gemacht? Das war schon immer mein Traum.«

»Ich verschwende mich nicht an Pleitiers«, sagte Albertine und erinnerte die beiden daran, dass gleich der Schützenverein und der Spielmannszug das Dorffest eröffneten. Sie verzichteten darauf, sich umzuziehen, und gingen einfach los.

Albertine genoss es, von Friedhelm und Hubertus umrahmt zum Dorfplatz zu spazieren, wo schon die Musik spielte. Da entdeckte sie auf der anderen Straßenseite ein Liebespaar, das eng umschlungen den Bürgersteig blockierte.

»Da links vorn sind Lisa und Gunnar, Hubertus!«, zischte Albertine und deutete so unauffällig wie möglich mit ihrem Kinn.

»Links, nicht rechts. Manchmal bis du aber auch schwer von Begriff.«

»Gunnar, der Pferdeflüsterer?« Friedhelm, der alles mitbekommen hatte, reckte den Kopf.

»Genau der. Los, den beiden hinterher.« Albertine wechselte die Straßenseite und beschleunigte ihren Schritt.

Es stellte sich heraus, dass sich Gunnar tatsächlich in Lisa verliebt hatte. Nach der ersten Phase zwischenmenschlicher Annäherung stellten sie eine Art Gleichklang der Sinne fest. Außerdem zählte man im Dorf Gunnar offenbar zum engeren Kreis der Verdächtigen, wie der tägliche Blick in seinen SPAM-Ordner bewies. Durch ein Outing wollte er die Lage entschärfen. Er und Lisa hatten zunächst auf Facebook ihre Beziehung öffentlich gemacht und wollten nun auf dem Dorffest diese Tatsache auch im wirklichen Leben unter Beweis stellen.

An der Bude von Curry-Dieter stand Egon-Erwin und hatte sich schon seine zweite »Nervenschocker« bestellt.

»Die nehm ich auch«, sagte Friedhelm. Bald tropfte ihm der Schweiß von der Stirn.

»Curry fördert die Verdauung«, erklärte Hubertus. »Bitte behalte deine Gase für dich, oder stell dich auf die Weide zu den anderen Ochsen.«

»Ihr seht aus, als hättet ihr den Weinkeller von Hubertus trockengelegt.« Egon-Erwin blickte von einem Bruder zum anderen.

»Dann wollen wir uns doch direkt ins Vergnügen stürzen«, sagte Friedhelm, der offenbar schon wieder Lust auf ein Bier verspürte und seinen Kater vertrieben hatte.

Am Stand vom Ole Fuhlendorf bestellte die Runde die ersten Bio-Biere. Egon-Erwin hatte seinen Becher als Erster geleert und zog mit seiner Kamera los. Er hatte sich vorgenommen, jeden zu fotografieren, den er nicht kannte. In seinen Augen waren mittlerweile alle verdächtig.

Albertine sah sich ebenfalls um, entdeckte aber zunächst nur die eigenen Patienten, also drei Viertel der Bewohner von Klein-Büchsen. Viele Touristen waren als Pärchen unterwegs und verhielten sich unauffällig. Dazwischen waren etliche Singles ganz offensichtlich auf der Jagd nach einem Partner. Plötzlich hatte Albertine eine Erscheinung. Sie glaubte, die markanten Gesichtszüge von Mel Gibson entdeckt zu haben. Der Mann zog sie magisch an, auch weil er den Augenkontakt suchte und geheimnisvoll lächelte. Doch je näher sie ihm kam, desto kleiner wirkte er.

Hubertus packte Albertine am Arm und hielt sie zurück. »Was hast du denn vor? Seit wann bist du eine Nymphomanin?«

»Keine Ahnung.« Albertine blinzelte, als würde sie Hubertus erst jetzt erkennen. »Irgendetwas Besonderes geht von diesem Charakterkopf aus. Ich weiß nicht, was, aber seine Ausstrahlung ist geradezu überirdisch.«

»Dann müssen wir jemanden finden, der diesen Typ kennt.« Ohne Albertine loszulassen, steuerte Hubertus auf die Witwe des Bürgermeister zu. Doch Frau Focken konnte den Fremden nicht begutachten, weil er buchstäblich von der Bildfläche verschwunden war. Auch Egon-Erwin hatte kein Foto von ihm gemacht.

Dann drangen Wortfetzen über den üblichen Geräuschpegel hinweg, die auf Friedhelm sichtlich eine magnetische Anziehungskraft ausübten.

»Habt ihr gehört?«, rief er. »Gleich beginnt bei Bauer Strunk der erste Teil der Bauern-Olympiade. Herrlich! Darauf habe ich mich schon die ganze Zeit gefreut.« Im Laufschritt folgte er dem Pulk von Schaulustigen.

Bauer Strunk hatte zehn seiner Kühe auf der Weide festgebunden und wartete auf die Kandidaten. Hundert Euro Teilnahmegebühr hatte jeder zu entrichten. Damit wurde ein Fresskorb mit frisch geschlachtetem Rind finanziert, der dem Sieger überreicht wurde. Der Erlös des Wettkampfs wurde der Jugendfeuerwehr gespendet, genau wie die Gewinne aus den Wetteinsätzen. Es herrschte eine Bombenstimmung. Das halbe Dorf war bereits zünftig alkoholisiert, sodass hier und da Schlachtgesänge zu hören waren. Die Kleinsten übten sich im Nahkampf, sodass sie für Prügelorgien als Erwachsene gut trainiert waren. Babys brüllten wie am Spieß, weil ihre Luftballons in Kuhform sich selbstständig gemacht hatten. Dazwischen wirkten die Teenager im Knutschwahn wie Inseln der Seligkeit.

Die zehn Teilnehmer waren schnell ermittelt. Friedhelm musste als Ortsfremder die doppelte Teilnahmegebühr zahlen, eine Summe, die er noch einmal verdoppelte. Deshalb war er seit Jahren ein gern gesehener Gast bei der Bauern-Olympiade.

Leider war das Melken seine schwächste Disziplin. Entweder stellte er sich einfach nur ungeschickt an, oder seine Hände waren zu kalt. Obwohl er eifrig bei einem befreundeten Bauern im Alten Land trainiert hatte, waren Ziegen doch nicht mit einer fetten Schwarz-Weißen zu vergleichen. Die Euter erschienen ihm riesig und irgendwie unheimlich. Also zupfte, drückte und zog er nach Leibeskräften, was die dralle Bärbel mit einem launigen Muhen und dem Austreten mit den Hinterläufen kommentierte. Mit seinen 1,24 Litern Milch belegte Friedhelm den letzten Platz, doch das dämpfte seine gute Laune keineswegs.

»Kein Wunder, dass der keine Frau abbekommt. Beim Geldzählen ist er Weltmeister, aber die Euter einer Kuh behandelt er wie einen Punchingball.« Hubertus lehnte wie ein Cowboy mit verschränkten Armen an dem Gatter und hatte einen Fuß zum Abstützen auf einer Sprosse abgestellt.

»Wie war ich?« Friedhelm stapfte mit ausgeliehenen Gummistiefeln auf sie zu. Dabei schwenkte er den Melkeimer wie eine Trophäe in der Luft.

»Kauf dir einen Bauernhof, und ich heirate dich, mein Held«, sagte Albertine, die den Mel-Gibson-Doppelgänger erst einmal vergessen hatte.

»Kein Problem.« Friedhelm stolperte auf dem aufgeweichten Feld auf Bauer Strunk zu und wollte ihm schon einen Scheck ausstellen. Doch Strunk zeigte ihm nur den Vogel, schließlich war der Hof seit vier Generationen in Familienbesitz.

Die nächste Aufgabe klang zumindest einfach. Mit einem Schubkarren galt es, so viel Heu wie möglich auf einem Hindernis-Parcours ins Ziel zu befördern. Friedhelm hatte sich vier Ballen auf die Karre geladen und verlor schon im Slalom einen davon. Den kurzen Weg über eine Wippe absolvierte er ohne Verlust, doch die letzten Meter durch extratiefen Schlamm zehrten an seinen Kräften. Keuchend fiel er über die Ziellinie und wurde von den Strohballen begraben, die von seiner Schubkarre rollten. Immerhin hatte er Platz drei geschafft, dafür sah er jetzt wie ein Schlamm-Catcher aus. Doch proportional zum Grad seiner optischen Verwahrlosung stieg seine Laune. Es half, dass Albertine mitfieberte und ihm ihr schönstes Lächeln zeigte.

Im Kuh-Schach war Friedhelm unschlagbar. Ein Teil des Feldes wurde in ein Schachbrettmuster aufgeteilt, während die vollgefressene Prachtkuh Queen auf ihren Einsatz wartete. Friedhelm setzte tausend Euro auf das Feld C6. Langsam kam Queen in Bewegung. Durch gebrüllte Kommandos ließ sie sich nicht aus der Ruhe bringen. Wie eine Verkäuferin im Kino verteilte Bäuerin Strunk Knabberkram aus ihrem Bauchladen, während Bauer Strunk Schnaps verkaufte und dabei »Die Kuh trinkt Wasser nie mit Rum, nach achtzehn Jahren fällt sie um« skandierte. Friedhelm bekämpfte seinen Kater mit Hochprozentigem und kam so nur noch mehr in Stimmung. Als sich Queen dem Feld C5 näherte, feuerte er sie nach Leibeskräften an.

»Ich kauf dir einen eigenen Bauernhof und 'ne Masseuse. Und jeden Tag wirst du mit Bier eingerieben und so, wie deine japanischen Freundinnen. Nie werde ich dich schlachten, und an deinem Grab spielt Elton John ›Candle in the Wind‹«, brüllte Friedhelm und sang lauthals:

»Goodbye loveley Queen
Though I never knew you at all
You had the grace to hold yourself
While those around you crawled
They crawled out of the woodwork
And they whispered into your brain
They set you on the treadmill
And they made you change your name.«

Beim Chorus stimmten alle Zuschauer mit ein: »*And it seems to me you lived your life like a candle in the wind ...*«

»Jetzt reiß dich mal zusammen, Friedhelm«, zischte Albertine ihm zu. »Du wirst immer peinlicher. Und morgen fährst du zurück nach Hause in dein schickes Loft, und wir hier müssen uns den Spott anhören. Schau mal lieber, ob die dicke Queen jetzt ihren Fladen im richtigen Feld abwirft.«

»Die kackt bestimmt ins falsche Feld. Knapp daneben ist auch vorbei.« Friedhelm versuchte, Queen aus der Ferne zu hypnotisieren. Und es klappte tatsächlich. Die dralle Kuh drehte mit ihrem Hinterteil in Richtung Feld C6 ab und ließ den Fladen genau in die Mitte fallen. Endorphine durchströmten Friedhelms Körper, genau wie früher, wenn er mit dem Geld seiner Anleger gezockt hatte.

Hubertus klopfte seinem Bruder auf die Schulter. »Bevor du hier Wurzeln schlägst, gehen wir jetzt zu Bauer Schlüter. Dort findet das große Finale statt. Die Kühe sind schon gesattelt für die wilde Jagd durchs Gelände.«

»Genau. Ich bin schon ganz scharf auf das Siegerfoto.« Egon-Erwin wurde es offensichtlich langsam langweilig.

»Versuch lieber, diesen Mel-Gibson-Typen zu erwischen«, sagte Hubertus.

»Ich zeig ihn dir, wenn ich ihn irgendwo sehe«, sagte Albertine.

Gemeinsam machten sie sich auf den Weg zum Schlüter'schen Anwesen. Friedhelm rechnete sich noch Chancen auf den Sieg aus und eilte im Sturmschritt davon. Er wollte sich die Kühe als Erster ansehen, um die Kräftigste auswählen zu können.

»Was ist nur mit deinem Bruder los?« Albertine schaute Friedhelm kopfschüttelnd hinterher. »Er ist ja wie entfesselt. Geld allein scheint nicht glücklich zu machen.«

»Wie sieht eigentlich Mel Gibson aus?«, fragte Hubertus.

»Da!«, rief Albertine und blieb abrupt stehen.

»So wie dieser Typ, der sich gerade mit Friedhelm unterhält. Allerdings ist der Gibson deutlich größer.« Egon-Erwin unterdrückte den Impuls, einfach loszurennen. Möglichst unauffällig näherte er sich Friedhelm und dem Unbekannten und schoss eine Serie erstklassiger Nahaufnahmen.

Albertine beobachte die beiden aus sicherer Entfernung. Sie war sich sicher, dass Mel Gibson ihr wieder zugelächelt hatte.

Dann wurde zum Rennen auf dem Schlüter-Hof gerufen. Friedhelm hatte seiner Kuh den Sattel abgenommen und schwang sich nun wie ein Turnierreiter auf Elfriede. Als Zaumzeug diente ihm ein einfaches Stallhalfter mit einem Zügel daran.

Der Wettkampf wurde mit einem original Kuhhorn angeblasen, und Friedhelm setzte sich sofort an die Spitze des Feldes. Erschwert wurde das Rennen durch ein paar Hindernisse, die Elfriede allerdings wie im Schlaf passierte. Sie gehörte neben drei anderen Kühen zu den eingerittenen Exemplaren. Bauer Schlüter bot diesen Service seinen Feriengästen an, seit es Mandy Krieger aus Beverstedt bei Bremen mit ihrer Kuh bis in das Mittagsmagazin der ARD gebracht hatte. Die Marktlücke bescherte dem Bauer zusätzliche Einnahmen.

Die Runde war ungefähr dreihundert Meter lang und setzte einiges an Mut voraus. Aber Friedhelm, der Exbanker, und Elfriede, die Reitkuh, schienen miteinander zu einer Einheit verschmolzen. Kein Hindernis war zu hoch, kein Schlammloch zu tief, um ihren Siegeszug zu gefährden.

Nach drei Runden gewann Friedhelm mit fünf Körperlängen Vorsprung. Er riss die Arme in die Luft und hätte seinen Triumph voll auskosten können, wäre Elfriede nicht ins Stolpern geraten. In hohem Boden landete Friedhelm auf der Weide. Mit schmerzverzerrtem Gesicht rappelte er sich auf. Albertine spurtete zu ihm, um seine Schulter zu untersuchen. Doch der war bockig wie ein junges Kälbchen und versuchte erfolglos, auf die Beine zu kommen.

»Lass mich doch«, sagte Friedhelm. »Das ist nur eine Prellung. Und ich muss doch das Kuh-Umschubsen und das Kuh-Voltigieren und was sonst noch ansteht gewinnen.«

»Nichts da. Die Sanitäter sind schon unterwegs.« Albertine tastete Friedhelms Schulter vorsichtig ab. »Da ist nichts gebrochen, aber wir lassen dir einen Streckverband anlegen, und dann kannst du mit der rechten Hand noch ein paar Schnäpse trinken. Morgen sehe ich mir das dann in der Praxis genauer an. Hubertus passt auf dich auf. Ich gehe jetzt nach Hause zu Clementine. Sie fühlt sich sonst von uns vernachlässigt. Sicher machte sie uns noch etwas zur Stärkung. Und außerdem können wir uns ja nicht jeden Tag dem Alkoholmissbrauch hingeben.« Sie schaute sich in der Runde um.

Doch Egon-Erwin wollte noch Fotos machen, und Hubertus

musste bei Friedhelm Kindermädchen spielen. Da ging Albertine eben allein nach Hause.

Clementine war immer noch mit Aufräumen und Reinemachen beschäftigt.

»Nun mach doch endlich einmal Feierabend und setz dich zu mir. Ich könnte jetzt einen Beruhigungstee vertragen«, sagte Albertine.

»Was hältst du von meiner Spezialmischung aus Kamillenblüten, Melisse, Minze, Brombeerblättern, Himbeerblättern und Ringelblumenblüten? Verfeinert mit ein wenig Blütenhonig.« Clementine wartete Albertines Antwort gar nicht erst ab, sondern setzte gleich Wasser auf. Mit zwei Tassen und einer großen Kanne kam sie zum Esstisch. »Was ist los?«

»Ich glaube, dass ich den Killer gesehen habe.« Albertine stieg der krautige Duft des Tees in die Nase. »Er ähnelt irgendwie Mel Gibson, ist aber einen Kopf kleiner und sieht kräftiger aus. Es hätte mich interessiert, was du zu dem Typen gesagt hättest.«

»Ich bin überzeugt, dass dieser Kreisjägermeister der Psycho ist«, sagte Clementine und schenkte Tee ein. »Allerdings spiele ich nicht mehr den Lockvogel. Ich verrate es nur dir, aber mich verfolgt dieser Kampf bis in die Träume. Und ich werde diese fiese Maske nicht mehr los. Dieses widerliche Grinsen hat sich in mein Gehirn gebrannt.« Sie senkte kurz den Blick. »Und außerdem tun mir die Frau des Bürgermeisters und Pia unendlich leid. Wir haben Unglück über diese Familie gebracht. Das kann niemand mehr gutmachen.«

»Leider hast du vollkommen recht. Ich würde am liebsten ins Bett gehen und mir die Decke über den Kopf ziehen.« Albertine nippte an ihrem Tee.

»Dann machen wir das jetzt einfach. Es ist ja noch nicht spät am Abend, aber ich richte mir das Gästezimmer her, und du kannst dich beruhigt hinlegen. Ich schlafe im Moment eh nur ein paar Stunden.« Clementine stand auf und räumte rasch den Tisch ab. Sie schaltete das Licht in der Küche aus und dirigierte Albertine sanft die Treppe hoch.

»Aber Hubertus und Friedhelm wollten noch mal vorbeikommen und auch Egon-Erwin«, sagte Albertine mit schläfriger Stimme.

»Die Tür ist verschlossen, und wir machen nicht auf«, sagte Clementine. »Wenn die beiden sehen, dass bei uns das Licht aus ist, melden sie sich eben morgen wieder.«

achtzehn

»Was wollen die denn hier?« Hubertus staunte nicht schlecht, als er am nächsten Morgen Müller Zwo und das Fräulein Kampnagel an Albertines Esstisch sitzen sah. »Wo ist denn die andere Müllerin?«

»Im Urlaub und wird nun vertreten von meiner Kollegin Kampnagel, die gerade an einem großen Forschungsprojekt über psychopathische Gewaltverbrecher arbeitet«, sagte Müller Zwo. »Frau von Krakow hat uns übrigens angerufen, weil sie uns in ihre Pläne einweihen möchte. Sie scheinen ja dem Täter direkt auf der Spur zu sein.«

»Dann können Sie in einem Aufwasch auch meinen Bruder suchen, der ist nämlich gestern Nacht nicht nach Hause gekommen.« Hubertus ließ sich sichtbar müde auf einen Stuhl fallen.

»Wahrscheinlich hat er wieder zu viel getrunken und liegt mit Gunnar zusammen im Straßengraben.« Clementine stellte Hubertus eine Tasse mit grünem Tee hin. »Ich habe mal etwas Shincha Kabuse Yamato aufgesetzt. Das ist der Klassiker.« Sie schenkte Hubertus ein aufmunterndes Lächeln.

»Mit ausgerenkter Schulter im Straßengraben? Mein Bruder hat zwar eine Macke, aber er ist nicht vollkommen verblödet.« Hubertus schüttelte den Kopf. »Nein. Ihm ist da irgendwas dazwischengekommen.«

»Das ›Irgendwas‹ heißt Anna.« Egon-Erwins tiefe Stimme kam von der Tür. Er war mittlerweile auch eingetroffen. »Ich habe Fotos von den beiden, wie sie herumknutschen. Vielleicht hat ihn Sören danach zu Suppe gemacht.« Er klickte an seiner Kamera herum und suchte offensichtlich nach dem optischen Beweis der nächtlichen Knutscherei.

»Kann ich mir nicht vorstellen, dass Sören sich mit Friedhelm anlegt. Schließlich sollte Friedhelm doch für ihn einen Käufer suchen.« Hubertus war zu müde, um zu merken, welche Wirkung seine Worte hatten.

»Wie?«

»Was!«

»Warum?«, echote es durch den Raum.

»Der Killer verdirbt einem nicht nur die Lebensfreude, sondern auch das Geschäft«, sagte Hubertus.

»Wer ist es denn nun? Wen haben Sie unter Verdacht?«, fragte Müller Zwo.

»Das sagen wir Ihnen erst, wenn wir diesen Bekloppten überführt haben.« Egon-Erwin ergriff als Erster das Wort, um unnötige Diskussionen zu vermeiden. »Ich sehe nicht ein, warum ich so viel Staub im Archiv schlucken musste und Sie jetzt hier den Ruhm einheimsen wollen.«

»Wohin Ihre Alleingänge führen, haben wir ja bereits erleben können«, sagte Susanne Kampnagel. »Es darf die Frage erlaubt sein, ob der Bürgermeister noch leben würde, hätten Sie ihm nicht aufgelauert.«

»Dieses Art der Schuldzuweisung bringt uns nicht weiter«, sagte Albertine. »Was schlagen Sie also vor?«

»Wir quartieren uns in Groß-Büchsen ein und ...«

Jäh wurde Susanne unterbrochen. Ein Pflasterstein hatte die Terrassentür durchschlagen und die Teekanne aus edlem Meißner Porzellan atomisiert. Eine grüne Lache lief über den Tisch, die von Clementine sofort gestaut wurde. Müller Zwo war, kaum war der in einen Zettel eingewickelte Stein gelandet, zur Haustür hinausgelaufen und kam nun mit einem Halbwüchsigen im Schwitzkasten zurück.

»Wer ... ist ... das?«, fragte er stockend in die Runde, wobei er den wild um sich schlagenden Jungen umklammerte.

»Das ist Rudi, der Sohn von Bauer Schlüter.« Albertine untersuchte sehr genau die Schrammen im Gesicht des Zehnjährigen.

»Das ist Freiheitsdiebstahl oder wie man das nennt«, zeterte der Blondschopf. »Ihr kommt alle ins Gefängnis.« Er versuchte, sich aus dem eisernen Griff von Müller Zwo zu befreien.

»Der Einzige, der ins Gefängnis kommt, bist du, Hooligan.« Müller Zwo schlug dem Jungen zur Bekräftigung mit der Handkante so fest ins Genick, dass der in die Knie ging und Sternchen sah.

»Was hast du für diese Sachbeschädigung bekommen?« Das

sanfte Lächeln seiner Kollegin Kampnagel beruhigte Müller Zwo sofort.

»Hundert Ocken«, sagte Rudi.

»Die gibst du jetzt sofort der Frau Doktor und entschuldigst dich.«

Rudi war erstaunlich folgsam, wohl auch, weil er wieder diese Handkante aus Stahl über seinem Nacken sah.

»Und wer hat dir den Stein gegeben?«, mischte sich Hubertus ein.

»Dieser Hollywood-Schauspieler, den ich in dem Ritterfilm gestern gesehen habe.« Rudi nickte treuherzig.

»Das war ›Braveheart‹ mit Mel Gibson als Sir William Wallace von Elderslie. Lief gestern auf VOX«, erklärte Hubertus.

»Hau ab, du Verbrecher«, sagte Müller Zwo und entließ Rudi in die Freiheit. Während der Junge blitzschnell zur Tür hinausrannte, deutete Müller Zwo auf das Stück Papier, das teedurchtränkt auf dem Tisch lag. »Was steht denn auf dem Zettel?«

»Ich töte Dich, Dreckstück. Aber erst foltere ich Deinen Freund mit dem kranken Arm. Halte Dich von mir fern, aber versteck Dich nicht in Deinem Haus. Meine Kugel findet immer ihr Ziel!«, stand da in schönster Kleinmädchenschrift zu lesen.

»So soll Mel Gibson schreiben? In welches Poesiealbum?« Hubertus schüttelte heftig den Kopf. »Hat Danny Glover eins? Der hat ja nicht mehr alle Tassen im Schrank.«

»Wie viel Geld wollen Sie?«, fragte Friedhelm mit sicherer Stimme, obwohl er schon seit einer gefühlten Stunde durch den Wald irrte. Trotz der verbundenen Augen hatte er das Gefühl, im Kreis zu laufen.

Statt einer Antwort erhielt er mit dem Gewehrkolben einen Stoß in den Rücken, der ihn zu Boden warf. Friedhelm spürte, wie ihm ein breites Hundehalsband umgelegt wurde. Er wehrte sich nicht, denn er wollte seinen Entführer nicht provozieren. Seine Augenlider juckten höllisch, weil ein Klebeband wie bei einem Paket mehrfach um seinen Kopf gewickelt worden war. Außerdem meldete sich sein Arm. Der Streckverband wurde langsam locker, und die Schmerzen nahmen zu.

Er wurde an der Hundeleine einige unbehauene Stufen hinuntergezogen und auf einer muffigen Decke in die Knie gezwungen. Friedhelm war sich des Ernstes seiner Lage bewusst, doch er hatte beschlossen, sich nicht einschüchtern zu lassen. Je weniger Widerstand er leistete, desto weniger Gewalt würde der Psycho auf ihn ausüben. Sein räumliches Vorstellungsvermögen verließ ihn langsam, und er tastete mit den gefesselten Händen nach einem Halt. Er fand eine kratzige Decke, an deren Kopfende ein dicker unbehauener Pfahl stand. Seine Hundeleine war an einem schweren Ring verknotet worden.

»Scheiße!«, sagte er und bereute sofort, dass ihm das Wort herausgerutscht war. Er glaubte, ein zufriedenes Schnaufen als Antwort wahrgenommen zu haben.

Der Entführer schien jetzt aus der Grube hinauszusteigen und eine Abdeckung aus Holzstämmen zusammenzufügen. Friedhelm registrierte, wie warm sein eigener Körper war. Er war froh, dass ihm etwas Schutz geboten wurde. Dann hörte er es über sich rascheln. Anscheinend wurden große Äste auf dem Dach verteilt, und auch am Eingang der Grube tat sich etwas, wie die nachrutschende Erde bewies. Der Eingang wurde verschlossen. Dann breitete sich Stille aus.

Ist ja wie bei den Pharaonen, dachte Friedhelm, der schon in der Jugend für seinen Galgenhumor bekannt gewesen war und sich von niemandem hatte einschüchtern lassen. Es bereitete ihm nur ein wenig Sorge, dass offenbar vergessen worden war, ihn auf der Reise in die Ewigkeit mit Nahrung zu versorgen.

»Geduld ist vornehmste Bürgerpflicht«, hatte mal jemand geschrieben. Hubsi wüsste bestimmt, wer das gewesen war. Friedhelm rollte sich wie ein Hund auf der Decke zusammen. Kurz darauf war er eingeschlafen.

Albertines Wohn- und Esszimmer hatte sich von einer Oase der Ruhe in eine Art Kommandozentrale verwandelt.

»Wir sollten jetzt nicht warten. Weiß der Teufel, was der Typ wirklich vorhat«, sagte Egon-Erwin.

»Wir halten uns erst mal im Hintergrund. Sie können mich jederzeit via Handy erreichen. 0171 21223456 ist meine Nummer.

Wir postieren das SEK auf Abruf ebenfalls in Groß-Büchsen. Damit wir zuschlagen können«, sagte Müller Zwo.

»Ich würde gerne Frau von Krakow begleiten. Mich kennt der Serienmörder wahrscheinlich nicht, und ich würde mich besser fühlen, wenn wir nicht wieder überrumpelt werden.« Susanne Kampnagel schaute in die Runde und wartete darauf, dass alle nickten.

Niemand tat ihr den Gefallen. Nur Clementine rührte sich, sagte aber nichts.

»Was ist los, Clementine?«, fragte Albertine.

»Nichts. Nur langsam wird mir die Sache unheimlich.« Clementine holte tief Luft. »Und ich finde, die Polizei wird dafür bezahlt, dass sie alles unter Kontrolle hat.«

»Ich bin sowieso der Erste vor Ort.« Egon-Erwin deutete auf seine Kamera, die vor ihm auf dem Esstisch lag. »Wer soll sonst die Fotos schießen? Und ich bitte Fräulein Kampnagel zu akzeptieren, dass das meine Story ist. Erst wenn ich den Täter demaskiert habe und er alle Taten gesteht, kann ihn die Bullerei abtransportieren.«

»Also, erstens sind wir keine Bullen, und zweitens wird gemacht, was wir wollen, sonst landen Sie im Knast.« Müller Zwo stand auf und forderte seine Praktikantin auf, ihm zu folgen. »Wen Sie sich nicht alle dreißig Minuten bei mir melden, wird das SEK eine Spur der Verwüstung durch Klein-Büchsen ziehen. Kein Stein bleibt da auf dem anderen. Frauen werden um ihre Männer weinen, Kinder ihren Vätern nachtrauern. Es kann nur einen geben, und das bin ich! Hasta la vista.« Diesen letzten Ausruf schleuderte Müller Zwo förmlich über den Tisch. Das »Ruhig Blut!« von Susanne versuchte er dabei zu überhören.

»Super.« Hubertus verdrehte die Augen. »Jetzt haben wir mal wieder die Polizei gegen uns aufgebracht.«

»Wir müssen jetzt, und zwar sofort, etwas unternehmen«, sagte Albertine. »Denkt an Friedhelm. Heute bietet sich uns die Möglichkeit, endlich alles zu beenden.« Sie deutete auf den verknitterten Zettel. »Ich bin mir sicher, da steckt zwischen den Zeilen die Aufforderung, dass wir die Auseinandersetzung suchen sollen.«

Anonymous hatte das Jagdfieber erfasst. Er hatte sich in einem Hochsitz postiert, der der Försterei vorgelagert war und freien Blick auf die Felder und die Landstraße gewährte. Von hier aus hatte er alles im Blick und könnte jeden mit seinem Schweizer Sturmgewehr erledigen, der sich der Försterei näherte.

Doch eigentlich stand ihm der Sinn nach Nahkampf, nach dem Geruch von Blut und Angstschweiß. Seinen Gegnern wollte er das Bajonett an die Kehle setzen, sie ausbluten lassen und dann an die Wildschweine verfüttern, die er in einem Gehege stets hungrig hielt.

In seinem Internetblog konnten Gleichgesinnte eine unüberschaubare Menge getöteter Tiere sehen, die er auf dem Gewissen hatte. Hier wurden Fragen des Nahkampfs genauso eiskalt diskutiert wie die Fähigkeit, einen Menschen aus tausend Metern Entfernung zu erschießen. Am liebsten lichtete er sich selbst mit seinem Umhang und der Guy-Fawkes-Maske ab. In der Linken riss er sein Messer in die Höhe, und in der rechten Hand hatte er den Kopf des Opfers als Trophäe. Lässig hielt er die tierischen Überreste an den Haaren fest. Darunter stand immer der Satz: »I am a very dangerous man.«

Niemandem war zum Reden zumute. Albertine strahlte eine natürliche Autorität aus, deshalb gab sie das knappe Kommando zum Ausschwärmen. Hubertus sollte Friedhelm ausfindig machen, denn niemand ging davon aus, dass der Killer im Keller des Forsthauses gleich mehrere Gefangene hielt. Sicherlich hatte er schon alles vorbereitet, um Albertine zu überwältigen und dann zu quälen.

Clementine hatte sich überreden lassen, sie zu begleiten und sich um das Auto zu kümmern. Außerdem setzte sie pünktlich zur verabredeten Zeit Kurznachrichten an Müller Zwo ab. Im Gleichschritt gingen sie zu dritt über den Forstweg wie die Piloten in »Top Gun – Sie fürchten weder Tod noch Teufel«. Wobei Albertine noch entschlossener wirkte als der Milchbubi Tom Cruise. Es fehlte eigentlich nur noch der patriotische Soundtrack von Harold Faltermeyer. Knapp zweihundert Meter vor dem Forsthaus schwärmten die drei aus wie ein Jagdgeschwader.

Egon-Erwin verschwand rechts im Unterholz, während Hubertus links einem schmalen Pfad folgte.

Ich muss lebensmüde sein, dachte Albertine, als der Kreisjägermeister in vollem Ornat vor ihr auftauchte. Dabei präsentierte er alle Schattierungen der Farbe Grün. Unter der dunkelgrünen Försterjacke im zeitlosen Jankerl-Look trug er ein hellgrünes Hemd, das von einer fast erdig braunen Krawatte zusammengehalten wurde. Die Kniebundhosen korrespondierten mit den dicken wollenen Strümpfen, die in Haferlschuhen endeten.

»Wer sind Sie? Der Bruder von Mel Gibson?«, fragte Albertine, als sie direkt vor ihm stand.

»Das höre ich öfters und nehme es als Kompliment. Obwohl ich ja finde, dass dieser Hollywood-Epigone ein Versager ist.« Horst Wild redete mit einer seltsam undefinierbaren Fistelstimme. »Darf ich Sie auf einen Tee in meine bescheidene Behausung einladen?« Er deutete eine Verbeugung an.

»Ja gerne. Vielen Dank.« Albertine folgte dem Waidmann in das Forsthaus. Ihr wurde ein Platz in einem Ohrensessel angeboten, und der Kessel mit dem Wasser klapperte schon vor sich hin.

Der überlässt auch nichts dem Zufall, dachte Albertine.

Egon-Erwin hatte genau beobachtet, wie Albertine dem Kreisjagdmeister ins Forsthaus gefolgt war, und er hatte alles ausgiebig fotografiert. Gebückt rannte er nun zum Haus und legte sich neben dem Fenster zum Wohnzimmer auf die Lauer. Die Lichtverhältnisse waren schwierig, weil es von außen im Haus wie abgedunkelt wirkte. Leise fluchend drückte Egon-Erwin sich an der Wand entlang in Richtung Haustür.

Hubertus stapfte deutlich sorgloser durch den Wald. Die Winterrübenmiete hatte er nicht entdeckt und auch die erstickten Geräusche nicht gehört, die aus der Erde nach oben drangen. Er ging weiter in den Wald hinein und trat auf eine Lage Äste, die im Weg lagen und unter seiner Last zerbrachen. Hubertus fiel in eine vier Meter tiefe Grube und verstauchte sich den linken Arm und den rechten Fuß. Die Schmerzen waren unerträglich, und deshalb beschloss Hubertus erst einmal, dem wohligen Gefühl der Ohnmacht nachzugeben.

Friedhelm begrub langsam, aber sicher die Hoffnung, dass ihn bald jemand in dem Erdloch finden würde. Er hatte einmal gehört, nach fünf Tagen müsse man mit dem Schlimmsten rechnen. Nämlich mit dem Tod durch Verdursten. Leider konnte er keinen Kontakt mit der Außenwelt aufnehmen. Mel Gibson hatte ihm das Handy weggenommen und auf den Acker geworfen. Hätte er doch nur noch weiter mit Anna geflirtet. Aber Mel Gibson hatte sich einfach dazugestellt, ihn auf ein Bier eingeladen, und die beiden hatten ihre Becher auf ex geleert. Zehn Minuten lang konnte er Anna noch mit Geschichten aus seiner Zeit als Banker beeindrucken, dann wirkten die K.-o.-Tropfen, und ihm wurde übel. Mel Gibson entschuldigte sich, murmelte irgendetwas von »nicht in Übung« und führte ihn zum Rand des Festplatzes. Lisa und Gunnar kamen vorbei und machten sich lustig, weil diesmal nicht Gunnar im Straßengraben gelandet war, sondern der feine Herr aus der großen Stadt. Danach war der Film endgültig gerissen.

»Wie schmeckt Ihnen der Tee?«, fragte der Jäger.
»Vorzüglich. Ich vermute, dass er aus dem Teegarten Oaks in Darjeeling stammt. Wenn ich mich nicht irre, wird dort nach den Biogeboten produziert.« Albertine nahm einen zweiten Schluck. »Er schmeckt so rein und wohltuend, dass ich wohl kaum Betäubungsmittel welcher Art auch immer in diesem edlen Getränk vermute.«
»Wo denken Sie hin?« Mel Gibson hob abwehrend beide Hände. »Ich hätte da noch etwas Feingebäck zur Stärkung. Darf ich es Ihnen servieren.«
»Gerne, wenn es keine Mühe macht.« Albertine streckte absichtlich den kleinen Finger zur Seite, als sie die zierliche Tasse auf den Untersetzer stellte. Ich benehme mich wie eine affektierte alte Jungfer, ging ihr durch den Kopf.
Der Schritt des Jägermeisters war auch noch im Flur zu hören. Er schien alle Zeit der Welt zu haben und genoss es offensichtlich, Albertine auf die Folter zu spannen. Die Wartezeit schien ihr im-

mer länger zu werden. Sie stand auf und blickte aus dem Fenster. Egon-Erwin schien wie vom Erdboden verschluckt, genau wie Hubertus. So langsam schwante ihr nichts Gutes. Sie schaute auf ihre Armbanduhr. Da bemerkte sie in der Spiegelung der Scheibe einen dunklen Schatten.

»Eigentlich suchen Sie doch mich.«

Albertine drehte sich rasch um. Horst Wild stand in der Tür, zumindest nahm sie das an, denn er hatte sich wieder als Anonymous verkleidet. Sein Gesicht war unter der grinsenden Maske verborgen, hinter der auch die hohe Stimme dunkler klang. In der rechten Hand hielt er sein Bajonett, das wie ein Phallussymbol wirkte. Mit der Linken winkte er Albertine, näher zu ihm zu kommen.

»Trauen Sie sich ruhig heran und genießen Sie den Geruch des Todes. Lange werden Sie dazu nicht mehr die Möglichkeit haben.«

»Sie haben das Feingebäck vergessen, Herr Wild. Das finde ich ausgesprochen unhöflich.« Ohne mit der Wimper zu zucken, setzte sich Albertine wieder in ihren Ohrensessel. »Ihre Mutter hat Ihnen wohl kein Benehmen beigebracht.«

»Meine Mutter war eine Hure, die es mit jedem Schwanzträger im Dorf getrieben hat. Räudige Hunde haben sie auch geil gemacht. Das nennt man wohl heute Zoophilie. Und dann hat sie meinen Vater verlassen.« Die fistelige Stimme von Horst Wild wurde erregter. »Ist nachts abgehauen mit irgendeinem Staubsaugervertreter. Wahrscheinlich hat sie die Dinger auch noch missbraucht. Sie war ekelhaft, abstoßend, erbärmlich. Und sie sah genauso aus wie Sie!« Bei den letzten Worte stieß er das Bajonett theatralisch in die Höhe.

»Soll ich jetzt die Kekse essen oder Ihnen einen runterholen?«, fragte Albertine, die sich in Gedanken vor sich selbst entschuldigte. »Wo haben Sie denn Ihre Gewaltphantasien die ganze Zeit ausgelebt? Bei diesem Hass hätten Sie doch in null Komma nichts Klein-Büchsen und Groß-Büchsen vernichten können.«

Egon-Erwin lag mittlerweile im Flur des Forsthauses und hatte die Videofunktion der Kamera eingeschaltet. Zwar konnte man den Killer nur von hinten und meist nur halb sehen, aber seine unverwechselbare Stimme wurde auf der Speicherkarte verewigt.

»Was bedeutet eigentlich dieses altmodische H, das Sie Ihren Opfern einritzen?«, fragte Albertine. »Bei der gekreuzigten Kuh muss das ja endlos gedauert haben.«

»Jah ni briggais uns in fraistubnjai, ak lausei uns af þamma ubilin«, zitierte der Jäger mit beachtlichem Pathos.

»Das klingt ja sehr schön und stammt sicher aus dem Gotischen.« Albertine hielt kurz inne. »Aber was will der Dichter uns damit sagen?«

»›Und nicht bringe uns in Versuchung, sondern löse uns ab dem Üblen.‹ Machen Sie sich einfach einen Reim darauf«, antwortete der Killer.

Albertine ließ nicht locker. »Bevor Sie mich umbringen, können Sie mir doch verraten, auf welcher Webpage Sie Ihre Gewaltphantasien verewigt haben. Ich kann mir nicht vorstellen, dass Sie Tagebuch führen, obwohl Ihre kindliche Schrift dazu wunderbar passen würde.«

»Sie sollten mich ernst nehmen. Ich mache keine leeren Drohungen, das dürfte Ihnen nicht entgangen sein. Falls es also im Fegefeuer einen Internetzugang gibt, dann googeln Sie nach einem Blog von Black-Horst«, sagte Mel Gibson alias Horst Wild alias Black-Horst, dem man den Stolz anhören konnte. »Mein Motto lautet: ›I am a very dangerous man‹.«

»Sehr amüsant. Das hat schon Charles Manson von sich behauptet.« Albertine wunderte sich inzwischen über nichts mehr. In dieser lebensbedrohlichen Situation offenbarte sich ihr ein vollkommen neuer Charakterzug, und zwar die Kaltblütigkeit. »Irgendwie«, sagte sie völlig gelassen, »werde ich den Eindruck nicht los, dass bei Ihnen die Zeit stehen geblieben ist. Wie bei einer alten Standuhr.« Jetzt geh ich aufs Ganze, dachte sie und fuhr fort: »Und Ihren Vater, den vielfachen Schützenkönig, den haben Sie einfach abgeknallt und im Wald neben einer Eiche vergraben.«

Jetzt knallten bei Black-Horst die Sicherungen durch. Mit einem wutverzerrten »Schlampe!« versuchte er, Albertine mit der Spitze seines Bajonetts im Sessel festzutackern. Aber die scharfe

Klinge traf nur das Polster und verhakte sich in den Federn. Albertine hatte sich instinktiv fallen lassen und lag nun zu seinen Füßen. Black-Horst ließ die Waffe los und hatte nun die Hände frei, um Albertine zu erwürgen. Mit seiner ganzen Kraft stürzte er sich auf sie und drückte zu. »Woher«, schrie er und drückte fester zu, »weißt du« – nun traten Albertines Augäpfel bedrohlich hervor – »das?«

»Weil sie schlauer ist als du. Weil bei ihr keine Sicherungen durchgebrannt sind. Weil sie niemanden umgebracht hat! Weil sie kein so ein perverses Schwein ist wie du!« Egon-Erwin stand in der Tür, die Fäuste erhoben wie bei einem Boxkampf.

»Mein Vater hatte es verdient, genau wie sein Halbbruder aus Amerika, der urplötzlich hier auftauchte und den ich im Radieschenbeet eingegraben habe. Sonst wäre der mir auf die Schliche gekommen. Die anderen waren nur Teil eines großen Kunstwerks, dem ich den Titel ›Meine Rache ist euer Tod‹ gegeben habe«, sagte Black-Horst. Er ließ von Albertine ab, fuhr herum und trat Egon-Erwin mit dem rechten Fuß in die Weichteile.

In die Knie gegangen, hielt sich Egon-Erwin mit beiden Händen an Black-Horsts Umhang fest.

»Das ist ja wohl die blödeste Überschrift, die ich je gehört habe. Jeder Affe schreibt bessere Headlines!« Egon-Erwin musste einen erneuten Treffer am Kinn einstecken, sein Kopf kippte nach hinten, und er verlor die Besinnung.

In diesem Moment stellte sich auch die Kamera ab, weil die Speicherkarte voll war. Egon-Erwin hatte sie im Kübel einer Zimmerpflanze platziert und notdürftig mit vertrockneten Blättern getarnt. Black-Horst hatte in seinem Wahn nur noch Albertine im Sinn, die er jetzt wie King Kong die weiße Frau in den Keller schleppte. Wieder wurde Albertine auf einem Stuhl fixiert, mit dem einzigen Unterschied, dass Black-Horst ihr nicht den Mund zuklebte. Dafür waren aber die Kabelbinder an sich schon eine Qual.

Albertine kam langsam wieder zu sich und fand sich in einem halb feuchten Keller wieder, der nur von einer beständig flackernden Neonröhre erleuchtet wurde.

Sie räusperte sich, deutlich konnte man die Würgemale an

ihrem Hals erkennen. Zunächst brachte sie nur ein Krächzen hervor, aber nach ein paar Worten festigte sich ihre Stimme.

»Nehmen Sie doch endlich diese alberne Grinse-Maske ab. Sie wissen doch genau, dass Guy Fawkes das englische Parlament in die Luft sprengen und den König töten wollte. Er war ein katholischer Terrorist. Sind Sie gläubig? Sind Sie bekennender Katholik?« Albertine wollte Black-Horst zum Nachdenken zwingen. Irgendein Fünkchen Verstand brannte vielleicht noch in seinem hohlen Schädel.

»Nein, bin ich nicht«, brummte Black-Horst. »Aber die Maske ist das Symbol für einen weltumspannenden Widerstand.« Wirklich überzeugt schien nicht einmal er selbst von dieser Aussage.

»Dann wissen Sie auch nicht, dass man in England noch im 19. Jahrhundert eine Art Halloween feierte, Scheiterhaufen auftürmte und Guy-Fawkes-Strohpuppen in die Flammen warf. Auch Sie werden zur Rechenschaft gezogen werden. Und vielleicht wird man den Tag Ihrer Verurteilung auch zu einem Volksfest umfunktionieren.« Albertine wurde schlagartig klar, dass sie mit dem letzten Satz einen Schritt zu weit gegangen war.

Wortlos drehte sich Black-Horst um und zog eine Schublade an der Werkbank auf, die ihm als Schreibtisch diente. Albertine hatte kurz Zeit, sich umzuschauen. Sie erschauderte, als sie die ausgerissenen Zeitungsausschnitte erkannte und die Porträts der Opfer, die rot durchgestrichen waren. Auch ihr eigenes Bild hing an der Wand und das von Hubertus und auch von Egon-Erwin. Sie schluckte.

»Hier.« Black-Horst hielt ihr eine mit Samt ausgeschlagene Schatulle mit einem glänzenden Chirurgenbesteck vors Gesicht. »Ich werde Sie erst im Gesicht verunstalten und Ihnen dann den Kehlkopf eindrücken. Genau wie es mein Vater mit mir gemacht hat. Deshalb konnte sich meine Stimme nie ausbilden. Da hat mir auch der Stimmbruch nicht geholfen. Ihre schlauen Vorträge werden Ihnen jedenfalls vergehen. Für die ist doch eh Ihr Lover mit dem schönen Namen Hubertus zuständig, dieser ständig besoffene Schein-Gelehrte, der jetzt gerade in einem Rattenloch verreckt, genau wie sein affektierter Bruder.« Black-Horsts Augen funkelten unter der silbernen Maske hervor.

Albertine schwieg. Mit Worten konnte sie bei diesem Psychopathen nichts bewirken, das wusste sie nach dieser Unterhaltung. All ihre Hoffnung setzte sie auf Clementine.

Egon-Erwin hatte sich vorsichtshalber ein kleines Messer bei Clementine ausgeliehen und in seinem rechten Socken versteckt. Als er die Schmerzensschreie von Albertine unten im Keller hörte, wurde er zornig. Er war wütend auf sich selbst, weil er den direkten Zweikampf gesucht hatte und nun als Verlierer auf dem Boden lag. Er war wütend, dass Black-Horst ihn wie ein Paket verschnürt hatte, und er war wütend, dass sein Handy zertrümmert in Sichtweite lag. Aber er würde sich befreien und Hilfe holen. Das schwor er sich, als er sich beim Versuch, nach dem Messer zu angeln, in die Finger schnitt.

»Wenn Sie hier weiter so herumbrüllen, schneide ich Ihnen einfach die Kehle durch und häute Sie. Den Rest verfüttere ich an meine Wildschweine, das sind keine Kostverächter. Die Reste sind für mein geliebtes Vielfraß bestimmt, das nur einen Kellerraum weiter hungrig auf Nahrung wartet.«

Mit spitzen Fingern nahm Black-Horst das Skalpell und ritzte Albertine die Stirn auf. Die Verletzung rief erstaunlicherweise keine großen Schmerzen hervor. Weitaus schwieriger war es zu ertragen, als Black-Horst das gotische H in ihre rechte Wange ritzte. Albertine liefen die Tränen aus den Augen, was die Wunde zusätzlich zum Brennen und sie selbst mehr und mehr aus der Fassung brachte. Aber sie schwor sich, keine Schwäche zu zeigen.

Black-Horst war ein erfahrener Sadist und kein Fleischermeister. Er hatte eine Unmenge Tiere getötet, um eine gewisse Kunstfertigkeit mit den scharfen Instrumenten zu erlangen. Nun trat er einen Schritt zurück und betrachtete Albertine mit verschränkten Armen wie ein halbfertiges Gemälde. In seinen Augen war Albertine entweiht, sie war ein Ding in seinem Besitz, bereits signiert und absolut willenlos. Er lehnte sich vor und deutete imaginäre Punkte auf der menschlichen Leinwand an. Dann trat er noch einen Schritt zurück und nahm sich eine Knochensäge, die auf der Werkbank gelegen hatte wie ein gewöhnliches Werkzeug. Jetzt war die Zeit gekommen, das Opfer zu verstümmeln. Normalerweise fing er mit den Händen an.

Eine laute, metallene Stimme unterbrach die morbide Situation. »Hier spricht die Polizei! Kommen Sie mit erhobenen Händen aus dem Haus!«

»Damit habe ich gerechnet.« Black-Horst zuckte mit den Schultern. »*Rien ne va plus!* Aber Sie werden mich auf dem Weg in die Hölle begleiten.«

Er griff sich ein martialisch aussehendes Outdoor-Messer der Special Forces und befreite Albertine innerhalb von Sekunden von ihren Fesseln. Willenlos ließ sie sich nach oben schieben. Mit dem rechten Arm hielt Black-Horst sie fest, fixierte ihren rechten Arm wie in einem Schraubstock. Mit der linken Hand hatte er das Messer an ihrer Kehle platziert. Albertine wollte aus dem Fenster blicken, aber Black-Horst dehnte ihren Arm, bis die Gelenke bedrohlich knackten.

Dann standen sie in der Haustür. Von draußen war nur Albertine zu sehen. Die Scharfschützen hatten keine Gelegenheit, den Killer kampfunfähig zu schießen.

Müller Zwo fühlte sich vollständig überfordert und sah Hilfe suchend Susanne Kampnagel an. Die forderte ihn auf, mit dem Kidnapper zu sprechen. Seufzend ging er ein paar Schritte auf das Forsthaus zu.

»Wie geht es Ihnen, Frau von Krakow?«, sagte er leise.

»Den Umständen entsprechend.« Albertine stellte sich sichtlich auf ein endloses Psychospielchen ein.

»Was fordern Sie, wenn Sie Frau von Krakow freilassen?« Müller Zwo benutzte wieder das Megafon, damit es amtlicher klang.

»Nichts!«, zischte Black-Horst.

»Was soll das heißen?« Müller Zwo versuchte verzweifelt, dem Gespräch einen Sinn zu geben.

»Sie stirbt als Erste, und dann können Sie mich erschießen.« Black-Horst blickte sich hinter seiner Maske nach allen Seiten um. Er bemerkte, dass Egon-Erwin alles fotografierte.

»Wir werden Sie aber nicht erschießen, sondern Ihnen den Prozess machen.« Müller Zwo kam sich jetzt ziemlich clever vor.

»Sie haben nichts gegen mich in der Hand, wenn man einmal

von meinem Internetblog absieht. Aber dort zeige ich nur tote Tiere.« Albertine hätte gewettet, dass nicht nur die Maske, sondern auch Black-Horst darunter breit grinste.

»Sie haben die Entführung vergessen, Freiheitsberaubung in vier Fällen zu verantworten, von der Gewaltanwendung ganz zu schweigen«, sagte Müller Zwo. »Außerdem würden Sie natürlich noch einen kaltblütigen Mord begehen, das reicht für lebenslänglich. Vielleicht sogar mit einer Sicherheitsverwahrung.«

»Ich bin nicht vorbestraft und außerdem nicht zurechnungsfähig. Wenn Sie jetzt mein Blut untersuchen, werden Sie eine Menge Drogen nachweisen können.«

»Aber wir können Ihnen alle Morde nachweisen. Das müssten mindestens fünf sein, wenn die Kamera von Herrn Wutke nicht lügt. Er hat alles aufgenommen, und zwar auf Video.« Müller Zwo winkte Egon-Erwin heran und forderte ihn auf, eine beliebige Stelle seiner Videos abzuspielen. Selbst hier draußen waren Albertines Schmerzensschreie deutlich zu hören.

Black-Horst wurde offensichtlich klar, dass die Gegenseite nicht bluffte. »Wir sollten Frau von Krakow jetzt die Gelegenheit geben, sich von dieser Welt zu verabschieden«, sagte er trotzig.

Er hatte nicht bemerkt, dass die Assistentin von Müller Zwo von der Bildfläche verschwunden war.

Das SEK hatte die strikte Anweisung erhalten, erst von der Schusswaffe Gebrauch zu machen, wenn der finale Zugriff scheitern sollte. In diversen Planspielen hatte man alle Möglichkeiten diskutiert, nachdem Clementine die Beamten mit Informationen versorgt hatte. Sonst wäre sie keinesfalls mit bis zum Waldrand gefahren.

Kommissar-Anwärterin Kampnagel hatte sich mit Hilfe von Spezialisten durch ein Fenster Zugang zur Försterei verschafft. Die Aktion glich einem Blindflug, weil die Zeit für die Vorbereitung einfach zu knapp war. Aber die mutige junge Frau hörte, wie der Psychopath vorn an der Haustür irgendwelche irren Erklärungen abgab, und konzentrierte sich ganz darauf, keine Geräusche zu verursachen. Das war schwer genug, wenn man in voller Kampfmontur und mit Springerstiefeln über die knarzigen Dielen schleichen wollte.

Noch eine Tür trennte sie vom Flur und damit von der Haustür. Wenn Black-Horst im Luftzug stand und bemerkte, dass sich jemand von hinten näherte, hatte sie verloren. Also schob sie sich seitlich durch die Tür. Nun stand sie fünf Schritte von ihrem Zielobjekt entfernt. Ein Fangschuss wäre jetzt einfach gewesen, aber sie hatte den Ehrgeiz, den Killer persönlich zu überwältigen. Also tat sie zwei Schritte nach links, um ihm schneller das Messer entreißen zu können. Sie wollte noch bis zehn herunterzählen, aber ihr Instinkt gepaart mit Adrenalin forderte den sofortigen Zugriff.

Black-Horst wirkte in keinem Moment überrascht. Dennoch musste er das Messer fallen lassen. Susanne Kampnagel hatte ihm mit einem Ruck den Arm gebrochen.

Albertine wollte loslaufen, hinaus in die Freiheit, doch sie wurde immer noch festgehalten. Ein Schlag mit der Handkante aufs Schlüsselbein brach auch den letzten Widerstand. Als Black-Horst erkannte, dass es eine Frau war, die ihn überwältigte, versuchte er wie ein Kickboxer, Beine und Füße als Waffe einzusetzen. Doch Susanne schnappte sich geistesgegenwärtig sein rechtes Bein und drehte es gegen den Uhrzeigersinn.

Black-Horst schrie auf und krachte zu Boden. Kampnagel trat ihm in die Rippen, dass die Knochen nur so krachten. Dann wollte sie sich auf ihn stürzen, aber die Kollegen vom SEK verhinderten diese Form der Selbstjustiz. Nur langsam ließ sie sich beruhigen, während Sanitäter und schwer bewaffnete Einsatzkräfte die Überreste von Horst Wild auf einer Trage in den RTW schafften.

Albertine kniete auf halber Strecke zwischen dem Forsthaus und Müller Zwo im Staub. Sie ließ sich auf die Seite fallen, um hemmungslos zu weinen. Clementine bahnte sich den Weg durch die Schaulustigen und bettete den Kopf ihrer Chefin in ihrem weichen Schoß. Sanft strich sie ihr über das blut- und dreckverklebte Haar.

»Es ist alles vorbei. Du musst keine Angst mehr haben, ich passe jetzt auf dich auf«, sagte Clementine leise. »Die Wunden werden heilen. Ich habe jede Menge Salben, die Wunder bewirken können.«

»Aber wo ist Hubertus? Und wie geht es Friedhelm?«

»Eine Hundestaffel sucht sie gerade«, sagte Clementine. »Es ist nur eine Frage der Zeit, bis man sie findet.«

»Lass mich in Ruhe, du blöder Köter! Und nimm deine Sabberzunge aus meinem Gesicht.« Hubertus versuchte verzweifelt, den Schäferhund auf Distanz zu halten.

»Gerti? Gerti, wo bist du?«, rief der Hundeführer durch den Wald und achtete wie sein vierbeiniger Freund nicht auf den Untergrund. Ein Schritt zu viel auf die Kante der Grube führte zum Absturz, und der Bereitschaftspolizist landete neben Gerti und direkt vor der Nase von Hubertus.

»Wie viele wollen denn hier noch in dieses Loch fallen. Gibt es da auch jemanden, der uns raushilft?« Hubertus hatte sich in die Ecke der Grube verzogen. Zu seiner Erleichterung lugten von oben sechs Köpfe gleichzeitig in sein Gefängnis aus Erde.

»Ja, der Hubert ist schon ein wirklicher Guck-in-die-Luft. Sieht und bemerkt nichts, wenn er seine geliebte Gerti sucht.« Der Anführer der Truppe ließ eine Trittleiter aus Leichtmetall ab. Gerti wurde ein breiter Gurt um den Körper gelegt, und Polizist Hubert half dabei, damit sie unbeschadet gerettet werden konnte. Dann nutzte er behände die Leiter, um aus dem Loch zu kommen.

»Und wer holt mich hier raus?«, jammerte Hubertus, der seine Eltern leise verfluchte. Horst, Hubert, Hubertus. Fehlt nur noch ein Heino, aber die Schmerzen gewannen die Überhand. »Ich bin verletzt, habe mir den linken Arm und den rechten Fuß verstaucht.«

»Wir lassen jetzt eine aufblasbare Liege ab. Sie müssen nur an der Reißleine ziehen«, sagte Hubert und klopfte dabei Gerti ausgiebig den Dreck aus dem Fell.

Langsam wurde das undefinierbare Teil aus Plastik hintergelassen und landete in einem handlichen Paket vor Hubertus' Füßen. Er zog die Leine am Ventil. Als sich die Luft schlagartig in dem orangefarbenen Gebilde ausbreitete, fiel er kopfüber auf die Liege, die wie ein Gummiboot aussah. Mit lautem Hallo und vielfachem »Hau ruck!« wurde er ans Tageslicht gezogen und von Rettungssanitätern versorgt.

»Wo ist Friedhelm?« Hubertus blickte fragend in die Runde. Er sah nichts als pure Ratlosigkeit.

Also befreite er sich von den Rettungskräften und humpelte los. Keine zweihundert Meter von seiner Falle entfernt, bemerkte er endlich die mit Ästen abgedeckte Rübenmiete. Ein Blick auf die frischen Schnittkanten der Äste und Zweige, die den unterirdischen Lagerraum abdeckten, bestätigte seine Ahnung.

»Hierher, aber schnell«, rief Hubertus, der aus seinen Händen einen Trichter geformt hatte.

Gerti war als Erste da und fing sofort eifrig an, am Eingang zu der Vorratskammer zu graben. Mit vereinten Kräften wurde das Winterlager für Rüben freigelegt. Friedhelm hatte Mühe, nach so langer Zeit in Dunkelhaft seine Augen zu fokussieren.

»Ich bin es, der Hubsi.« Hubertus umarmte seinen Bruder stürmisch. »Mann, bin ich froh, dass du das überlebt hast. Fast so wie damals, als ich dich im Kartoffelkeller eingesperrt hatte, erinnerst du dich? Ich hatte meine Hausaufgaben noch nicht gemacht und dich ganz vergessen.«

»Können Sie beide allein gehen, oder soll ich Verstärkung anfordern?«, fragte ein Sanitäter.

»Nein, wir sind so fit wie ›Bomber und Paganini‹.« Hubert schwankte auf dem Waldboden hin und her. »Kannst du dich noch an den Film mit Mario Adorf und Tilo Prückner erinnern? Muss so Mitte der Siebziger gelaufen sein …«

»Sei doch bitte mal still. Ich muss erst wieder in dieser Welt ankommen«, unterbrach ihn Friedhelm.

Aus der Ferne drang aufgeregtes Rufen durch den Wald. Friedhelm und Hubertus beschleunigten, soweit es möglich war, ihre Schritte und waren noch vor der Hundestaffel in Sichtweite des Forsthauses.

Dort herrschte absolutes Chaos. Ein Teil der SEK-Truppe hatte Deckung bezogen, ein anderer Teil lag mehr oder weniger schutzlos im Dreck vor dem Haus. Clementine behütete Albertine mit ihrem Körper und hatte sich so klein wie möglich gemacht. Susanne Kampnagel stand im Eingang der Haustür und wartete auf eine Gelegenheit, um zu Müller Zwo zu sprinten, der sich ganz lässig mit dem Rücken zum Forsthaus postiert hatte und sich von dort die Gefahrensituation ansah. Direkt neben dem RTW stand Black-Horst und hielt der Notfallärztin eine Pistole an die Schläfe. Sein gebrochener Arm und die geprellten Rippen schienen ihn dabei nicht zu beeinträchtigen.

Entweder wirkte das Adrenalin oder die Drogen, die er genommen hatte.

Das SEK war leichtsinnig geworden. Man hatte nicht angenommen, dass der Killer die Kraft aufbringen könnte, um sich zu befreien. Also hatten sich die sonst so harten Männer die Zigarette danach gegönnt und einer jungen Bereitschaftspolizistin den Abtransport überlassen. Zusammen mit der Notärztin und den Sanitätern sollte Black-Horst in den RTW verfrachtet werden. Aber der hatte sich wie Houdini von seinen Fesseln befreit und sofort die Polizistin niedergeschlagen.

Sie lag stark blutend direkt vor dem RTW auf dem Boden und wimmerte leise vor sich hin. Alle anderen Einsatzkräfte hatte der Killer als menschlichen Schutzschild um sich herum gruppiert. Sie waren entwaffnet und mussten die Arme in die Luft halten, teilweise qualmten ihnen die Zigaretten noch zwischen Zeige- und Mittelfinger.

»Wie hat er das hinbekommen?«, fragte Hubertus und blickte Friedhelm in seine stahlblauen Augen.

»Keine Ahnung, aber wir müssen jetzt etwas unternehmen«, erwiderte Friedhelm.

»Ich hab mir gerade ›Sniper: Ghost Warrior 2‹ bei Mega-Upload besorgt und mit 'ner Remington M700 .338 geübt, bis der PC gequalmt hat«, sagte Hubertus.

Friedhelm warf ihm einen langen Blick zu. »Und ich dachte, du handelst nur mit alten Büchern.«

»Stille Wasser sind tief.«

»Was wollen Sie?« Müller Zwo sprach betont ruhig in sein Megafon.

»Zehn Millionen und freies Geleit«, brüllte Black-Horst zurück.

»Das geht nicht. Das kann Tage dauern, bis wir so eine große Summe hier haben. Sie sehen sich die falschen Filme an. Und

denken Sie an die Presse, die wird Ihnen in die Quere kommen. Ich könnte Ihnen freies Geleit zusichern. Dazu brauche ich aber noch die Zustimmung der Staatsanwaltschaft«, sagte Müller Zwo.
»Dann rufen Sie da jetzt an. Sie haben fünfzehn Minuten Zeit.« Black-Horst schoss zur Bekräftigung einmal in Richtung von Susanne Kampnagel, die sich gerade noch im Forsthaus in Sicherheit bringen konnte.

Nur mit Mühe gelang es Hubertus und Friedhelm, zum Forsthaus vorzudringen. Aber Black-Horst hatte alle Aufmerksamkeit auf sich gezogen, und sie erreichten das hintere Fenster, ohne gesehen zu werden. Susanne Kampnagel hatte keine Mühe gehabt, in das Haus einzusteigen. Für Hubertus und Friedhelm gestaltete sich die Sache schwieriger. Erst versuchte es Hubertus mit einer Art Räuberleiter. Aber sein Arm hielt der Belastung nicht stand. Dann kniete er sich auf alle viere vor dem tief gelegenen Fenster.
Friedhelm bohrte ihm das rechte Knie in den Rücken, als er ihn als Tritt benutzte, um das Fenster zu erlangen.
»Sei nicht so brutal. Das tut höllisch weh.« Friedhelm zerrte Hubertus mit seinem gesunden Arm über die Fensterbank ins Innere. »Das war das erste und letzte Mal, dass ich mich für so eine Aktion hergebe«, sagte Hubertus. »Ich bin ein intellektueller Einzelhändler und kein so korrupter Exbanker wie du.«
Gemeinsam humpelten sie hinunter in den Keller und durchsuchten die Folterkammer nach Waffen.
»Das bist ja du.« Friedhelm zeigte auf das Foto an der Wand.
»Und das ist Albertine und so weiter und so weiter. Der Typ hat nicht mehr alle Tassen im Schrank. Aber wir müssen uns beeilen und einen Waffenschrank finden, in dem keine Vorderlader stehen wie oben.« Hubertus suchte einen dunklen Kellerraum nach dem anderen ab. Er hatte die Hoffnung schon fast aufgegeben, als er ein großes Wandregal entdeckte, dass mit Präzisionswaffen und dazugehöriger Munition nur so vollgestopft war.
»Das ist ja unglaublich«, sagte Friedhelm. »Der besitzt jede Wumme in dreifacher Ausfertigung.«
»Wumme? Das Wort habe ich nicht mehr gehört, seit wir das letzte Mal Cowboy und Indianer gespielt haben«, sagte Huber-

tus. »Das ist allerdings unfassbar. Schau dir mal dieses Gewehr an! Das ist ein XS1. Damit könnte er den Bürgermeister erschossen haben.«

»Was ist das Besondere an dem Ding?«

Hubertus packte die Hightech-Waffe mit beiden Händen und nahm sie aus dem Waffenregal. »Ich versuche, es für dein Spatzenhirn in einfache Worte zu fassen. Mit so einem Ding zu schießen, ist ganz anders als mit herkömmlichen Jagdgewehren. Die Elektronik hilft, die Trefferquote zu maximieren. Erscheint das Zielobjekt im Sichtbereich, visiert man es mit dem stark vergrößernden Objektiv an und markiert es, wie Killer-Drohnen der CIA. Ab diesem Augenblick zeigt das Gewehr eine besondere Form virtueller Intelligenz. Die Waffe verändert automatisch die Spannung des Abzugs. Je näher man das Ziel anvisiert, desto leichtgängiger wird der Abzug. Das Waffensystem lässt den Schützen nur abdrücken, wenn Fadenkreuz und Lasermarkierung zur Deckung gebracht wurden.«

»Meine Güte. Jetzt geht es schon wieder los mit diesen endlosen Vorträgen. Wir haben keine Zeit mehr. Draußen dreht ein Killer durch, und du redest dich um Kopf und Kragen wie ein Waffenfetischist. Wir müssen hoch zum Dachfenster.« Friedhelm half Hubertus, die XS1 die schmalen Holzstufen hoch bis auf den Dachboden zu hieven. Das Dachfenster war klein, kreisrund und nicht zu öffnen, weil sich das Holz im Laufe der Jahrzehnte vollkommen verzogen hatte.

»Kennst du dich auch in der Praxis mit diesem Teil aus?«, fragte Friedhelm, der versuchte, das dreibeinige Stativ zu justieren.

»Noch sieben Minuten«, hörten sie draußen Black-Horst rufen, der den Countdown mit morbider Freude herunterzählte.

Hubertus' Schweigen war verräterisch. Liebend gern hätte er jetzt seinen Laptop und einen Internetzugang herbeigezaubert, um die Betriebsanleitung des XS1 zu studieren. Seine Hände zitterten und schmerzten, als er das Zubehör präzise ausrichtete und dabei jede Menge Zeit verstrich.

»Noch drei Minuten!«, erschallte draußen die Fistelstimme von Black-Horst.

»Wenn du dich nicht beeilst, muss noch jemand Unschuldiges sterben«, drängte Friedhelm.

Hubertus lief der Schweiß in die Augen. »Mein rechter Arm ist noch in Ordnung. Ich lade jetzt das Gewehr, und du hilfst beim Zielen. Wir haben nur eine Chance. Es steht also fifty-fifty für oder gegen uns. Ich drücke auf dein Kommando ab.« Mit dem Ärmel wischte er sich über die feuchte Stirn.

Friedhelm kontrollierte noch einmal den Laserentfernungsmesser sowie die Temperatur- und Drucksensoren, als hätte er nie im Leben etwas anderes gemacht.

»Noch eine Minute!«

»Nun mach schon«, sagte Hubertus.

Friedhelm nickte einmal ganz ruhig.

Hubertus lud die Waffe und flüsterte leise: »Ready, steady, go!«

»Sie müssen uns …«, sagte Müller Zwo noch.

Da explodierte der Kopf von Black-Horst. Unkontrolliert fiel sein Körper in sich zusammen und zuckte noch mehrere Sekunden auf dem Boden vor dem RTW. Müller Zwo blieben die restlichen Worte im Hals stecken.

Alle im näheren Umfeld des Krankenwagens warfen sich auf den Boden, konnten aber nicht verhindern, dass sie mit Gehirnmasse, Schädelknochen und Blut besudelt wurden.

Susanne Kampnagel rannte mit gezückter Dienstwaffe aus dem Forsthaus und zerrte Clementine und Albertine aus dem Schussfeld.

Dann erfasste auch der Einsatzleiter des SEK die Situation und deutete hoch zu dem zerborstenen Dachfenster. Vier seiner Männer machten sich auf den Weg nach oben.

Hubertus und Friedhelm hoben sicherheitshalber die Arme, als die vier SEK-Beamten auf sie zustürmten. Sie wurden gefesselt und unter lautstarkem Protest abgeführt.

Egon-Erwin verließ seine Deckung und rannte ins Haus, um Fotos zu machen. Als er Friedhelm und Hubertus sah, vergaß er seine Kamera und fing herzhaft an zu lachen.

»Die Gebrüder Blattschuss. Ich lach mich tot! Könnt ihr euch noch an das Lied ›Dümmer als du denkst‹ erinnern? Wer hat denn den Psycho erlegt? Du oder du? Friedhelm oder Hubertus?« Er blickte vom einen zum anderen.

Die Brüder zeigten beide auf sich und sagten unisono: »Das war Teamwork!«

»Ich fass es nicht.« Egon-Erwin begann wieder mit dem Fotografieren, während draußen die Sirenen der Polizei und der RTWs um die Wette heulten.

Diesmal agierten die SEK-Beamten ruhig und wohlüberlegt. Die sterblichen Überreste von Black-Horst sammelten sie auf und legten die Leiche auf eine Bahre, die von den Sanitätern in den RTW geschoben wurde. Vier im Nahkampf ausgebildete Scharfschützen mit der Lizenz zum Töten bewachten die Leiche, die nun allerdings keine Gefahr mehr darstellte. Der Rettungswagen fuhr los und bahnte sich eine Gasse durch die Polizisten. Mit Blaulicht raste er in die Hamburger Pathologie, eskortiert von einem Konvoi dunkler Limousinen.

Müller Zwo suchte nach Susanne Kampnagel und half ihr, Albertine und Clementine in einen weiteren Krankenwagen zu verfrachten. Dort wurden sie ärztlich versorgt. Auf dem Areal rund um das Forsthaus sammelten sich immer mehr Polizisten und Kriminalbeamte, die den Tatort sicherten.

»Ich habe einen Mordshunger«, sagte Hubertus und humpelte los in Richtung Albertine.

neunzehn

Egon-Erwin hatte genug Stoff, um eine ganze Woche lang über diesen spektakulären Showdown in der Landeszeitung zu berichten. Er tat es mit Augenmaß und der gebührenden journalistischen Sorgfalt. Die Anrufe diverser Headhunter wimmelte er ab, nachdem ihm Sir John das Du angeboten hatte. Regelmäßig diskutierten sie nun die Weltlage unter der besonderen Berücksichtigung regionaler Aspekte im Lüneburger »Heidkrug«. Egon-Erwin genoss diesen intellektuellen und kulinarischen Jour fixe aus tiefstem Herzen und beschloss, der Landeszeitung treu zu bleiben.

Gemeinsam fuhren sie nach Klein-Büchsen, um Albertine die Aufwartung zu machen, die genau eine Woche nach dem Gemetzel am Forsthaus zu einem Umtrunk eingeladen hatte. Im Garten hatten sich schon alle versammelt.

»Schau dir die beiden Scharfschützen an. Ich frage mich, wer den finalen Fangschuss abgegeben hat«, sagte Egon-Erwin zu Sir John.

Der legte ihm väterlich die Hand auf die Schulter. »Ohne die letzten Geheimnisse der Menschheit wäre das Leben doch sehr öde. Bitte entschuldige mich jetzt. Ich möchte mich bei unserer Gastgeberin für die Einladung bedanken. Ein paar Fotos wären übrigens nicht schlecht für deinen letzten Bericht, der bitte mit den Worten meines Freundes Reich-Ranicki enden sollte. Frei nach Bert Brecht: ›Und so sehen wir betroffen. Den Vorhang zu und alle Fragen offen.‹«

»Ich würde zu gern wissen, was dieser affektierte Zeitungsschnösel gerade zu unserem alten Haudegen Egon-Erwin gesagt hat«, sagte Hubertus. »Vielleicht: Wir hatten mehr Glück als Verstand.«

Friedhelm nickte immer noch ein wenig ungläubig, auch noch eine Woche nach dem Gemetzel.

Sie lagen jeder in seinem Deckchair und kamen sich ein wenig wie Statler und Waldorf aus der Muppet Show vor. Eine große

Gesellschaft hatte es sich um den großen runden Gartentisch aus altem Teakholz herum gemütlich gemacht. Miesepetrig kommentierten Hubertus und Friedhelm das Geknutsche von Lisa und Gunnar, böse zogen sie über Egon-Erwin her, Sören und Anna bekamen auch ihr Fett weg. Müller Zwo ignorierten sie nach Leibeskräften, allerdings versuchte Friedhelm intensiv, Blickkontakt mit Susanne Kampnagel aufzunehmen.

Hubertus blickte trübsinnig in sein Glas, weil Albertine nur Augen für den Gentleman Sir John hatte. Clementine schenkte ihm freizügig Carmenère Gran Reserva aus Chile nach. Diese wunderschöne dunkelrote, fast schwarze Farbe. Schokoladige, beerige Aromen und die holzgeprägte rauchige Note machen dieses edle Getränk zu einem Traum, sinnierte Hubertus. Aber heute wollte er sein Wissen einmal nicht mit den Ignoranten teilen, die lieber dem Bier aus der Hausbrauerei von Ole Fuhlendorfs »Bärenkrug« zusprachen.

»Was gibt es denn zu essen, Clementine?«, fragte Hubertus, als er die Sprache wiedergefunden hatte.

»Erst ein Petersilienwurzel-Soufflé, dann Rote-Bete-Möhren-Salat mit extrajungem Pecorino, geschmorte Lammhaxen mit Gremolata und zum Abschluss Cassata siciliana«, antwortete Clementine.

»Mit kandierten Früchten und Pistazienkernen?«, fragte Hubertus schwelgerisch.

»Selbstverständlich, sonst wäre die Cassata ja kein Klassiker. Und an der Gremolata fehlt es natürlich nicht an Petersilie, Zitronenschale und viel Knoblauch.« Clementine war in den vergangenen Tagen selten aus der Küche herausgekommen, und auch jetzt verschwand sie wieder dorthin.

Das Soufflé wurde serviert, und alle nahmen Platz, nur Clementine half Hubertus und Friedhelm beim Essen. An ihr war offensichtlich eine Krankenschwester verlorengegangen.

»Hast du keine Zeit zum Essen?«, sagte Friedhelm, der den ersten Gang über die Maßen lobte.

»Ich habe ausgiebig genascht beim Kochen, danke der Nachfrage.« Clementine beobachtete, wie Sir John an Albertines Lippen hing.

»Sie wissen doch, John, wie gern ich mit Ihnen gegen den Wind segle. Aber ich habe mich so sehr an das laue Lüftchen in Klein-Büchsen gewöhnt, dass ich Ihnen das Terrain gern überlasse«, sagte Albertine gerade.

»Aber Sie sehen bezaubernd in Ihrem maritimen Outfit aus. Wer hat es geschneidert?«, sagte Sir John.

»›Crew Clothing‹ aus der bezaubernden Grafschaft Devon. Mir gefällt das Firmenlogo mit den gekreuzten Rudern. Das nenne ich britisches Understatement.« Albertine strich den dunkelblauen Stoff ihres Kleides glatt.

Auf der gegenüberliegenden Seite des Tisches flüsterte Anna auf Sören ein. »Hast du ihren Kräutergarten gesehen? Eine Wüste sieht fruchtbarer aus. Ich frage mich, wie Clementine ihre Kreationen so aromatisch würzen kann.«

»Du bist wirklich eine Hexe«, erwiderte Sören, ebenfalls flüsternd. »Eine unverbesserliche Bibi Blocksberg der Würzpflanzen.«

Als hätte Lisa jedes Wort der leisen Unterhaltung verstanden, sagte sie zu Gunnar: »Kennst du meine magischen Tricks? Lass uns nach Hause gehen, dann zeige ich sie dir.« Sie lächelte ihn an.

»Aber dann verpassen wir doch dieses leckere Menü. Versuch endlich mal, deine Hormone in den Griff zu bekommen, Lisa. Der Abend ist noch lang.«

»Männer, ihr trinkt zu wenig Bier!«, rief Ole Fuhlendorf und lockte damit Sir John an, der auch Albertines Glas frisch auffüllte.

»Soll ich Ihnen auch ein erfrischendes Bier bringen?«, fragte Müller Zwo und sah dabei Susanne Kampnagel tief in die rehbraunen Augen.

»Sag Susanne. Ich finde, wir sollten uns nach diesem Fall duzen.« Susanne besiegelte das Vorhaben mit einem Kuss, den sie auf den Dreitagebart ihres Kollegen hauchte.

Langsam drehen hier aber die Hormone durch, dachte Hubertus, der sich nichts sehnlicher wünschte, als wieder mit Albertine die Abende in trauter Zweisamkeit zu verbringen.

Nach dem zweiten Gang erhob sich Albertine und hielt eine kurze Ansprache. »Liebe Mitstreiter! Wir haben Furchtbares erlitten und mussten nicht nur einmal um unser Leben fürchten.

Doch wie sagen die Lateiner so schön: *Carpe diem!* Wer wüsste das nicht besser als der belesene Hubertus, dem ich schon ansehe, dass er am liebsten jetzt und sofort einen Vortrag über Horaz halten würde. Aber damit hat es Zeit bis zum Espresso. Nutzen wir die Zeit, um den herzhaften Hauptgang und die liebliche Nachspeise zu genießen. Clementine hat sich wieder einmal selbst übertroffen.«

Sie setzte sich wieder und klatschte wie die anderen der Kochkünstlerin zu, die aus Verlegenheit ein wenig rot im Gesicht wurde.

Als Erste verabschiedeten sich Gunnar und Lisa, die sogar auf den Espresso verzichteten, um zu Hause neue Stellungen einzuüben. Sir John fuhr wenig später mit seinem altertümlichen Jaguar zurück in den heimischen Elbvorort. Sören entschuldigte sich, weil er die »Heideblume« nicht vollkommen allein lassen konnte, und nahm Anna mit, die schon seit einer Viertelstunde in Albertines Kräutergarten ihr Unwesen trieb. Müller Zwo und Susanne Kampnagel wollten noch das Nachtleben von Lüneburg unsicher machen, während Ole Fuhlendorf und Egon-Erwin betrunken ein großes Bierfass zurück in den »Bärenkrug« rollten und dabei unanständige Lieder auf Plattdeutsch grölten. Friedhelm wurde auf dem kürzesten Weg zu Hubertus in das Nachbarhaus geschafft, wobei Clementine mit dem Rekonvaleszenten am meisten Mühe hatte, weil er sich noch von Albertine ein Schmerzmittel hatte spritzen lassen. Er torkelte wie nach einer Flasche Bio-Schnaps aus Dänemark.

So blieben nur Albertine und Hubertus in den Deckchairs im Garten sitzen und ließen sich noch die letzte Flasche Carmenère Gran Reserva von Clementine dekantieren, die sich danach ins Gästezimmer zurückzog.

Die Sonne stand blutrot am Horizont, und Albertine von Krakow genoss das Spektakel zusammen mit Hubertus Müller. *The same procedure as every evening.*

Küchenlatein

Clementine war nicht nur die gute Seele im Haus der Landärztin Albertine von Krakow, sondern eine wandelnde Rezeptsammlung.

Das Petersiliensüppchen (1 Bund glatte Petersilie, 1 Zwiebel, 1 mittelgroße Kartoffel, 2 EL Walnussöl, 500 Milliliter Gemüsebrühe, 125 Gramm Schlagsahne, Meersalz, frisch gemahlener Pfeffer, 1 TL Zitronensaft, Walnusshälften) gehörte zu den einfachen Kreationen. Bodenständig waren auch Rezepte wie Heidschnuckenkeule mit Kürbis-Kartoffel-Gratin. Zum Nachtisch wurden dann zuckersüße Ochsenaugen (frischer Mürbeteig, 400 g Marzipan, 3 Eiweiß, 1 EL Amaretto, 3 EL Johannisbeergelee) gereicht.

Ihre Vorliebe für fernöstliche Sitten und Gebräuche drückte sich auch in ihrem Äußeren aus. Mit dem breiten weißen Ninja-Stirnband erinnerte Clementine an eine Sumo-Ringerin, die man in eine Kittelschürze gezwängt hatte. Das Allzweckmesser »San-Toku« schien mit ihrer rechten Hand geradezu verwachsen zu sein.

Ihr Mufflonragout erforderte allerdings viel Zeit bei der Zubereitung:

Clementine stand in der Küche und bereitete das Mittagessen vor, während ihre Chefin, Hubertus und Egon-Erwin im Wohnzimmer saßen und den Fall noch einmal Punkt für Punkt durchgingen.

Sie schnitt Speck in grobe Würfel und dünstete diese in einem großen Topf. Dazu gab sie fein gewürfelte Zwiebeln. Gut zwei Kilo Mufflonfleisch aus der Keule hatte Clementine schon in mundgerechte Stücke geschnitten, scharf angebraten und gepfeffert, um das Fleisch nun zu Zwiebeln und Speck zu geben. Im Anschluss landeten ganze Knoblauchzehen, gewürfelter Sellerie und Karotten mit Fond, Rotwein, Lorbeerblättern, Thymian- und Rosmarinzweigen im Topf. Das Ganze musste anderthalb Stunden schmoren.

Clementine nutzte die Zeit, um Champignons zu vierteln und in einer Pfanne anzubraten. Die geschälten Maronen waren süß-sauer eingelegt und halbiert worden. Nach einer Stunde wurden die Champignons und die Maronen zum Ragout dazugegeben. Den Sud dickte sie mit Soßenbinder an und schmeckte alles mit Schmand, angebratenen Frühlingszwiebeln und Preiselbeeren ab. Gehackte Petersilie vervollständigte die Mahlzeit, die mit einer ordentlichen Portion Rosmarinkartoffeln auf den Tisch kam.

Selbst Kommissarin Müller Eins kam in den Genuss von Clementines Kochkünsten.

»Zur Vorspeise gibt es eine Kräutersuppe mit verlorenem Ei«, sagte Clementine und servierte das Ganze mit einem frischen Baguette.

»Als Hauptspeise serviere ich Schweinefilet in Gurken-Senf-Soße«, sagte Clementine. »Und einen Spinatsalat mit Radieschen.«

»Zum Dessert gibt es einen Klassiker: Rhabarberkompott mit Griesflammeri.«

Clementine plante ihre Menüs stets spontan und ließ sich von ihrer Umgebung inspirieren:

Wiesensalat mit Räucherfisch oder Erbsenschaumsuppe? Was, wenn es keinen Feldsalat auf dem Markt gab? Nun, Tiefkühlerbsen konnte man immer kaufen und Krabben auch. Die Minze würde allem mehr Frische geben. Das war nicht schlecht. Außerdem war es herzlos, dem Kaninchen, das schon ausgenommen in der Speisekammer hing, das eigene Lieblingsessen wegzufuttern.

Lange genug im Riesling und dem bunten Gemüse gegart, dürfte das Fleisch weich und zart werden und sehr gut zu den kräftigen Rosmarinkartoffeln passen.

Beim Nachtisch fiel ihre Wahl auf ein geeistes Quarkmousse mit Fruchtspiegel, weil sie es schon einmal vorbereitet und sich dann doch für frisches Obst entschieden hatte. Doch nun schien ihr der Rotwein im Fruchtspiegel dem festlichen Anlass angemessen.

Fleisch vom Rind hatte nach dem bedauerlichen Ableben der Holsteiner Kuh Helga von Bauer Schlüter keine Chance mehr, auf Clementines Tisch zu kommen:
»Ich geh schon mal in die Küche und bereite alles für Schweinefilet mit Rote Bete und schwarzen Trüffeln an Petersiliensoße vor«, sagte Clementine.
»Brauchst du noch Rote Bete?«, rief ihr Hubertus hinterher.
»Nein, danke«, entgegnete Clementine. »An deinen klebt noch Blut.«

Auch beim großen Abschlussmenü durfte »Petroselinum crispum« nicht fehlen.

Den Anfang machte ein Petersilienwurzel-Soufflé, gefolgt von einem Rote-Bete-Möhren-Salat mit extrajungem Pecorino, während die geschmorten Lammhaxen mit Gremolata solo auf den Tisch kamen und von einer Cassata siciliana mit kandierten Früchten und Pistazienkernen gekrönt wurden.

Besonders Hubertus genoss als Zigarren- und Rotwein-Connaisseur die kulinarischen Abende im Haus seiner platonischen Liebschaft Albertine.
Er sprach gern dem Château Pech-Latt Rouge (feinfruchtig-trocken, mittelschwer, vollmundig-aromatisch mit wenig Gerbstoffen) aus dem Languedoc zu, um sich nach dem Dessert eine mächtige Trinidad Fundadores (schlanker, würziger Rauch am Gaumen) zu entzünden. Aber auch er konnte durchaus eine Schmorgurkenpfanne kochen: Die Gurken entkernte er sorgsam und schnitt alles in dicke Stücke. Die Zwiebeln wurden ebenfalls

geschält und gewürfelt, die bereits geputzten Möhren in Scheiben geschnitten. So musste er alles bei Bedarf nur noch anbraten und mit etwas Brühe, Hackfleisch und saurer Sahne vervollständigen.

Dank Clementine hatte er die Feinheiten des grünen Tees entdeckt.
»Noch etwas Matcha-Tee? Geerntet und verarbeitet von dem ehrenwerten Herrn Okuda«, sagte Clementine.
»Wurde dieses Gewächs auch drei Wochen vor der Ernte beschattet? Wurden nicht nur die Blattknospen und die ersten zwei bis drei jungen Blätter, sondern vier bis fünf der jungen Blätter verwendet? Matcha von Herrn Uji Hikari ist mir eigentlich lieber, aber eben besser als nichts.« Hubertus war stolz auf seine fernöstlichen Studien. Ihm wurde die exakt achtzig Grad heiße Schale gereicht. Clementine strahlte über das ganze Gesicht.

Ebenso war Hubertus ein Weinkenner vor dem Herrn.
»Der trockene Riesling stammt aus dem Weingut von Sven Leiners. Die Spätlese ›Setzer‹ kommt vom Setzer-Berg. Dort sind die Hangschotter-Böden tiefgründiger und schwerer als auf der gegenüberliegenden Kalmit. Nach dem Donnersberg ist sie der zweithöchste Gipfel der Pfalz«, erklärte Hubertus beim Einschenken. »Genießen Sie die intensiv goldene Farbe und pikante Rieslingfrucht mit Pfirsich, Kumquat und ätherischen Blüten- und getrockneten Kräuternoten. Die langsame spontane Vergärung im Edelstahltank mit langem Hefekontakt integriert Säure und rassige Mineralität in ein vielschichtig würziges Mundgefühl ...«

Um seine angebetete Albertine zu erobern, war Hubertus kein Bestechungsversuch zu billig.
»Cremige Trüffelbutter, Trüffel-Tagliatelle, Trüffel-Honig, Öl vom klassischen weißen Trüffel, gepuderte Marc-de-Champagne-Trüffelpralinen, mild geräuchertes Schweinefilet mit Trüffelgeschmack, klassische toskanische Crostino-Creme mit Trüffel, knusprige Grissini und feinste dunkle Schokolade. Oh,

mein Gott! Da liegen doch tatsächlich ganze schwarze Trüffel in diesem Wunderkorb.« Clementine befühlte die Spezialitäten mit sanftem Respekt.

»Und welchen Rotwein hat der Herr mit den Spendierhosen für sich mitgebracht?« Albertine im Wohnzimmer gab sich betont gelangweilt angesichts der Aufzählung der kulinarischen Köstlichkeiten.

»Drei Flaschen Zeni Cruino – Rosso Barrique. Keine schlechte Wahl«, sagte Clementine.

»Seit wann kennst du dich mit Wein aus?« Albertine wollte Clementine bei ihrer Ehre packen.

Clementine lächelte huldvoll. »Gnädige Frau wissen bestimmt nicht, dass die Rebsorte Corvina leichte, fruchtige Weine mit Mandelnuancen hervorbringt.«

»Er schmeckt dezent mineralisch, hat eine große Komplexität, saftige und reichhaltige Frucht, einfach samtig und weich«, assistierte ihr Hubertus. Der Wein wurde ihm mitunter quasi frei Haus geliefert.

»Der Reinhold aus dem schönen Städtchen Meisenheim. Hast du vom Raumbacher Schwalbennest etwas dabei?« Hubertus glaubte, die Vorfreude seines großen Entgiftungsorgans körperlich spüren zu können.

»Den 2011er kann ich dir empfehlen. Der Riesling kostet zwar neun Euro, ist aber jeden Cent wert.« Die Nase von Reinhold leuchtete so rot wie eine Laterne.

Voller Vorfreude hob Hubertus das Weinglas in die Höhe, dann an die Wange, um die Temperatur zu kontrollieren. Der erste Schluck kitzelte seinen Gaumen wie ein bacchantischer Zaubertrunk.

»Herrlich! Perfekt temperiert und wunderbar im Abgang. Aber das weißt du ja alles selbst viel besser als ich.«

Den Carmenère Gran Reserva aus Chile genoss Hubertus zu festlichen Gelegenheiten. Er hatte eine wunderschöne dunkelrote, fast schwarze Farbe. Schokoladige, beerige Aromen und die holzgeprägte rauchige Note machen dieses edle Getränk zu einem Traum.

Seine Leber dankte es ihm, wenn er regelmäßig Tee aus Rauwolfia und Meisterwurz zum Entgiften trank.

Das Pflanzen-Thema besprach er am liebsten mit Anna Christensen, die Kräuter aus der Region in die ganze Welt exportierte: »Hallo, Fürstin der Finsternis. Wie laufen die Geschäfte? Wie geht's dem Ackerhellerkraut? Der Gartenkresse und dem Ysop?« Hubertus griff sich ein Blatt Giersch und kaute darauf herum. »Mmmmm, lecker. Schmeckt nach Petersilie.«

»Du kannst dir deine Exkursion in die Welt der Kräuter sparen. Jedes Kind in Klein-Büchsen weiß, dass Giersch entzündungshemmend, harntreibend und reinigend wirkt.« Anna strahlte wie immer das faszinierende Charisma einer Gothic-Queen aus.

Egon-Erwin hat als rasender Reporter nicht viel Zeit und war stets verführbar mit einer Currywurst, deren Schärfegrad variierte.

Seine favorisierte Wurstbude offerierte beispielsweise die »Elbgranate«. Der Schärfegrad sechstausend Scoville war gerade noch erträglich für Normalsterbliche und lag nur unwesentlich über dem Schärfegrad von Tabasco. Das Ende der Skala lag bei unerträglichen sieben Komma eins Millionen Scoville und trug zu Recht die Bezeichnung »Sargnagel«.

Nur Sören, der Inhaber der »Heideblume«, war in der Lage, Clementine kulinarisch Paroli zu bieten.

Auf der Tageskarte seines Dorf-Gasthofes standen als Vorspeise Erbsenschaumsuppe mit Krabben auf der Speisekarte. Gefolgt von einem Wiesensalat mit Räucherfisch. Etwas Leichtes zum Hauptgang waren die Putenröllchen mit Spinatfüllung. Als Sättigungsbeilage gab es dazu Rosmarinkartoffeln. Den Abschluss machte eine geeiste Quarkmousse mit Fruchtpüree. Dazu wurde ein trockener Weißburgunder aus dem Hause Zwölberich an der Nahe gereicht. Oder eine Flasche Mineralwasser von Sylt, garantiert CO_2-neutral produziert.

Oder er versuchte Albertine mit ihren Zutaten noch zu toppen.

»Wir haben als Vorspeise eine klare Gemüsebrühe mit Petersilienklößchen auf der Tageskarte. Danach kann ich Ihnen geschmorte Lammkeule mit Kartoffel-Pastinaken-Püree anbieten, und zum Abschluss gibt es eine Himbeer-Joghurt-Creme.«

Sören schreckte auch nicht davor zurück, das Internet um einige Rezepte zu erleichtern.

»Heute gibt es Pastinaken-Creme-Suppe mit Kräuterschaum, dann Rindermedaillons mit Portweinsoße und Bohnen-Kartoffel-Stampf und zum Abschluss Pannacotta mit kandierten Limetten. Was darf ich Ihnen zu trinken bringen lassen? Champagner, Herr Doktor?« Sören zückte seinen Bestellblock.

»Ich bevorzuge deutsches Wasser, genau wie mein Bruder. Oder, Hubsi?«, sagte Friedhelm.

Albertine genoss es zu genießen. Schließlich wusste sie Clementine an ihrer Seite.

Als Nachfahrin eines verarmten Landadelgeschlechts aus Hinterpommern bevorzugte sie ein kühles Helles. Allerdings durfte es nur unfiltriertes Bio-Bier vom Fass aus der nahen Privatbrauerei »Bärenkrug« von Ole Fuhlendorf sein.

Nervennahrung nahm Albertine in Form von Tee zu sich. Am liebsten eine Mischung aus Kamillenblüten, Melisse, Minze, Brombeerblättern, Himbeerblättern und Ringelblumenblüten, verfeinert mit ein wenig Blütenhonig.

emons: *macht*

In der Ruhe liegt die Kraft
Klappenbroschur, 208 Seiten
ISBN 978-3-95451-079-5

Don Camillo und Peppone auf dem Land
Klappenbroschur, 224 Seiten
ISBN 978-3-95451-087-0

Wogende Wiesen, blühende Gärten, schattige Wälder; im Sommer ein strahlend blauer Himmel, im Winter ein knisternder Kamin – kann das Leben schöner sein als auf dem Land? Doch wer glaubt, hier würde nur beschaulich gegärtnert, eingekocht und gebacken, hat die Rechnung ohne den Sensenmann gemacht. Denn der bricht mit Vorliebe in die ländliche Idylle ein …

Lust auf Land

Je kleiner das Dorf,
desto bissiger die Hunde

Klappenbroschur, 240 Seiten
ISBN 978-3-95451-089-4

Eine Bauernhochzeit,
zwei Beerdigungen und
ein Scheunenbrand

Klappenbroschur, 288 Seiten
ISBN 978-3-95451-074-0

Spannende Kriminalfälle
in herrlicher Landschaft – abgerundet
mit leckeren Landkost-Rezepten.

www.emons-verlag.de